U0851056

特别感谢湖北省大冶市、广东省惠州市对本书的支持。

谨以此书献给我的家乡——湖北省随州市。

中国中东部小镇发展研究

以广东省和湖北省为例

郑明媚　车娜　著

南方日报出版社
NANFANG DAILY PRESS
中国·广州

图书在版编目（CIP）数据

中国中东部小镇发展研究 ：以广东省和湖北省为例 / 郑明媚，车娜著. —
广州 ：南方日报出版社，2017.1
ISBN 978-7-5491-1484-9

Ⅰ. ①中… Ⅱ. ①郑… ②车… Ⅲ. ①城镇－发展－研究－广东 ②城镇－发展－研究－湖北 Ⅳ. ① F299.276

中国版本图书馆 CIP 数据核字（2016）第 260240 号

出 版 人：周洪威
责任编辑：阮清钰
责任技编：王　兰
责任校对：阮昌汉
封面设计：劳华义

ZHONGGUO ZHONGDONGBU XIAOZHEN FAZHAN YANJIU
中国中东部小镇发展研究：以广东省和湖北省为例

著　　者：郑明媚　车娜
出版发行：南方日报出版社
地　　址：广州市广州大道中 289 号
经　　销：全国新华书店
印　　刷：佛山市浩文彩色印刷有限公司
开　　本：787mm×1092mm　1/16
印　　张：16.75
字　　数：280 千字
版　　次：2017 年 1 月第 1 版
印　　次：2017 年 1 月第 1 次印刷
定　　价：48.00 元

投稿热线：（020）87373998-8503　读者热线：（020）87373998-8502
网址：http://www.nanfangdaily.com.cn/press　http://www.southcn.com/ebook
发现印装质量问题，影响阅读，请与承印厂联系调换。

目　录

Contents

推进新型城镇化，这是2012年中央经济会议提出的中国未来的六大任务之一。[1] 会议指出，要积极稳妥推进城镇化，着力提高城镇化质量。继而，“新型城镇化”成为社会大众共同关注的话题之一。

改革开放至今，中国经历了城镇化发展最快的30年。这30年为今后的转型发展奠定了坚实基础，创造了优越的条件。2011年，中国城镇化率首次突破50%，达到51.27%。这是一个历史性的节点。中国的社会结构从以农业、农村、农民向服务业、城市、市民转变，有几千年历史的农业中国要向城市中国转变。中国的城镇化，建立在低成本、低投入的基础上，按照新型城镇化的要求，内涵要从追求城市的快速扩张向推进高质量健康的城镇化转变。让城市中稳定就业的农民工融入城市，落实基本公共服务，推动城镇实现集约式发展，提高资源的利用效率，是中国城镇化转型的重要内容。

2014年，国家出台第一部《国家新型城镇化规划纲要（2014—2020）》。新型城镇化成为重要的国家战略。

---

〔1〕 未来的六大任务分别是：(1) 为加强改善宏观调控，促进经济持续健康发展；(2) 为夯实农业基础，保障农产品供给；(3) 为加快调整产业结构，提高产业整体素质；(4) 为积极稳妥推进城镇化，着力提高城镇化质量；(5) 为加强民生保障，提高人民生活水平；(6) 为全面深化经济体制改革，坚定不移扩大开放。

专 栏

2012中央经济工作会把推进城镇化作为未来6大任务之一

城镇化是我国现代化建设的历史任务，也是扩大内需的最大潜力所在。我们主要从以下四个方面入手发展城镇化：围绕提高城镇化质量，因势利导、趋利避害，积极引导城镇化健康发展；构建科学合理的城市格局，使大中小城市、小城镇以及城市群的发展有机结合、相辅相成，与区域经济发展和产业布局紧密衔接，与资源环境承载能力相适应；把有序推进农业转移人口市民化作为重要任务，抓实抓好；把生态文明理念和原则全面融入城镇化过程，走集约、智能、绿色、低碳的新型城镇化道路。

中央把城镇化作为国家发展的重要战略任务，已足以证明城镇化对中国的发展意义重大。

与中国相比，西方国家很少从国家层面专门为推动城镇化提出部署措施，他们的城市化常常建立在自由迁徙的基础上：人们从农村来到城市，只要找到工作，为城市交税，城市就为他们提供与原有市民同等的公共服务。英国、美国的联邦政府并没有针对城镇化制定相应的公共政策，其城镇化率已达90%。当然，西方国家的城镇化发展过程中也存在一些问题，比如被诸多城市学家关注的南美地区的贫民窟等。发展中国家则会制定一系列引导城镇化健康发展的政策，以中国政府为例，从国家层面制定有关城镇化的政策引导城镇化的健康发展，避免中国城镇化步入歧途。由于中国政策的特殊性和优势，即使放开户籍制度的限制，中国的城镇化也不会出现贫民窟这种问题。

城镇化的健康稳定推进，是全社会翘首期盼的美好愿景。

第一节

中国城镇化现状

一、城镇化率过半，城镇化速度较快

自党的十六大确立城镇化战略以来，我国城镇化进程不断加快，取得了显著的成就。2015 年，国家统计局公布中国的城镇化率达到 56. 1%，比 2014 年增长 1. 3 个百分点。中国的城镇化已基本接近世界城镇化的平均水平。

中国的城镇化速度不仅快于改革开放后 20 年平均增长 1% 的速度，也快于同期世界城镇化发展的速度。《国家统计局 2015 年统计数据》显示，中国内地 31 个省（市）、自治区和现役军人的人口中，居住在城镇的人口达到 7. 7 亿，占全国总人口的比重为 56. 1%。根据 2000 年第五次全国人口普查的相关数据测算，全国城镇化率为 36. 2%，近十年间城镇化率上升了 13. 5 个百分点，平均每年增长 1. 3 个百分点。城镇人口由 4. 8 亿增长到 6. 7 亿，十年间城镇人口增长 1. 9 亿，平均每年约 2000 万农村人口进城，每年农村转移到城市的人口总量，比荷兰、智利、哈萨克等一个国家的总人口还要多。人口转移的规模巨大，是世界上其他国家都不曾有过的现象。中国仅仅 30 年的时间，完成了英国 200 年、美国 100 年和日本 50 年走过的城镇化路程。按照城镇化发展的规律，城镇化率在 30%～70% 的区间是快速发展阶段，中国仍然处于这个阶段。中国的城镇化发展将为中国经济发展提供持久的动力，而经济发展又会推动城镇化不断向前深入，两者相互促进，良性互动，这个格局将在未来持续相当长一段时期。

二、城镇人口主要分布在东部地区

2014 年底，中国东部地区总人口为 5. 2 亿，占全国总人口的比重为 38%，其中城镇人口总量为 3. 32 亿，占全国城镇人口总数的比例高达 44. 0%，接近全国一半；中部地区的城镇人口占全国城镇人口的比重达到24.0%；西部地区的城镇人口占全国城镇人口的比重为23.1%；东北地区的城镇人口占全国城镇人口的比重为8.9%。可以发现，东部地区的城镇人口是中部与西部的两倍，是东北地区的五倍。此外，人口集中在以北京、上海、广州、深圳、青岛、大连、苏州、杭州等为主的东部区域性中心城市，城镇人口主要集聚在东部沿海地区，形成了以珠三角、长三角、京津冀为主体的三大城市密集区。中部、西部包括东北地区，除了各省省会城市周边地区，是城镇人口集中最多的区域，而偏远的中小城市，城镇人口增长幅度相对较小。东部地区聚集了众多的外来人口，许多地方外来人口在城镇常住人口的比重较高，不少地方已经出现了倒挂，即在城镇生活的主体人口是以外来人口为主，而不是以本地人口为主，比如东莞，本地人口与外来人口的比例达到1∶3.3。

三、进城农民工是中国城镇化的主体力量

城镇常住人口是指在城镇居住半年以上，但没有取得本地城镇户籍的人口。国家统计局2015年国民经济和社会发展统计公报，用户籍人口占总人口的比例来计算，2015年中国的农民工总量达到2.77亿，比上年增长1.3%。其中，外出农民工16884万人，增长0.4%；本地农民工10863万人，增长2.7%。城市间流动人口为7000万。[1] 农民工是城镇化的主体力量。现在，全国有接近7亿的城镇人口，平均每4个城镇人口当中有1个是外来人口，外来人口主要是农民工。进城农民工具有几个方面的特征：首先，他们很多是农村的精英，愿意到城里学习、亲身体验更先进的产业和技术；其次，他们还具有双重身份，既拥有农村户籍，拥有农村土地，拥有农村新农合、农业的各项补助等农村福利，又是在城里就业的“非农”产业工人，他们大多是城里从事最苦、最累的工作，却很少享受与城里同等的公共服务。中国的农民工现象是世界上其他国家城镇化过程中没有的，而农民工也是中国城镇化众多问题中需要解决的主要对象。

---

〔1〕 来源于《中国流动人口发展报告》。

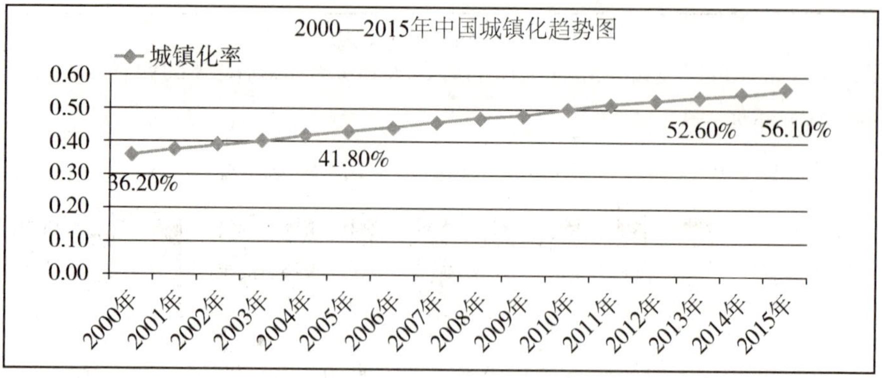

图 1-1　2000—2015 年中国城镇化趋势图

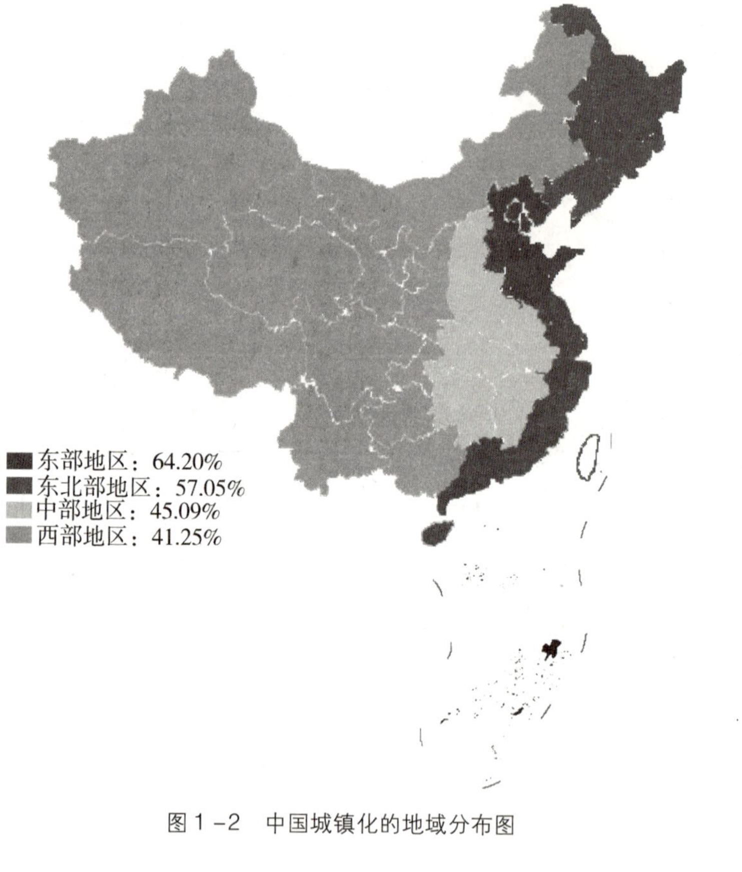

图 1-2　中国城镇化的地域分布图

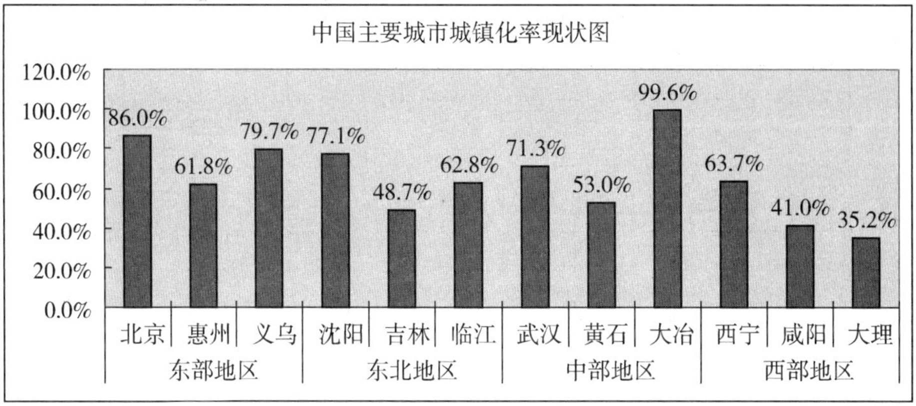

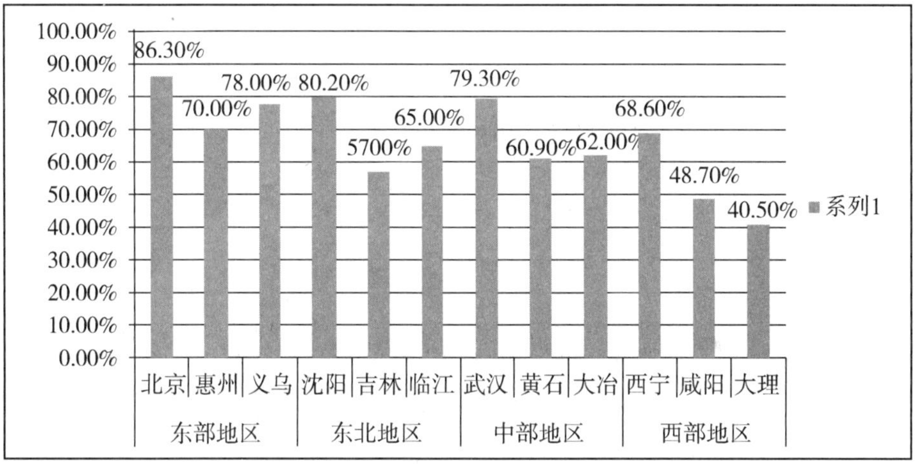

图 1 -3　中国主要城市城镇化率现状图

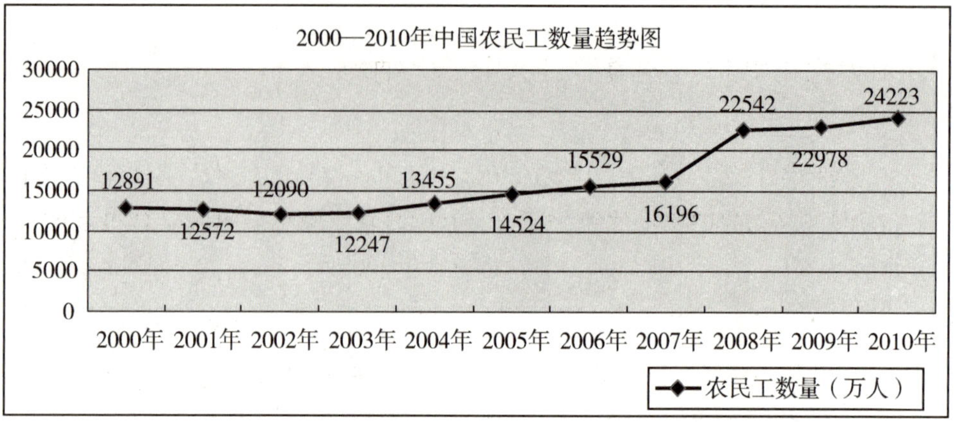

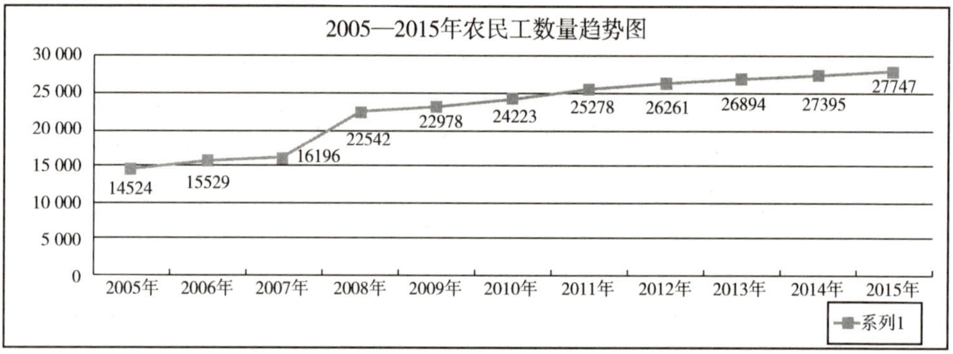

图 1－4　2000—2015 年中国农民工数量趋势图

四、大中城市是城镇人口的主要吸纳地

根据全国第六次人口普查，2010 年，地级市以上的城镇人口总和达到 3.6 亿，占全国城镇人口的比重达到 54.5%，其中直辖市吸纳城镇人口总和为 6296 万，比重为 9.4%；省会城市吸纳城镇人口总和为 9711.8 万，比重为 14.5%；地级市吸纳城镇人口总和为 2 亿，比重为 30.5%。地级市以下城市和小城镇吸纳城镇人口总和为 3.1 亿，占全国城镇人口的比重为 46%，其中县级市吸纳城镇人口 1.1 亿，比重为 16.1%；建制镇吸纳城镇人口总数为 2 亿，占城镇人口总量的比例为 29.5%。可以说，大中城市成为吸纳城镇人口的主要承载地。众多的县城和小城镇也吸纳了 3 亿多城镇人口。

城镇人口集中在大中城市的情况与我国城镇化战略政策是紧密相关的。进入 21 世纪以来，国家出台了支持大中城市发展的政策文件，大中城市在产业发展、城市功能、集聚资源方面本身就具有较大的优势，就业机会和收入水平比小城市和建制镇高得多，越来越多的流动人口选择进入大中城市就业、居住。

人口集聚以大中城市为主，这种特点与欧洲发达国家十分不同。西方国家城市体系里中小城市是城市人口的主要吸纳地。法国 3600 多座城镇，除了巴黎成为人口超过 1000 万的大都市以外，其余多数是以中小城市为主的城市体系，人口超过 10 万的不到 50 座，许多城市人口不超过 5 万，全国城市的分布比较均匀。与法国相似的，还有德国、瑞士等，人口超过 100 万的城市并不多。

第二节

中国城镇化发展历程

罗吉斯蒂（Logistic）模型经常用来研究城镇化发展阶段。在资源有限的状态下，一种事物的发展过程呈现出S型曲线（见图1－5）[1]。国际城镇化的趋势，几乎都能用罗吉斯蒂模型[2]（见图1－6）来解释。

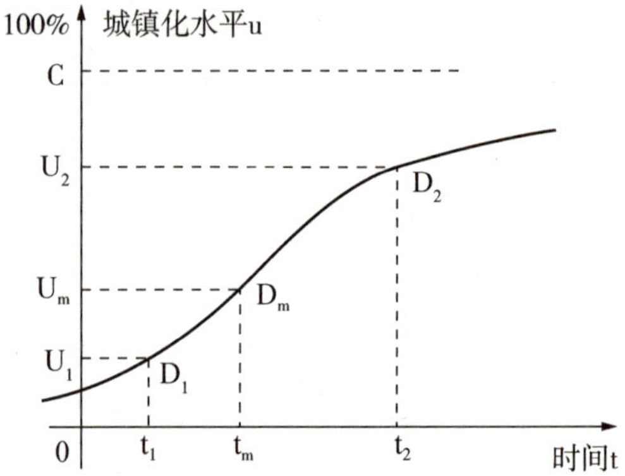

图1－5　城镇化发展罗吉斯蒂（Logistic）模型S型曲线特征点示意图

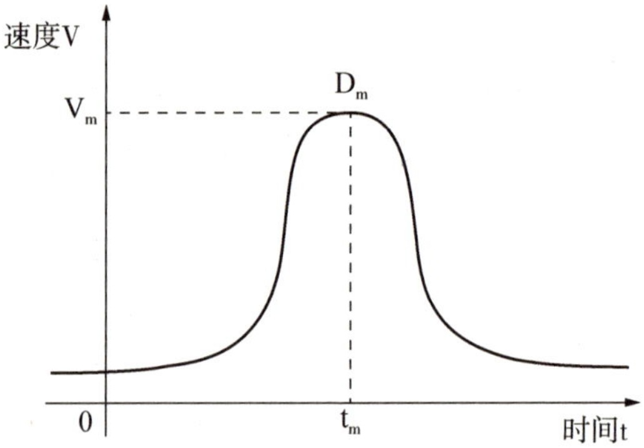

图1－6　城镇化发展罗吉斯蒂模型曲线特征点示意图

〔1〕王建军. 城镇化发展阶段划分. 地理学报，2009（2）：177—188.

〔2〕罗吉斯蒂模型通常有两种应用形式：一种为拟合事物在一定的资源条件约束下呈现S型增长的发展过程，可称为罗吉斯蒂增长模型（Logistic Growth Model）；另一种描述了不同条件下事物出现或者不出现的概率分布，人们习惯称为Logistic回归模型（Logistic Regression Model）。二者实际上有着统一的数理基础，即Logit变换。

城镇化发展初期，增速较小，城镇化发展速度比较缓慢；随着时间的推移，城镇发展规模越来越大，城镇对外来人口的吸引力也越来越大，越来越多的人要进入到城镇中就业、生活，城镇化发展速度逐渐增大，城镇化进入快速发展阶段；在人口总量保持相对稳定的情况下，城镇吸纳的人口也会逐渐趋于饱和，城镇化增长速度会放缓，增长速率会逐渐回落，这个阶段城镇化会趋于稳定。[1]

1979 年，美国城市地理学家纳瑟姆提出，发达国家城镇化过程中出现了两个共同的拐点：30% 和 70% 。当一个国家城镇化水平超过 30% 出现第一个拐点时，标志着这个国家的经济发展从农业占主导的社会迈入了以工业为主导的社会；当城镇化率超过 70% 出现第二个拐点时，标志着这个国家从工业社会进入后工业社会，基本实现了现代化。

新中国成立初期，1949 年中国城镇化率为 10% ，到 1996 年城镇化率刚刚超过 30% ，从 10% 到 30% ，中国用了将近 50 年的时间；而从 1996 年的 30% 到 2012 年的 50% ，中国仅仅用了 16 年。从数量上来比较分析，中国城镇化率的发展仍然符合国际城镇化增长的趋势，30% 之前发展比较缓慢，而在 30% ～70% 之间则快速发展。但是，中国与国际社会不同的是，中国通过政治手段影响了城镇化的发展进程，而西方发达国家的城镇化基本上是由市场决定的。尽管城镇化的发展方针不同，但进程仍然大体相似，这也说明城镇化发展具有历史规律性。

表 1－1　中国城镇化发展的历程

	时间（年）	阶段特征	城市化率增长情况	各阶段每年平均增长率
第一阶段	1949—1977	新中国成立到改革开放前的缓慢起步阶段	10. 64% ～ 17. 55%	0. 25%
第二阶段	1978—1999	改革开放以来到 20 世纪末的加速发展阶段	17. 55% ～ 32. 00%	0. 69%
第三阶段	2000—2015	21 世纪以来的快速发展阶段	32. 00% ～ 56. 1%	1. 75%

从发展历程上来看，1978 年是中国城镇化发展的分水岭，可以将城镇化发展历程分为两个不同的时期：1949—1978 年改革开放前，城镇化处于曲折增长

〔1〕 王建军. 城镇化发展阶段划分. 地理学报，2009（2）：177—188.

阶段；1979 年至今，城镇化处于快速增长阶段。

1949—1958 年：新中国城镇化发展的序幕拉开

新中国成立后，经济社会经过三年的恢复发展，国民经济得到了很好的发展。1953—1957 年国家完成了第一个五年计划。五年内全国完成投资总额为 550 亿元，国家对经济和文教部门的基本投资总额为 493 亿元，超过原计划的比例达到 15.3%。1957 年工农业总产值比 1952 年增长 67.8%，原定工业总产值平均每年增长 14.7%，实际增长 18%；农业总产值完成原计划 101%，比 1952 年增长 25%。

这个时期我国城镇化和工业化同步发展。城镇化水平得到了较大的提高，城镇化率由新中国成立初期的 10.6% 增长到“一五”期末的 15.4%。八年间城市人口从 5765 万增加到 9949 万，增加了 72.6%。城市数量从新中国成立初期的 136 座增加到一五期末的 176 座，增加了 29%。这个时期工业城市得到了较快的发展，加强了 156 个重点项目的建设。黑龙江哈尔滨，吉林长春，河南焦作、平顶山，辽宁鞍山，甘肃玉门等，形成了一批工业基地。在这个时期，国家出台了关于城市发展的规范，即国务院于 1955 年颁布了《中华人民共和国关于设置市镇建制的决定和标准》，对市镇设置确定了标准。那时，整个国家百废待兴，关注的重点是社会的全面发展进步，虽然没有专门制定城镇化的支持政策，但是全社会的发展是城镇化自然演进、自然发展的环境，城镇化发展的过程是自然增长的过程。

1958—1966 年：城镇化处于剧烈波动的发展阶段

城镇化发展受国内经济社会形势影响而大起大落。例如，我国的城镇化率从 1958 年的 16.2% 下降到 1965 年的 14%。这一时期，受极“左”思想的影响，国家对经济社会发展形势过于乐观，强调以钢为纲，提出全民大办工业，出现了盲目跃进的倾向，实施了“大跃进”“人民公社化”运动，大批农民涌入城市。1958—1960 年，城市人口从 1.1 亿增加到 1.3 亿，共新增城市人口 2352 万，城镇化率从 16.2% 迅速上升到 19.7%，平均每年增长 1.2 个百分点。1961 年，国家调整了发展方针，大力精简城市人口，提高了设镇的标准，撤销了一些市镇，加上三年困难时期，许多城市人口回到了农村。城市数量从 1961 年的 208 座压缩到 1965 年的 171 座，减少了 37 座。1960—1965 年期间，全国城镇人口不仅没有增加，反而减少了 30 万人，城镇化率从 19.7% 下降到 18%，中国城镇化第一次遭遇了逆城镇化。这个期间是我国城镇化“大起”和“大落”的时期，剧烈波动也影响了国家对当时经济发展形势的判断。这个阶段，国家开始实行城乡分割的户籍管理体制，限制农村人口向城镇流动，以缓解国民经济计划分配不足的压力，户籍制度的实行对中国未来的城镇化进程和城镇发展体制产生了十分深远的影响。

1966—1978 年：城镇化处于停滞不前的发展阶段

这个阶段我国进入“文化大革命”的十年动乱期，城镇化基本停滞。十年期间，我国工业基本停滞，经济发展萎靡不振，农业生产满足不了城市对粮食的需求，工业的停滞也造成城市就业岗位满足不了城市居民的就业需求，知识分子上山下乡、干部下放，国家出于备战目的实行“三线建设”，让许多城里人从城市返回到农村，中国的城镇化再次因为国家政策的调整导致了逆城镇化过程。1966 年城市人口为 1.3 亿，城镇化率为 17.9%；1978 年城市人口 1.7 亿，城镇化率仍为 17.9%。这个时期，虽然城镇人口仍然保持 21.8% 的增长，但城镇人口迁出大于迁入，每年城镇人口净迁出 300 万人左右。12 年的时间，中国的城镇化率基本没有变化。

1978—1996 年：城镇化处于恢复性发展阶段

1978 年党的十一届三中全会召开，中国进入改革开放的历史进程中，城镇化也进入全面恢复的发展阶段。以家庭联产承包责任制为标志的农村经济体制改革和以党的十二届三中全会通过的《中共中央关于经济体制改革的决定》为标志的城市经济体制改革在中国拉开序幕。自此之后，城镇人口从 1978 年的 1.7 亿增加到 1996 年的 3.7 亿，城镇化率由 1978 年的 18% 增加到 1996 年的 30.5%；城市数量从 1978 年的 193 个增加到 1995 年的 640 座；1978 年，全国建制镇 2173 个，1996 年达到 1.6 万个。在这个时期，我国形成了全方位对外开放的格局，城市数量明显增加，农村剩余劳动力大量涌现并加快向城镇转移，城镇化水平稳步提高。

这个时期国家制定了一系列方针政策，对推进我国城镇化发展具有重要意义。第一次明确提出城市发展方针是在1978年3月，国务院制定了《关于加强城市建设工作的意见》，提出了“控制大城市规模，发展小城镇”的方针。1984年，国务院发布《城市规划条例》明确了“控制大城市规模，合理发展中等城市，积极发展小城市”的基本方针，这是国家第一次以行政法规的形式确立了城市发展方针。1985年，公安部出台了《关于城镇暂住人口管理暂行规定》，允许农民自带口粮进城，放松了农民迁入城镇的限制，在一定程度上提高了农民进城经商务工的积极性，一大批农民进入城市务工或经商。此外，1989年颁布的《中华人民共和国城市规划法》明确规定“国家实行严格控制大城市规模、合理发展中等城市和小城市的方针，促进生产力和人口的合理布局”，进一步以法律形式确定了国家发展城市的战略思想，同时鼓励城市和小城镇的发展，降低了设市和建制镇的人口标准。同时，农村家庭联产承包责任制的改革，调动了农民的生产积极性，而国家对粮食统购统销进行了改革，促进了农业生产力的发展水平，农民实现了自主耕作，剩余劳动力也不断涌现。1992年，邓小平南方谈话及十四大的召开，标志着我国进入全面建设社会主义市场经济体制时期，沿海开发区的建设及“三来一补”企业吸引了众多农民工。大量农村人口向小城镇转移成为这一时期城镇化的主要特征；改革开放的步伐推进我国工业化、农业现代化进程加快，以乡镇企业及其他形式的非公有制企业发展成为经济增长的主要动力；外资成为经济发展的主要推动力。由于区位和政策上的优势，东部沿海地区特别是珠三角地区的乡镇企业吸引了大量农村剩余劳动力，带动了小城镇的快速发展，城镇化水平迅速提升。

1996年至今：城镇化处于快速发展时期

1996—2012年，城镇化水平平均每年提高1.03个百分点，是历史上城镇化水平增长最快的时期。2012年，全国城镇人口达到7.1亿，城镇化率达到52.6%，相比1996年，城镇人口增长了0.9倍，城镇化率增长了0.7倍。2014年底，全国城市总数达到653个，小城镇达到19683个。20世纪90年代后期，亚洲金融危机给全亚洲的经济带来重创，国企改革导致大量城镇工人下岗。在经济形势的冲击下，乡镇企业进入缓慢增长阶段。但是各种限制劳动力跨地区、跨行业流动的制度逐步放开，农民工不再局限在乡镇企业和就地转移，开始“离土又离乡”向异地转移，特别是向沿海发达地区和城市转移，规模也越来越大。与此同时，我国逐步确立了市场经济体制和转变政府职能。在现有社会管理体制下，对于城镇化发展来说，这一时期是政治环境最好的时期。

为稳步推进城镇化进程，走出一条符合我国国情的城镇化道路，中央政府从转移农村劳动力这一长远战略目标出发，分阶段、有步骤地出台了一系列积极稳妥的政策措施。1998 年，党的十五届三中全会提出了“小城镇，大战略”。2000 年，中共中央、国务院发布了《关于促进小城镇健康发展的若干意见》，就我国小城镇发展的 10 大战略问题做了重要指示，一定程度上促进了小城镇的发展。2000 年的“十五”计划，明确提出了要实施城镇化战略，转移农村人口，走出一条符合我国国情、大中小城市和小城镇协调发展的城镇化道路。2002 年，党的十六大报告提出“全面繁荣农村经济，加快城镇化进程”，进一步明确了我国城镇化的重要发展方针，把解决农村富余劳动力问题作为我国城镇化的核心内容。2003 年 1 月，国务院办公厅颁布了《关于做好进城农民工管理和服务工作的通知》，要求取消对农民进城务工就业的不合理限制，改善进城农民工生产生活条件，解决农民工子女就学问题，把农民工纳入流入地管理。2006 年，“十一五”规划再一次强调了城镇化对于统筹城乡发展的重大意义。2006 年 3 月，国务院发布了《关于解决农民工问题的若干意见》，要求各地增加公共财政支出，逐步健全覆盖农民工的城市公共服务体系，探索适合农村外出务工劳动力特点的社会保障制度，开展农民工进城务工就业的服务工作，提高农村劳动力的综合素质和就业能力，为稳定农民工进城就业以及定居创造了有利的政策条件。2011 年，“十二五”规划中专门提出要积极稳妥推进城镇化，提出要合理布局、以大代小，以大城市为依托，以中小城市为重点，逐步形成辐射作用大的城市群，促进大中小城市和小城镇协调发展。2012 年，党的十八大报告中，明确提出“坚持走中国特色新型工业化、信息化、城镇化、农业现代化道路，推动信息化和工业化深度融合、工业化和城镇化良性互动、城镇化和农业现代化相互协调，促进工业化、信息化、城镇化、农业现代化同步发展。”随着市场化进程的进一步推进，国家推动城镇化的方式从计划向市场转变，制定政策从具体的实施措施向宏观调控的方向改变，制定城镇化发展纲领从行政命令向规划改变。2014 年中共中央、国务院印发《国家新型城镇化规划（2014—2020 年）》，《规划》指出努力走出一条以人为本、四化同步、优化布局、生态文明、文化传承的中国特色新型城镇化道路，对全面建成小康社会、加快推进社会主义现代化具有重大现实意义和深远历史意义。

2016年国务院印发的《国务院关于深入推进新型城镇化建设的若干意见》中对积极推进农业转移人口市民化、全面提升城市功能、加快培育中小城市和特色小城镇、完善土地利用机制、创新投融资机制等方面做了进一步的指导和要求。可以说，城镇化对我国经济增长起着巨大的促进作用。1978—2015年，城镇常住人口从1.7亿增加到7.7亿，城镇化率从17.9%提升到56.1%，年均提高1.02个百分点；城市数量从193个增加到653个，建制镇数量从2173个增加到20113个。目前，已被公认的京津冀、长三角、珠三角三大城市群，以2.8%的国土面积集聚了18%的人口，创造了36%的国内生产总值，成为带动我国经济快速增长和参与国际经济合作与竞争的主要平台。人口超过百万的城市达到125个，城市群和大城市成为中国经济社会发展的重要支撑力量，成为参与国际合作与竞争的主要平台。国家在取得经济增长的同时，城镇化也让人们享受到了城镇化带来的生活改善和实惠。城市水、电、路、气、信息网络等基础设施显著改善，教育、医疗、文化体育、社会保障等公共服务水平明显提高，人均住宅、公园绿地面积大幅增加。城镇化的快速推进，吸纳了大量农村劳动力转移就业，提高了城乡生产要素配置效率，推动了国民经济持续快速发展，带来了社会结构深刻变革，促进了城乡居民生活水平全面提升，取得的成就举世瞩目。

表1-2 城市（镇）数量规模变化情况 单位：个

	1978年	2010年
城市	**193**	**658**
1000万以上人口城市	0	6
500万—1000万人口城市	2	10
300万—500万人口城市	2	21
100万—300万人口城市	25	103
50万—100万人口城市	35	138
50万以下人口城市	129	380
建制镇	**2173**	**19410**

注：2010年数据根据第六次全国人口普查数据整理。

表 1－3　城市基础设施和服务设施变化情况

指标	2000 年	2014 年
用水普及率（%）	63.9	97.6
燃气普及率（%）	44.6	94.6
人均道路面积（平方米）	6.1	15.3
指标	**2000 年**	**2015 年**
人均住宅建筑面积（平方米）	20.3	33.0
污水处理率（%）	34.3	89.34
人均公园绿地面积（平方米）	3.7	13.1
普通中学（所）	14473	13253
病床数（万张）	142.6	496.1

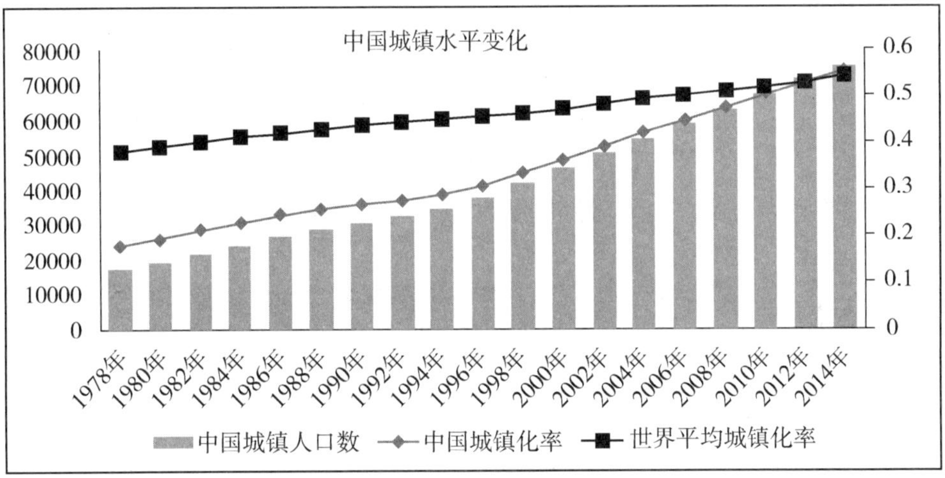

图 1－7　1978～2014 年中国城镇化水平变化

第三节

中国城镇化的主要特点

与西方发达国家不同，中国的城镇化不是“自由式”的城镇化，而是政府主导的城镇化。在中国现行的政府管理体制下，政府主导的城镇化，是站在城市政府追求的利益最大化基础上制定各种政策推动的城镇化发展模式。从前面所述的城镇化发展历程中可以看出，不同的阶段，中央政府会根据当时需要来制定和调整城镇化政策。有的政策在一定的时期内抑制了城镇化的发展，有的政策又推动了城镇化的发展。政府主导的方式，与我国政府管理体制、土地管理制度、户籍管理制度、财税分配制度、政府政绩考核机制等都是紧密相关的。这些体制导致我国城镇化区别于世界上其他任何国家城镇化发展方式，并呈现出不一样的特点。

一、等级化的城镇管理体制，不同等级城市的城镇化发展水平不同

中国的城镇有等级之分。从直辖市到小城镇，共七级城镇管理体制，分别是直辖市（正部级）、副省级城市（计划单列市）、地级城市、副地级城市、县级市、副县级小城镇、一般小城镇（见表 1－2 ）。

表 1－4　中国不同等级的城镇数量分布

城市等级	直辖市	副省级城市	地级城市	副地级城市	县级市	副县级小城镇	一般小城镇
数量（个）	4	15	271	39	368	1596	20401

资料来源：《中国城乡建设统计年鉴 2014》

在政府主导的城镇化模式下，行政权力的大小对资源的流向有着较大的影响，尤其是在现行土地管理制度和财政体制的框架下，发展的机会都是向等级高的城市聚集。例如，建设用地指标的分配方式是从国家到省级分配年度新增建设

用地计划用地指标，省级政府把年度计划指标再向副省级城市、地级市分解，地级市再向县级市分解，县级市再向小城镇分解。在分解过程中，上级城市都会倾向于往本级城市预留更多的指标，土地指标越到下一级城市越少，越是等级低的城镇其发展的空间越小。再以财政体制为例，地方分成部分，等级高的城市在制定分成比例时往往根据本级城市的需求确定下级城市的分成比例，在现行的财政体制下，众多的小城镇都不具备支配本级税收的权限。比如全国综合实力最强的虎门镇，2010 年本级财政税收达到 61.6 亿元，本级财政可支配收入仅 22.8 亿元。国家每年给广东下达的新增建设用地指标大约 30 万亩，2010 年下达给广州市的新增建设用地指标 1.2 万亩，而下达给广州市番禺区大岗镇的新增建设用地指标只有 300 亩。以行政级别为基础的等级化城镇管理模式，使得上下级城市之间行政资源自上而下地分配，而财税自下而上地上缴，发展要素不断往中心城市聚集，等级越低的城市获取的公共资源越少，各项公共管理职能基本都受上级政府的制约。[1]

二、建立在城乡二元结构之上

伴随着户籍制度的建立，中国城乡之间逐步形成了二元经济结构。这成为中国城镇化区别于世界上发达国家城镇化发展现象的体制原因，也一直制约着我国城镇化发展的进程。

新中国成立至改革开放的数十年内，我国实行的计划经济管理体制与国际工业化发展路径的不同点是：我们通过计划经济产业发展，而不是通过产业自然地演变发展。新中国成立之初，中国资本短缺，但劳动力资源丰富。因此，国家实行了重工业优先的发展战略，工业与农业之间没有形成互相促进、互补发展的格局，而是形成了一个断层，工业和城市汲取农业和农村剩余的强度越来越大，工农、城乡之间形成了强烈的反差。这种反差也促使越来越多的农村人口涌入城市寻求生机，然而重工业的吸纳能力是有限的，城市产业对人口的承载能力不足。为了缓解城市的压力，国家出台了政策文件，制定了城乡有别的户口登记制度与

[1] 数据参考中国城市和小城镇改革发展中心内部报告。

限制人口自由迁徙的制度，同时户口制度与粮油供应制度、就业制度、社会福利保障制度直接挂钩。

从政策制定的角度来看，户籍制度并没有从根本上解决工业化过程中资本与劳动力的矛盾。户籍制度的存在，让城市与农村之间成为相对封闭的系统，城市之间公共服务水平有差别，农村人口不能轻易享受城市的公共服务，城市也很难享受到农村的福利（宅基地、承包地），村与村之间的农民也不能随意变更户籍。

户籍制度与社会福利、公共服务挂钩的体制机制，形成了代表城市与农村两方的利益格局。城乡二元结构导致的城乡分割的局面，导致农村地区的发展无法获得工业和城市的支持和带动。最终，城乡的发展差距越来越大。城乡居民收入之比从1952年的1.8：1，到1978年扩大为2.71：1，到2014年扩大为2.92：1。这种发展差距，是城镇化发展的主要动因。农民进程主要是为了获取更多的收入，就业是其主要目标。

三、中国的城市是行政辖区，城市管理农村

改革开放以后，开始实行市管县体制，后来又是乡改镇、地县改市。以前，地方行政管理体制的重点是管理农村。改市以后，无论是来自市场的资源，还是来自政府的资源，都不同程度地向城市倾斜，农村成为被忽略的区域，这导致城市与农村的面貌差距越来越大。此外，基础设施的差距也越来越大，城乡之间公共服务差距也越来越大。除了外来资源往城市集聚以外，内部资源也是从农村向城市流动。首先是工农产品的价格剪刀差，国家财政每年从农村提取大量的农业税等各种资金。城市对农村的剥夺，一直是推动城镇发展的主要方式。现在我国虽然结束了农业税的制度，也取消了统购统销制度，但长期以来形成的以家庭生产经营单位为主体的农村经济一直处于弱势地位。在市场经济体制下，农村经济的竞争力显得极为低下。在同一个辖区内，城市与农村之间，是一种不平等的城乡关系，进入城市的农民工为城市创造的价值，支付了一部分城市公共服务，而由于户籍制度的限制，这些农民的医疗、失业、养老保障及农民工子女的教育费用，城市并没有对农村进行“反哺”。尽管有的企业承担了一小部分，但由于流动的局限，很多农民工无法真正享受到这些城市的福利，他们还要回到农村支付这些成本。

第四节

中国城镇化面临的主要问题

一、城镇化遭遇“城市病”

世界城市化发展经验表明，在一定的工业化水平上，城市化水平普遍高于工业化水平。而中国的城镇化始终落后于工业化的发展。城市的管理者一直重视城市的生产功能，却忽视了城市的流通、消费和再分配的功能，致使城市服务业发展极其落后。为市民提供更优质的公共服务没有成为城市管理者发展城市的首要目标。这些原因导致中国许多城市的在发展和建设过程中，盲目追求视觉上的“国际大都市”，热衷建设大广场、宽马路、大公园等，而对消费性的设施投入不足，城市地下管网的规划和建设滞后导致城市应对恶劣气候、灾难性突发事件方面显得非常脆弱，城市环境污染、拥堵、失业等“城市病”一直困扰着大中城市。[1]

另外，在政府主导、重工业优先的发展战略带动下，中国城镇化的产业更注重对资本的需求，忽视了长期吸纳外来流动人口的重要性，导致许多外来流动人口长期脱离农村，脱离农业生产，但是无法融入城市社会，无法享受到相应的权益。据 2015 年统计，中国有 1.68 亿的农民工无法享受到与城市居民同等的公共服务水平。一些外来流动人口文化水平较高，在农村没有土地和住房，他们也懂得维护个人的合法权益，但是由于体制的原因，他们一直处于不稳定的就业状态，其生存状态影响这个群体的生活质量，也让他们对社会的认同感产生不利影响。

〔1〕 冯奎. 中国城镇化转型研究. 北京：中国发展出版社，2013：41.

二、土地城镇化快于人口城镇化

我国城镇化过程中，农业和生态用地变成城镇建设用地的速度过快。特别是近二十年来，我国城镇建成区的面积快速增长，而城镇集聚的常住人口速度却明显滞后。有的专家把这种现象解读为土地城镇化快于人口城镇化。1990 年到 2000 年十年间，土地城镇化的速度是人口城镇化速度的 1.7 倍；2001 年到 2010 年十年间，中国土地城镇化率的速度是人口城镇化速度的 1.8 倍。而国际社会，土地城镇化速度与人口城镇化速度的比值在 1 比 1.12 之间。[1]

三、城镇化过程中空间开发强度不高

通常，我们用城市建设的空间面积占整个国土面积的比重来衡量开发强度。目前，我国的城市开发强度为 3.6%，而发达国家如德国是 13%、荷兰是 12%、日本是 8.3%。不难看出，我国城市开发强度远远低于发达国家。当然，我国国土资源状况与国际上许多发达国家的情况也不尽相同，我国有许多的生态脆弱地区。我国山地多、平原少，约 2/3 是山地和高原。适宜工业化和城镇化开发的面积是 180 万平方公里，若扣除必须保护的耕地和已有的建设空间，今后还可以或者说适宜城镇化和工业化开发的面积还有 27 万平方公里，不到全国陆地国土总面积的 3%。如果用人均平原面积来比较，我国人均平原面积只有 800 多平方米，而美国是 1.25 万平方米，整个欧洲平均约 8400 平方米，我国人均平原面积是美国的 1/15，是欧洲的 1/10。虽然从建设用地总量和开发强度上，都不能简单地与那些国土资源状况较好的国家相提并论，但是从利用效率上来看，我国城市用地的开发强度不高是一个客观的事实。2015 年，我国城市建成区为 4.98 万平方公里，县城的建成区为 2.01 万平方公里，居民点及独立工矿用地面积 31 万平方公里，国家级经济技术开发区 219 个。[2]

---

〔1〕 王亚男、冯奎、郑明媚. 中国城镇化发展的现状与趋势. 城市发展研究，2012.

〔2〕 杨伟民. 实现城市化与可持续发展“双赢”. 瞭望，2012（5）：34—35.

四、人口红利即将消失，城镇化速度有可能下降

中国的刘易斯转折点到人口红利消失的转折点时间间隔较短，使得我们应对未富先老的各项政策调整时间也较短。亚洲几个发达国家，此时间间隔比中国长得多，日本是 30 年，韩国是 40 年，而中国只有 9 年。

转变经济发展方式、用新的增长方式来代替低劳动成本的优势，是我国今后城镇化过程中需要坚持的核心目标。但是，转变经济发展方式需要相应的技术、人才和制度环境作保障，以及观念转变和环境适应。在短时间内实现这种转变，存在较大难度。另外，在以往城镇化过程中，农民工只关注就业和工资的诉求也发生了变化，现在农民工更关注居住、社保、医疗、劳动条件、子女教育方面，需要获得更公平的待遇。从诉求来讲，这是体现社会正义，是社会进步的表现，但是对于我们城市政策制定者和决策层来讲，这是一个压力十分巨大的大课题，短时间内无法完全解决。无论是劳动力供给的客观条件，还是农民工自身对融入城市的主观理解来讲，今后一段时间，中国城镇化的速度必然下降。

第五节

中国城镇化的发展趋势

中国城镇化发展的关键，是让流动人口踏踏实实地留在城市，让他们心安理得地在城市里居住、生活和就业。只有数亿的农民转化为城镇居民，才会拉动住房、文化、娱乐等生活消费，才会拉动一批产业的发展升级。只有补足了内需这块短板，我们的经济发展才能形成投资、出口和消费共生的局面。

有关研究显示，如果以目前农民工与城镇居民恩格尔系数为基数，倘若农民工能成为真正意义上的城镇居民，公共服务得到明显改善，按照当前2.8亿农民工的基数来计算，当年消费支出将增加8000多亿元。而中国未来的城镇化率将达到70%，农民工的数量可能在现有的基础上翻番，那么按照目前的价格来计算，当年消费支出将增加1万亿元。中国众多城市和服务业发展将迎来新的春天，中国也将形成全球最大的城市消费市场，这里将会创造出持久的内需动力。

一、中国城镇化转型发展的条件日趋成熟

中国城市经济实力、基础设施和服务能力不断增强，城市从外延扩张转向品质提升的物质基础已经具备，基本公共服务制度逐步完善，农民工市民化面临的社会福利的阻力也正在逐步得以优化。户籍制度改革和统筹城乡综合配套改革的深入推进为获取城镇化的体制障碍积累了丰富经验，基础设施特别是交通设施网络的不断完善，使城镇化布局和形态优化的条件日臻完备。深刻认识并准确把握未来中国城镇化发展的新趋势、新特征，妥善应对由此带来的新机遇、新挑战，科学选择城镇化的发展模式、路径和目标，要求我们必须立足基本国情，遵循城镇化的发展规律，努力走出一条公平共享、集约高效、可持续的中国特色的新型城镇化道路。

二、城镇化还将催生无数个城市

新中国成立的时候，中国只有 132 个城市，城市人口 3900 万人，全国人口百万以上的城市只有 10 个。改革开放之后，国家确立了发展城市的方针，城市得到了蓬勃发展，截至 2014 年底城市数量增加到 653 个，各种小城镇 20401 个。城市人口超过百万以上的城市有 142 个，超过 500 万人口的特大城市有 11 个，城市人口达 1000 万以上的城市也有 6 个。中国幅员辽阔，各地区之间的发展水平参差不齐，市场经济体制的建立需要城市发展拥有更多的自主权。如果按照国际上城市的规模，中国许多人口超过 5 万以上的小城镇也应该跻身城市，全国镇区人口超过 5 万的小城镇有 740 多个。随着城镇化改革政策的推进，一批县也应跻身为城市。国家发改委城市和小城镇中心的一份研究成果显示，中国未来有可能形成 2000 余个大、中、小城市。

三、城市的发展还会带动农村和农业现代化的发展

中央早就提出要把基础设施和社会事业发展更多地转向农村，城镇化的推进，农村覆盖面积和人口会较大程度地减少，实现整个国家的公共服务均等化更容易得到实现。基础设施和公共事业向农村延伸，会更好地促进农业现代化的实现。中国的城镇化已不会再局限在一个城市或地区发展，而要在一个大区域背景或者全国范围内解决。城镇化过程中要统筹城乡发展，不能忽视农村，要避免农村的凋敝、农业的衰败和农民的被边缘化。

四、城镇化在今后 20 年还会处于快速发展阶段

根据国务院发展研究中心的预测，国家城镇化水平的峰值，是在 70%～75% 之间，也就是说今后 20 年，我们的城镇化率还有 20～25 个百分点的提升空间。

从 2016 年到 2020 年，我们的城镇化水平会达到 60% 左右，达到中等发达国家水平。2020 年以后的 10 年会速度慢一些，到 2030 年会接近约 67%。按照目前的统计口径，中国城镇常住人口已经达到 7.7 亿。今后 20 年，起码还要增加 3 亿人。到 2030 年，中国至少有 10 亿人会工作和生活在城市。

五、促进外来人口融入城镇是中国城镇化的必然方向

今天，我们要重新认识长期在城市工作的新生代农民工，他们许多已经不再从事农业生产，他们也从未想过要回到农村，同时大部分人希望留在大中城市。促进这些新生代农民工融入城市、融入社会，是中国城镇化必然要解决的问题，也是提升城镇化质量的一个重要内容、促进城镇化可持续发展发展的一个重要途径。农民工融入城市社会，首先，需要解决基本公共服务均等化的问题，让城乡居民都能享受城镇化的成果；其次，还要统筹解决不同区域之间的发展条件和发展环境的均衡性问题，围绕城镇化的战略格局，完善综合交通运输网络，统筹推进铁路、公路、水运、航空、输油气管道和城市交通基础设施建设，发挥城镇化发展的支撑环境建设；最后，还要增强城市的综合承载能力建设，建设绿色低碳、和谐宜居富有特色的现代化城市，完善城市功能，增强综合承载能力，着眼于提升城市的经济承载能力，引导城市经济转型升级，提高就业吸纳能力。要吸纳数量众多的外来务工人口的融入问题，必须要逐步健全城市公共服务体系，提高教育、医疗、社保、住房等保障水平。所有这些，都将成为城镇化继续推进，实现城镇化可持续发展的重要内容，通过各任务对经济社会的全面带动，成为推动城镇化继续保持高速发展的潜力所在。

第六节

城镇化改革的突破方向

21 世纪，中国的城镇化不仅引领中国未来的经济，更将引领世界经济的发展。愿景总是很美好，当务之急还得破除影响中国城镇化发展的各种障碍，促进区域城镇之间更加均衡的发展，城乡统筹发展。正如温家宝在第六届夏季达沃斯论坛回答记者提问说到的，中国推动城镇化的持续发展，未来的发展中要加强三个方面的工作。首先，必须推进体制改革，消除对农民进城和择业的歧视和限制；其次，必须大中小城市并行，同时发展小城镇；最后，在推进工业化和城镇化的同时，必须推进农业现代化，加强现代农村建设。下一个阶段，中国城镇化的重点在于在一些关键领域的改革，只有破除制度的障碍，才能让中国的城镇化发展释放活力，推动中国经济社会的全面发展。

一、推进户籍制度改革

户籍制度改革有两条线可以同时走，循序渐进。一是解决举家迁徙到城镇的外来务工人员的户籍，建立以居住地为依据的人口登记制度；二是剥离与城镇户籍紧密相连的福利。清理整顿与户口“挂钩”的各项政策，对于新制定的就业、义务教育和职业技能培训、社会保障等公共服务政策，要与户籍脱钩。

户籍制度的改革，中央与地方政府要承担不同的责任，中央也要允许地方政府探索解决农民进城落户的途径。中央政府承担跨省迁徙的农民工落户的相关责任，省政府统筹省域内举家迁徙农民工的落户问题，地方政府重点解决本地农民进城落户的问题。三、四线城市基本已放开户籍限制，只要在城市购买商品房，基本能解决城市户口；二线城市 2015 年也频发户改新政，如 2015 年南京市在《南京市户籍市域范围内有序通迁的实施意见》和《南京市人才落户工作的实施意见》中提出“对于本地高校大学生，将取消应届毕业生保留户籍两年的限制”，这就意味着大学生的户口可以一直放在江苏省高校招生就业指导服务中心，直到找到工作或有了房子再迁走。对于落户最紧张的一线城市也有了新的尝试。北京将出台居住证制度，研究制定积分落户政策；持有上海居住证满七年缴纳社保满七年的外来人口，相关条件下可申请转办上海户口。

二、推进城镇行政管理体制改革

发挥市场机制在资源配置中的基础性作用，推进城镇行政管理体制改革，改变以行政等级配置公共资源要素的管理体制，建立大中小城市平等发展的管理体系。

减少行政等级对资源分配的干预。增加中小城市和小城镇政府建设项目审批的自主权，政府公共服务资源与行政级别相脱钩，放宽教育、医疗等公共服务设施的准入门槛，鼓励社会资金参与城市公共服务的投入。减少行政等级，加快推进省直管县的制度改革。探索城镇管理与农村管理分开的管理体制，避免公共资源继续向城市倾斜。

完善设市审批制度，按照城市市区常住人口的规模确定城市机构和编制。修订设市标准，把城市市区常住人口规模作为设市的重要依据，镇区人口超过 5 万的建制镇可直接设市，重新制定大中小城市的划分标准。在核定人员编制的基础上，可以根据自身特点决定机构和人员配置。对于吸纳人口较多、经济总量较大的县城和小城镇，逐步赋予其与管辖人口规模和经济总量相适应的经济社会管理权限。

充分发挥市场配置基础设施的作用，促进相邻城市之间基础设施共享。鼓励市场多元化投资，打破行政区划的界限，建设和经营管理城际道路、城市供水、污水和生活垃圾处理等基础设施。鼓励市场投资参与城市公共服务项目的建设和经营，推动相邻城市公共服务的均等化发展。探索建立特大城市交通、供水等基础设施与周边中小城市的对接和共享。实现大城市与中小城市之间，城乡之间公共基础设施共享，改变城市公共服务、基础设施建设与供应各自为阵，碎片化的状态。探索城市与农村基础设施共建、共享的投资机制，城镇与周边乡村在给排水、供电、交通、有线电视和网络等基础设施供给水平上实现均等化覆盖。

加大支持力度，释放中小城市的发展活力。发掘中小城市的优势和特色，增加中小城市建设项目审批的自主权。土地利用年度计划指标向中小城市倾斜。建立特大城市与周边中小城市基础设施共建的机制，改革财政和投融资体系，发挥中长期贷款在基础设施建设的作用，减少土地出让金参与城市建设的比例。增加中小城市的支配财政的能力，加大支持力度，加强中小城市的基础设施建设，完善公共服务设施。

三、推进土地制度改革

完善征地制度，建立城乡统一的建设用地市场。修改完善农村集体土地征收办法，提高农民在土地增值中的分配比例，规范政府的征地行为，允许集体经济组织在符合规划的前提下利用自有集体建设用地的使用权，以出租、入股、委托经营等方式参与城镇经营性项目的开发。

探索建立农村闲置宅基地自愿有偿的退出机制，加快推进农村集体土地所有权、土地承包经营权、宅基地使用权、集体建设用地使用权等确权登记颁证。按照农户自愿、协商一致的原则，允许已经进城落户的农民有偿转让农村宅基地，允许农民自主整理复垦宅基地，并在统一公开的交易市场上有偿转让建设用地指标，复垦后形成的耕地仍归原农户经营。

提高城市用地节约集约利用水平。加快人口向城镇集中，提高城镇的人口密度，提高城市用地的集约利用水平，充分挖掘存量建设用地的利用潜力，提高建成区人口密度，规范新城新区的建设。开展城镇建设用地的整治，鼓励开展对低效使用的旧厂房、旧村庄、旧城镇用地的扩容升级，鼓励城市发展服务业。

探索建立适应城镇化的人地“挂钩”土地利用机制。探索土地利用年度计划指标与城镇常住人口相挂钩的分配方式，城镇建设用地增加与吸纳城镇人口的规模相适应，实行地区之间人地“挂钩”政策，城镇化地区建设用地增加规模与吸纳地外来人口定居的规模“挂钩”；提高和解决地方吸纳外来人口并为他们提供公共服务、社会福利的积极性和资金缺口。

四、推进农民工市民化

提高城镇化的关键目标是把转移到城镇居住的农民工市民化，打破城乡二元结构，统筹推进户籍制度改革和基本公共服务均等化，既要逐步把有稳定劳动关系并在城镇一定年限的农民工及其家属转化为城镇居民，特别需要解决好举家迁徙和新生代农民工融入城市的问题，同时要加快建立健全符合国情比较完整覆盖城乡可持续的基本公共服务体系，逐步剥离户籍制度下的公平的福利待遇。

推进基本公共服务的全覆盖和均等化，循序渐进，分步骤、分阶段扩大农民工与城镇居民享受同等公共服务的项目和范围。中央财政加大对义务教育经费的统筹力度。形成国民教育、医疗卫生、公共住房、社会安全、社会救济和社会保障等基本公共服务全覆盖的体系；建立城乡、地区之间公共服务相互衔接、转移和接续的对接制度；形成与经济发展阶段和公共财政能力相适应的全覆盖的公共服务水平。强化政府的主导作用，落实企业的社会责任，发挥市场的调节功能，允许各地探索由集体经济组织利用农村建设用地建设农民公寓，多渠道改善农民工居住条件。建立多种形式、多个层次的农民工住房供应体系，逐步解决农民工居住问题。

加强农民转移就业培训。把转移农民和进城农民工纳入国民培训教育体系，形成政府、企业、培训机构共同推进的培训机制。加大对农民工培训教育的公共投入，发挥行业组织的作用，强化企业培训的责任。根据输入地产业特征和需求情况，提供“菜单式”培训，采用就地培训与异地培训相结合、长期职业教育和短期技能培训相结合、学历教育与技能培养相结合，校企合作、产学合作等方式，增强职业技能培训的针对性和实效性。关注农民工的职业规划和职业心理教育，通过宣传、推广和职业资格认证等方式，提高农民工主动参与培训的积极性。

五、完善其他配套改革

建立多元化的成本分摊机制。明确中央和地方在农村人口转移方面的财政支出责任，建立政府、企业、个人共同参与的农民工市民化改革成本的分摊机制。增强农民工吸纳地提供公共支出的资金配套能力。探索把常住人口作为分配依据来调整各级政府之间的财政分配关系，解决城市政府人口增加所需的公共支出增大问题；探索建立农民工专项资金转移支付制度，形成中央和地方财政分摊机制；对吸纳流动人口较多的城市补助建设资金。

探索经济社会发展规划、空间规划、土地利用规划等“多规融合”的编制办法，在有条件的中小城市开展“多规融合”的规划编制试点工作，加强公众参与，借助微信、微博等现代网络技术手段，鼓励和引导公众积极参与规划编制和决策。在城市整体布局上，对不同档次、类型居住用地的合理布局，让本地居民与外地居民、高收入居民小区与低收入居民小区混合布局，构建城镇居民共享城市空间景观资源及公共服务，避免空间资源及服务的分配不公，促进低收入群体获取更多的信息，引导城市不同收入水平的人群融合发展。改善城市各地域公益设施配置不均衡的状况，缩小中心城区与外围新区、城市边缘区的差别。在新区建设中强制配套必要的公益性公建设施，加大城市边缘区、城乡结合部等地域的市政基础设施投资，普遍提高城市地域的公共服务水平。健全规划的监督机制，建立规划责任追究机制，加大对违规的惩治力度。在规划编制、审批和实施过程中，打破规划利益被部门垄断的格局，通过广泛的社会组织和公民个人参与，避免决策失误和规划行政行为不当。

第二章

中国小城镇发展综述

小城镇，作为“城尾乡头”，在我国城镇化进程中，一直扮演着不可或缺的角色。尽管国家在制定小城镇的发展政策时，有抑也有扬。但必须正视的是，小城镇的发展，与我国城镇化的发展息息相关、密不可分。因此，研究梳理小城镇的发展路径，对于我国城镇化的未来发展，十分必要。

第一节

中国小城镇的演变

在中国源远流长的历史长河中，可以说小城镇向来都担当着重要的角色。追溯历史，小城镇起源于宋朝，明清时期发展迅速，清末至新中国成立前各政权推出的一系列法规促进了小城镇建制的规范发展。尽管如此，其全面发展还是始于新中国的成立。

一、小城镇的起源与新中国成立前的发展

中国设镇历史悠久，早在北魏孝文帝时即始“设官将禁防者谓之镇”。[1] 不过，可以称得上是近现代镇雏形的，是唐代设立的坊（城镇）和村里（乡镇），两者皆属县下自治组织，不属于州、县行政组织系统，这是我国历史上第一次将乡村与城镇、乡镇分而治之。市镇、集镇直到宋代才真正开始，宋代高承所著《事物纪原》卷七《库务职局》：“民聚不成县而有税课者，则为镇，或以官监之。”[2] 至此镇划归县统辖，成为县以下的基层组织。

纵观小城镇的形成、演变，我国小城镇产生和发展的主要形式是由集市发展成为集镇。明清时期是我国封建社会经济高度发展的时期，出现了资本主义的萌芽，促进了小城镇的兴起与发展。这一时期，小城镇数量大幅度增加。明代嘉靖、万历年间，清代乾隆、道光年间及19世纪中叶以后是明清小城镇发展的高峰，形成了著名的“四大名镇”：江西景德镇、广东佛山镇、湖北汉口镇、河南朱仙镇。

第一次以法的形式明文规定镇为县以下的基层组织，是清末宣统元年（1909年）颁布的《城镇乡地方自治章程》。该章程以城镇、乡村分治为原则，规定府、厅、州、县治所驻地城厢为城，城厢外的市镇、村庄、屯集，人口满5万者

---

〔1〕 魏收．魏书·韩均．北京：中华书局，1974．

〔2〕 高承．事物纪原：宋代：卷七：库务职局．北京：商务印书馆，1938．

设镇，其余设乡。辛亥革命胜利后，各省制定的乡镇组织条例都规定镇同乡一样为县辖的基层行政建制。

北洋军阀政府在1921年颁布的《市自治制》法规中，规定市分为特别市和普通市二种，普通市相当于今天的镇，由县管辖，但其设置标准降低了，规定商埠及其他居住人口满1万人的地方即可设普通市。然而，鉴于当时局势，该法规只在北方少数省里实行，南方各省依然自行其是，市、镇建制设置非常混乱。

1928年，南京国民政府相继颁布了《特别市组织法》《普通市组织法》《县组织法》，规定特别市、普通市分别由中央和省辖，县以下的市改为里，由县辖。1929年重新修订的《县组织法》改里为镇，和乡作为同级行政建制，设镇条件为：县内百户以上的街市地区。第一次明确将人口聚居与经济因素结合在一起，作为建镇标准。1934年和1949年，国民政府又颁布了《县各级组织纲要》《乡（镇）组织暂行条例》，在明确镇、乡同为县辖基层行政建制的同时，首次明确规定了镇组织结构、政权设施和职权。

新民主主义时期，政府在抓基层政权建设的同时，考虑了人口、经济、政治等因素，注意了镇、乡分置。1931年中央苏区政府颁布了《地方苏维埃政府的暂行组织条例》，规定中央和省辖市以外的各个等级的市“和乡一样为苏维埃政权的基本组织”。在1933年通过的《中华苏维埃共和国地方苏维埃暂行组织法（草案）》中，将市的建制分为中属市、省属市、县属市、区属市四等，其中后两个等级的市相当于今天的镇。到抗日战争年代，为适应抗日民族统一战线的建立，规定县设区级市、县属市、乡级市，同乡一样为敌后根据地的基层行政建制。解放战争时期，镇建制比较混乱，老根据地仍多称市，新解放地区则多称镇。

二、新中国成立后小城镇的发展

新中国成立之初，经济社会处于恢复时期，由于没有实行限制农村人口进城就业和定居的政策，小城镇建设基本处于恢复与调整时期。期间，国家没有制定专门的法规明确镇的行政地位和设置标准，原县辖的市镇多改为县辖区，少数升为县级市，也有相当数量的镇存在，实际上当时的镇并不完全是行政区域单位的概念，还兼有地理概念，基本上是指县城和工商业发达的集镇。1954年颁布的

《中华人民共和国宪法》明确规定，镇为中国的基层行政区域单位，而1955年国务院发布的《关于设置市、镇建制的决定》，进一步明确镇是属于县、自治县领导的行政单位，是工商业和手工业的集中地，并规定了设置镇的标准：第一，县级或县级以上地方国家机关驻地可以设置镇；第二，凡是聚居人口在2000以上，有相当数量的工商业居民可以设置镇；第三，上述条件，在少数民族地区可适当放宽，确有必要者可设镇；第四，由县领导的工矿基地，规模较小居住人口不多，可以设镇。根据上述规定，各地对原有的镇进行了清理，撤销了一些不符合条件的镇，将一城多镇进行了合并。1958年8月中共中央发布了《关于在农村建立人民公社问题的决议》，宣布实行“政社合一”体制，在建立人民公社过程中，有的乡合并为镇，有的乡改为镇，这时候镇的数量又有所回升。

然而，经历了“大跃进”之后，由于盲目吸收大量农村劳动力进城，市镇增长过快，造成工农业和城乡发展比例失调，加上自然灾害的影响，致使粮食生产严重受损，城镇人口膨胀超出了当时农业的承受能力，导致全国范围内的口粮短缺，城镇居民粮油副食品供应困难。为此，1962年中共中央发布了《关于当前城市工作若干问题的指示》，指出：“过去市镇建制标准过宽，新增加的市镇过多，以致城镇人口增长过多。今后凡是人口在十万以下的城镇，即使是重要的林区和矿区，没有必要设立市的建制的，都应当撤销。应当尽可能动员能够回到生产队的人去参加农业生产，或者改为半工半农，以便大量减少集镇吃商品粮的人口。”1963年12月，国务院发布了《关于调整市镇建制、缩小城市郊区的指示》，做出了关于调整市镇建制的新规定：一是常住居民在3000人以上，非农业人口超过70%；二是常住居民在2500～3000人之间，非农业人口在85%以上。按此标准，各地对建制镇作了整顿、压缩。

“文化大革命”发生后，在人民公社制度下，“以农哺工”使早已存在的产业结构不合理问题更加突出，城乡分割更趋严重。小城镇中的个体商业和集市贸易不断受到打击，农村中的家庭副业也消失了，小城镇赖以存在的经济基础由此而完全丧失，再加上“十年动乱”的破坏，小城镇住宅破旧，公共设施简陋，有些已经与周围农村相差无几。同时出现了以知识青年上山下乡和干部下放为特征的逆城镇化运动，城市工业停滞。这一时期镇的数量基本上维持不变，但保留的建制镇的规模却因种种原因日趋衰落。

党的十一届三中全会的召开，令我国小城镇的发展得以迅速恢复，这主要得益于家庭联产承包责任制的推行、乡镇企业的迅速发展以及“控制大城市规模，合理发展中等城市，大力发展小城镇”的城市发展方针的提出。首先，家庭联产承包责任制使广大农民重新获得了土地经营权，使农业劳动生产率大幅度提高，且经营个体手工业、服务业及商业也均为政策所允许，城镇集市贸易由此得以恢复和发展。其次，随着农村生产力进一步提高，劳动力大量过剩，纷纷涌向集镇务工经商，乡镇企业雨后春笋般地蓬勃发展。最后，新的城市发展方针提出后，全国各地随即制定了小城镇发展规划，使小城镇发展由此进入一个快速发展的新时期。据统计，到1989年中国乡镇企业产值占全国工业总产值的比重已经由1980年的14%增至28%，吸收农村劳动力就业1亿多人，相当于过去30年间城市吸收农村劳动力就业人口的总和。

1989—1991年，受国家大市场和整体经济形势影响，乡镇企业职工工资水平迅速提高，职工在乡镇企业就业的成本增加，全国农村非农产业劳动力转化趋缓，年均转移99万人，仅为前阶段的18%，因此建制镇增长速度也逐渐放慢。

1992年，邓小平南方讲话发表后，我国经济重新高涨。国家鼓励发展非农产业发展，农村剩余劳动力又进入一个全方位大规模转移阶段，建制镇的发展速度有明显加快的趋势。据建设部村镇司资料统计，1992年全国建制镇13737个，是1984年的2.2倍。1992年后平均每年增加773个镇，最多的1992年增加了2084个。这一时期城镇人口的增加，有不少是由于“撤乡并镇”导致市镇数量增加而增加的人口。到1999年，我国城镇化率达30.9%。

随着社会经济的全面发展，这种过分注重数量增长的小城镇发展模式，也逐步暴露出了一些问题。比如，一些地方缺乏长远科学的规划，小城镇布局不合理；有些地方存在不顾客观条件而盲目攀比、扩张的倾向；多数小城镇基础设施不配套，影响城镇整体功能的发挥以及小城镇自身管理体制方面的问题等等。

为此，国务院于2000年下发了《关于促进小城镇健康发展的若干意见》，就我国发展小城镇必须坚持的指导原则等十个方面的重大问题提出了指导性意见，为小城镇健康发展指明了的道路。“十五”期间，中国小城镇的发展出现了新的趋势：建制镇和乡的数量都在减少，特别是在经济发达地区尤为明显，从全国来看，建制镇数量从2003年的20226个减少到2005年的19522个。各地的小城镇建设开始从数量的扩张转向质量的提高，小城镇建设走上了良性发展的道路。

一方面，小城镇规模不断扩大。据统计，到2005年底，全国平均每个建制镇拥有 3.8 万人，比 2000 年增长 15.1%；镇区平均人口达 9511 人，比 2000 年增长 27.5%；总人口达到 5 万人以上的镇 4674 个，占全部小城镇的 23%；3 万人以上的镇占全部小城镇的比重超过 53%。

另一方面，小城镇的经济实力也逐渐增强。2005 年平均每个镇的财政收入达 2211 万元，比 2000 年增长 130%；财政收入超亿元的镇为 751 个，超过 5000 万元的达 1444 个，有些镇的财政收入水平已大大超过一些县市的财政水平。

与此同时，企业聚集效应越来越明显。2005 年平均每个小城镇拥有企业 520 个，其中工业企业为 180 个，平均每个小城镇企业实交税金总额达 1970 万元。

随之而来的是，小城镇基础设施建设水平日益提高，所吸纳的外来人口越来越多。2005 年全国建制镇通电行政村达 99.5%，通邮行政村达 97.8%，通自来水的行政村比例达 57.3%，通有线电视的行政村达 60.3%，99% 的小城镇拥有医院或卫生院，95% 的小城镇拥有汽车站或站点。2005 年平均每个镇拥有企业从业人员数达 5444 人，比 2000 年增长了 35%；平均每个镇拥有外来人口 2459 人，比 2000 年增长 10.5%。

这种特征以沿海发达地区的小城镇为代表。江、浙、沪等省市调整城镇布局存在的问题，按照有利于经济发展、社会稳定的原则，综合考虑地理、人口、交通、习俗等因素，提出优化中心镇，对部分乡镇行政区划进行了大撤并。例如，近年来，江苏省针对省内小城镇数量多规模小、人口集聚强度不足的特点，在全国拉动内需、启动市场的形势下，适时调整城镇化的总体思路，走集约型城镇化之路，确定了 200 个中心镇或重点镇，加大撤乡并镇等建设力度，逐步向提高小城镇质量发展。

近年来，我国每年城镇化增长率约 1 个百分点，每年有 1000 多万人从农村新迁入城市和小城镇，小城镇成为繁荣农村经济、转移农村劳动力和提供公共服务的重要载体。2013 年全国小城镇数量为 20113 个（国务院公报）。总的来说，2000 年以后，小城镇发展呈现出新的特征：一是由数量的扩张转向质量的提高，加大撤乡并镇等建设力度，逐步向提高小城镇质量发展；二是建设与管理并重，增大科技含量；三是以人为本，重视环境的净化、绿化与美化。

至今，小城镇发展仍然是备受关注的一个问题，尤其在新型城镇化背景下、在社会经济转型期，小城镇怎样才能得到更加健康的发展，这直接关系到我国的改革能否取得成功。

第二节

国家对小城镇发展的政策演变

制度变迁是指在一种社会环境中，支配人类行为和相互关系的规则的变化。社会学的制度学派认为，人们的行为都是在一定的制度的约束和指导下进行的，不管这种制度要素是习惯、道德，还是规范和法律。毫无疑问，小城镇作为经济活动的集中地，其经济活动的结果必然受制于制度本身，服从于一定的制度安排，而经济、政治、文化和体制等方面的制度与政策也影响着小城镇建设和发展。

因此，纵观在有中国特色的经济体制改革的背景下展开小城镇发展尤其是改革开放以来的历程，国家制度在很大程度上起着决定性的推动作用，而且这些制度变迁又都统一在整个经济体制改革之中。

一、新中国成立之初

新中国成立之后，镇作为中国县辖基层政权建制被确定下来。从新中国成立到1954年，经过多次变更和整顿，其时全国有镇5400个。1955年6月国务院颁布《关于设置市、镇建制的决定》，对已有的建制镇进行审查、调整，到1958年全国建制镇的数量被调整为3621个。

1958年实行“政社合一”的体制，一些建制镇被撤消，除公社驻地（集镇）有所发展外，其余小城镇均处于萎缩、衰落之中。出现了新中国成立后镇发展史上的第一个回落。

1960—1962年，曾采取压缩城镇人口、减少建制镇数量的措施来压缩商品粮油供应量。1963年《关于调整镇建制、缩小城市郊区的指示》，提高了设置镇标准，并规定非农业人口占总人口比例，对不符合镇标准的建制镇一律撤销。

1966—1976年间，中国建制镇衰落的趋势有增无减。据资料统计，到1978

年政社分开恢复乡制之前，全国仅有镇2687个，建制镇发展处于低谷时期。

二、改革开放后的第一个十年

我国小城镇的飞速发展，发生在20世纪80年代以后，这得益于1978年开始的具有深刻历史意义的经济体制改革的有力推动。1980年的全国城市规划会议正式提出“控制大城市规模，合理发展中等城市，积极发展小城市”的城市建设方针，小城市（镇）被置于优先发展的地位。如果说，18世纪的产业革命拉开了现代意义上的城市化进程、从而造就了现代城市的话，那么，20世纪80年代以来以乡镇企业为主体的农村工业化运动，则实现了我国小城镇由传统型向现代型的转化，并构成了小城镇发展的根本动力。在这一过程中，以费孝通教授为代表的社会学工作者发挥了积极的作用。1983年，费孝通在《小城镇，大问题》一文中指出：“要把小城镇建设成为农村的政治、经济和文化中心，小城镇建设是发展农村经济、解决人口出路的一个大问题。”

1984年，国务院批准《关于调整建制镇标准的报告》（以下简称《报告》），对建制镇的标准重新进行了修订，规定总人口在2万以下的乡，乡政府所在地非农业人口超过2000；总人口在2万以上的乡，乡政府驻地非农业人口超过10%以上，都可以建镇。由于放宽了设镇标准，确立了以乡建镇新模式，有力地促进了小城镇的发展，建制镇由1983年的2968个猛增到1984年的6823个[1]，增长130%（142%），建制镇人口从6231万增长到13447万。

另外，该《报告》还规定了形成建制镇的类型：县级国家机关所在地转制、农村产业结构转变促成、特殊地区的发展需要、并乡建镇。从我国建制镇形成的主要方式来看，社区产业结构转变的推行和行政力量是最主要的建制镇生成方式。前者由产业结构的变化而自然长成，后者则更多来自行政干预，即在产业结构未发生实质性变化、非农业人口不足量的情况，依靠行政方式创建小城镇。

自1984年后，中国建制镇进入迅速发展时期。在这一时期，建制镇的增长动力主要来源于乡镇工业化的迅猛发展，带动国民经济结构的整体变迁。乡镇企

---

〔1〕原是7186个，县辖镇6211个，市辖镇612个。数据来自刘宏祥、何卫东《建制镇人口规模的演变》。

业的发展，改变了农村的经济结构，使小城镇拥有了独立的产业基础，促进了社会结构的分化和新的社会阶层产生，同时还促进了小城镇规模的扩大和空间结构的变化，为小城镇建设提供了资金支持。

除了乡镇企业这一动力外，在影响小城镇发展的一系列制度变迁中，最直接也最具有革命性意义的是城乡二元户籍制度的改革。1984 年的中央一号文件提出，允许农民自理口粮自筹资金进入小城镇务工经商；同年 10 月，国务院又颁布了《关于农民进入集镇落户问题的通知》，由此诞生了一项新的制度安排——“自理口粮”户籍制度。1985 年，公安部颁布了《关于城镇暂住人口的暂行规定》，确立了与城镇户口制度相衔接的流动人口管理制度，为城乡人口流动提供了有力的政策和法规保障。户籍制度的改革，一方面稳定了小城镇的人口，降低了农村城镇化的成本，另一方面改变了城乡人口迁移的方式，推动了小城镇的建设。

而在 20 世纪 80 年代后期，另一项制度改革为小城镇的发展注入了新的活力。这项制度改革便是城镇土地使用制度改革。它开辟了小城镇财政收入的新来源，大大加快了小城镇的建设，更是促进了小城镇房地产行业的发展。

三、改革开放后的第二个十年

我国小城镇经过 20 世纪 80 年代的蓬勃发展后，到了 20 世纪 90 年代中期，其发展进程明显放缓，有些地方甚至陷入停滞不前的困境。

1994 年农业部关于《乡镇企业产权制度改革意见》的颁布，对产权模糊的传统乡镇企业产生了重要影响。全国各地的乡镇企业都展开了一轮产权制度改革。然而，在宏观制度背景下，这种乡镇企业的产权改革，并不全面、彻底。

从 20 世纪 90 年代开始，各地乡镇级财政预算制度开始建立。财政分级承包制的实行，进一步刺激了地方和基层政府推进小城镇建设的决心。然而，资金不足成为一大困境。我国从 1994 年开始实施“分税制”财政体制，作为主要税种之一的消费税全额和增值税收入的 75% 上划中央，留给地方的是数额偏小、征管偏难、潜力有限的税种，在通过省、市、县的层层集中，最后划分给乡镇财政的收入基本上只剩下“农业四税”（即农业税、农业特产税、耕地占用税和屠宰税）的一部分和工商税收中的一些零散税收，其稳定性较差、税基较窄。这些都造成小城镇财政收入范围小，实际财力增长缓慢，后劲不足。

1998 年底，中共十五届三中全会通过的《中共中央关于农业和农村工作若干重大问题的决定》确立“小城镇，大战略”的农村工作指导方针之后，2001 年 3 月出台的“十五”计划纲要再次明确提出：“我国推进城镇化的条件已渐成熟，要不失时机地实施城镇化战略……”这一切表明，加快小城镇发展，推动农村城市化，已经成为决策层启动市场、扩大内需的有效手段之一。

第三节

中国小城镇的发展现状

一、当前我国小城镇发展的现状

改革开放以来，随着国民经济的快速增长和农村改革的不断深化，我国小城镇快速发展，取得了令世人瞩目的成绩。

（一）小城镇数量和发展规模得到很大发展

从建制镇数量上来看，小城镇发展经历了由增到减的变化。2002 年前，在“撤乡并镇”过程中，镇的数量不断增长。1978 年我国小城镇 2173 个，而 2002 年达到 19811 个（年鉴数据），首次超过乡的数量。此后，在“镇改街”过程中，镇的数量逐渐减少。2011 年小城镇数量达到 19683 个，尽管比 1978 年增长了 8 倍多，但相对于 2002 年还是减少了 128 个。与此同时，城市街道的数量有所增加。

2011 年，全国共有 19683 个建制镇，占乡镇总数的 57.4%。城镇人口 6.9 亿人，占全国人口的 51.3%。镇区人口 2.5 亿人，占城镇人口的 36.23%。镇区面积 9.9 万平方公里，占全国国土面积的 1%。平均每镇人口 4.4 万人。镇区平均人口 1.6 万人。镇区人口比重 36.23%，提高 19.39 个百分点。镇区平均面积 5.02 平方公里，增长 133.5%。镇区人口密度 2490 人/平方公里，增长 22.7%。小城镇镇区平均人口规模达到 1.6 万人，比 1999 年翻了近一番。

2014 年，全国共有建制镇 20401 个，建制镇建成区 1.56 亿人。村镇户籍总人口 9.52 亿，建制镇建成区面积 379.5 万公顷。

（二）小城镇经济实力不断增强，非农就业显著增长

2011 年，小城镇非农就业率达到 56.33%，超过了农业就业率，比 1999 年提高 20.23 个百分点，三次产业就业结构调整为 43.7：29.7：26.6。平均每镇第

二产业就业 6977 人，第三产业就业 6264 人，非农就业人数比 1999 年增长 1.5 倍。全国小城镇年均提供 1332 万个非农就业岗位，对转移农村劳动力和扩大就业作出了贡献。

（三）小城镇公共服务进一步提升

2011 年，平均每镇有小学 9 所，在校小学生数 2946 人，小学老师数 185 人，师生比为 16：1，优于全国平均的 17.71：1；中学 2 所，在校中学生数 2349 人，中学教师数 161 人，生师比为 14.6：1，优于全国的 15.1：1。与 1999 年相比，中小学校数量减少 36.4%，学生数量增加 11.1%，教师数量增加 29.6%，师生比关系改善。

2011 年，平均每镇有医院、卫生院 2 所，医生 71 人，每万人医生数 16.1 人，低于全国 18.2 人。病床 111 张，每万人病床数 25.4 张，低于全国的 38.1 张。与 1999 年相比，医生和病床数量分别增长了 47.9% 和 1.9 倍，医疗卫生条件得到改善。

（四）小城镇基础设施明显改善

2011 年，平均每镇公路里程 114.3 公里，比 1999 年增长 128.6%。通电、电话、路和自来水的村达 99.8%、99.5%、99.4% 和 74.4%，分别提高 6.2 个、19.3 个、13.1 个和 30.3 个百分点，经济基础设施条件明显改善。2011 年，全国 92.3% 的镇实施集中供水，19.4% 的镇生活污水经过集中净化处理，24.5% 的村实施垃圾集中处理，33.5% 的村有沼气池，20.6% 的村完成改厕，环境基础设施建设稳步推进。

在基础设施方面，小城镇路、电、邮、电话等经济基础设施建设全面发展，但供排水和垃圾处理等环境基础设施建设特别是安全饮水和“三污”治理尚处于起步阶段。[1]

---

〔1〕 王建军，吴吉强．城镇化发展阶段划分．地理学报，2009（2）：177—188.

二、我国小城镇的空间演化[1]

我国地域辽阔，各地的自然条件和社会经济条件有所差别，小城镇建设也远不是匀质的。这不但反映在区域分布上，而且反映在不同地区小城镇的类型上。由于我国东部沿海地区经济发展较快，相应地其农村产业结构调整较快，因此其城镇建成率也比较高。相反，中西部不发达农村地区的小城镇建成率较低。据统计，截至1992年底，广东、福建、江苏、山东、辽宁等10个省的建制镇已超过本省乡的总数，其中广东省建制镇的数量是乡的数量的4.2倍。而在青海、甘肃、陕西、内蒙古、新疆、西藏6省区，建制镇仅占全省乡镇总数的10%左右。另外，东部发达地区的建制镇多是综合发展型的，是该区域的经济、政治、文化中心，而在不发达地区，通过并乡建镇方式形成的建制镇的行政职能更为突出，也就是说它主要是当地的政治中心，而不是经济中心。

对于我国小城镇的空间演化，总体来看，东部和中部地区的建制镇分布比较密集，东北地区和西部地区相对分散。

在空间分布格局上，东部沿海和中部地带分布更为密集。据1984年和1992年资料分析，东、中、西三大区域的建制镇数量均是依次减少。[2] 其中，从1984年到1992年，东部地区的建制镇数量在全国所占的比重是增加的，而中部和西部地区都有所降低。从建制镇分布密度来看，1984年中部地区建制镇密度是西部地区的2.3倍，而东部地区是中部地区的2.3倍；到1992年，中部地区的建制镇密度已是西部地区的2.6倍左右，东部则是中部地区的2.8倍。这些都说明，在这段时间内，东部地区的建制镇发展速度相对来说是较快的。2011年，按照东、中、西、东北四个区域来划分，由于东北三省的独立划分，东、中、西三大区域建制镇数量在全国的比重也发生了较大变化。西部地区建制镇的比重为最大，但其建制镇密度较小，位列倒数第二；中部地区的建制镇比重虽低于东部

---

〔1〕按照我国近年来划分，东部地区10省（市）：北京、天津、河北、上海、江苏、浙江、福建、山东、广东、海南；中部地区6省：山西、安徽、江西、河南、湖北、湖南；西部地区12个省（区、市）：四川、重庆、贵州、云南、西藏、陕西、甘肃、青海、宁夏、新疆、广西、内蒙古；东北3省：辽宁、黑龙江、吉林。

〔2〕1984年和1992年区域划分为东、中、西三大区域。

和西部地区，但其建制镇密度最高；东部地区的建制镇数量和密度都排到了第二位；东北地区的建制镇数量和密度均为最少。不难看出，东部和中部地区仍然是建制镇分布较为密集的区域，这与区域的城镇化水平较高也密切相关。

表 2-1 我国各区域建制镇分布

时间	地带	全国	东部地区	中部地区	西部地区	东北地区
1984 年	建制镇数量（个）	6211	2368	2070	1773	—
	比重（%）	100	38.13	33.33	28.54	—
	建制镇密度（个/1×10^3 km^2）	6.5	17.4	7.4	3.2	—
1992 年	建制镇数量（个）	13737	6026	4387	3324	—
	比重（%）	100.00	43.86	31.94	24.20	—
	建制镇密度（个/1×10^3 km^2）	14.3	44.3	15.7	6.1	—
1984 年—1992 年	建制镇数量（个）	7526	3658	2317	1551	—
	比重（%）	—	5.73	-1.39	-4.34	—
	建制镇密度（个/1×10^3 km^2）	7.8	26.9	8.3	2.9	—
2011 年	建制镇数量（个）	19683	5935	5236	6999	1513
	比重（%）	100	30.15	26.61	35.56	19.2
	建制镇密度（个/1×10^3 km^2）	20.5	44.8	49.8	10.1	7.68

数据来源：历年中国统计年鉴

三、我国建制镇的省际差异

（一）多数省区小城镇绝对数量增加、相对数量减少，增长集中在经济快速增长区域

关于我国小城镇分布空间演化，从 1984 年到 2010 年间的建制镇增长来看，四川省新设建制镇最多，达 1224 个；广东省次之，建镇 931 个；安徽、浙江两

省再次之，分别为684个和648个；江苏、湖北两省建镇数量也均超过500个，这些省区都是近10年来经济增长较快的省区。与此同时，云南省撤销168个建制镇，是建制镇净减少最多的省区；西藏自治区和青海省建制镇数也略有减少。从各省区建制镇的数量占全国建制镇总量的比重看，13个省区相对增加，其中增长较多的省区是四川、广东、安徽、北京等五省区，其增长率均在2%以上；17个省区相对减少，其中云南、山西、吉林、山东、陕西相对减少较多，均在2%以上，从建制镇密度增减状况看，浙江、江苏、广东、安徽、北京等五省区每100 km^2 建制镇密度均增加40个以上，尤其浙江省增加最多，达64.4镇/$1\times10^3km^2$；天津、福建、湖北、四川等四省区每100km^2，建制镇密度增加20个以上；辽宁、上海、江西、山东、河南、湖南、贵州等省区增加10个以上；而云南、青海等省区每100 km^2，建制镇数略有下降，云南减少4个以上，青海减少不足1个。

（二）增长类型多样化，发展潜力很大

相关研究指出，我国各省建制镇的增长类型具有多样性。总体来看，包括激增型建制镇，这类建制镇绝大多数为县城和县级市驻地镇；渐增型建制镇，这类建制镇经济发展较快，人口规模也有迅速的增长；停滞型建制镇，约占建制镇总量的一半以上，这说明中国建制镇发展潜力还相当大。此外，还有衰落型建制镇，但这种建制镇的数量较少。

中国建制镇省际差异与人口总量、人口密度和经济发展水平密切相关。据2014年资料统计，全国共有建制镇20401个。四川省人口最多，也是全国拥有建制镇数量最多的省区，建制镇数量达到1602个，占全国建制镇总数的7.86%；陕西位列第二，建制镇数量达1027个，占全国建制镇数量的50.3%，广东省是中国除上海、北京、天津以外经济较为发达的省区，建制镇数量位居第三，达1021个，占全国建制镇总量的5%。此外，河北、山东、湖南、河南四省区也是建制镇聚集度较高的省区，分别占全国建制镇总量的5%以上。从建制镇密度看，江苏省建制镇密度跃居榜首，达0.8镇/100km^2；重庆、山东、浙江、陕西、河南、广东、安徽建制镇密度次之，分别达到0.6镇/ 100km^2 以上；北京、湖北、福建建制镇密度也分别达到40镇/100km^2 以上。

从中国建制镇分布密度图可以大致看出，上海、天津、北京、江苏、重庆、

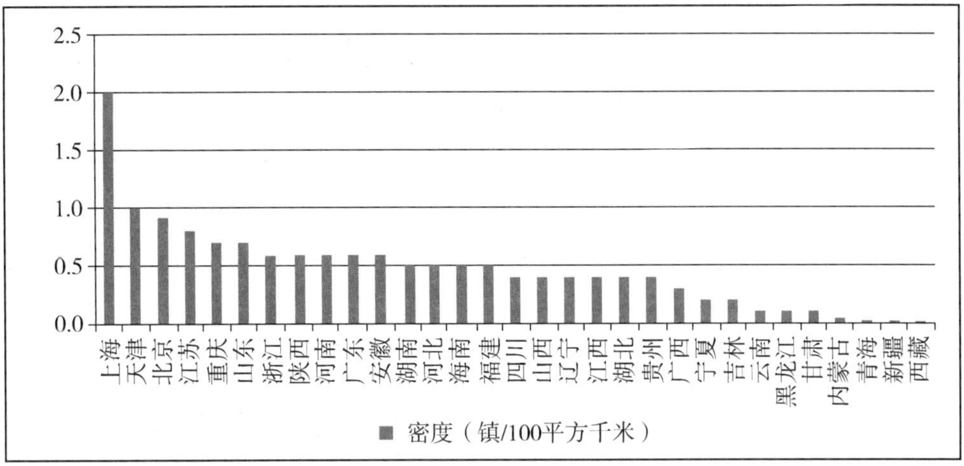

图 2－1　2011 年各省建制镇密度

山东、浙江、陕西、河南、广东、安徽以及湖北、湖南、福建是我国建制镇密度分布的省（市）区，它们相互连接构成中国沿海、沿江城镇密集带。

不难看出，新中国建制镇的增长是一个渐进的城镇化过程。1954—1958 年，尽管中国建制镇的数量由 5400 个减少为 3621 个，但实质上并不是建制镇真的减少，而是统一标准后产生的误差。据资料统计，自 1949 年到 1957 年的 9 年中，中国城镇人口占总人口的比重由 10.6% 上升到 15.4%，年平均递增率高达 70.5%，城市化的速度是相当快的。1958—1965 年是中国城市化最快、起伏最大的时期。在 1958—1960 年三年中城镇人口净增 31.4%。1961—1962 年，城镇人口数量基本维持在 1957 年的水平。1966—1976 年间，由于整个国民经济增长停滞，中国城镇化进程也处于停滞时期。1978 年以来，随着中国改革开放政策落实，尤其农村经济改革的巨大成功，国民经济得到持续的高增长，从而进一步推动中国城市化进程。从中国分省区市镇人口比增长状况看（表 2－2），城市非农业人口增长均快于建制镇非农业人口的增长（图 2－2），可见中国城市的发展还要快于建制镇的发展。

表2-2 中国分省区市镇人口比增长状况

各省、区、市	1990年城镇化率（%）	2014年城镇化率（%）	平均每年增长百分比（%）	1990年建制镇城镇化率（%）	2010年建制镇城镇化率（%）	平均每年增长百分比（%）
全国	26.41	54.77	4.47	21.20	37.66	3.89
北京	73.48	86.35	0.73	30.87	42.93	1.95
天津	56.04	82.27	1.95	29.03	34.30	0.91
河北	14.37	49.33	10.14	13.88	24.30	3.75
山西	28.90	53.79	3.59	19.27	39.69	5.30
内蒙古	36.12	59.51	2.70	47.08	52.41	0.57
辽宁	41.99	67.05	2.49	26.30	51.83	4.85
吉林	39.01	54.81	1.69	39.90	61.65	2.73
黑龙江	48.00	58.01	0.87	41.89	68.64	3.19
上海	67.36	89.60	1.38	65.63	41.33	-1.85
江苏	21.56	65.21	8.44	20.42	33.80	3.28
浙江	16.45	64.87	12.26	20.55	26.87	1.54
安徽	17.94	49.15	7.25	25.39	36.57	2.20
福建	16.68	61.8	11.27	16.86	25.31	2.51
江西	18.59	50.22	7.09	32.29	44.96	1.96
山东	18.58	55.01	8.17	13.11	26.01	4.92
河南	15.52	45.2	7.97	17.28	30.24	3.75
湖北	28.52	55.67	3.97	14.15	40.86	9.44
湖南	17.55	49.28	7.53	22.25	38.40	3.63
广东	23.65	68.00	7.81	13.77	34.17	7.41
广西	15.36	46.01	8.31	16.17	31.24	4.66
海南	17.85	53.76	8.38	17.48	46.56	8.32
重庆	—	59.60	—	31.97	47.97	2.50

续表

各省、区、市	1990 年城镇化率（%）	2014 年城镇化率（%）	平均每年增长百分比（%）	1990 年建制镇城镇化率（%）	2010 年建制镇城镇化率（%）	平均每年增长百分比（%）
四川	13.96	46.30	9.65	27.64	51.08	4.24
贵州	12.26	40.01	9.43	18.10	36.08	4.97
云南	12.30	41.73	9.97	43.70	29.33	-1.64
西藏	12.6	25.75	4.35	24.42	42.89	3.78
陕西	18.61	52.57	7.60	26.42	39.98	2.57
甘肃	22.01	41.68	3.72	43.12	46.80	0.43
青海	34.23	49.78	1.89	41.04	46.89	0.71
宁夏	23.92	53.61	5.17	52.08	40.75	-1.09
新疆	33.24	46.07	1.61	39.90	68.01	3.52

资料来源：《中国建制镇统计年鉴 2011》《中国统计年鉴 2015》

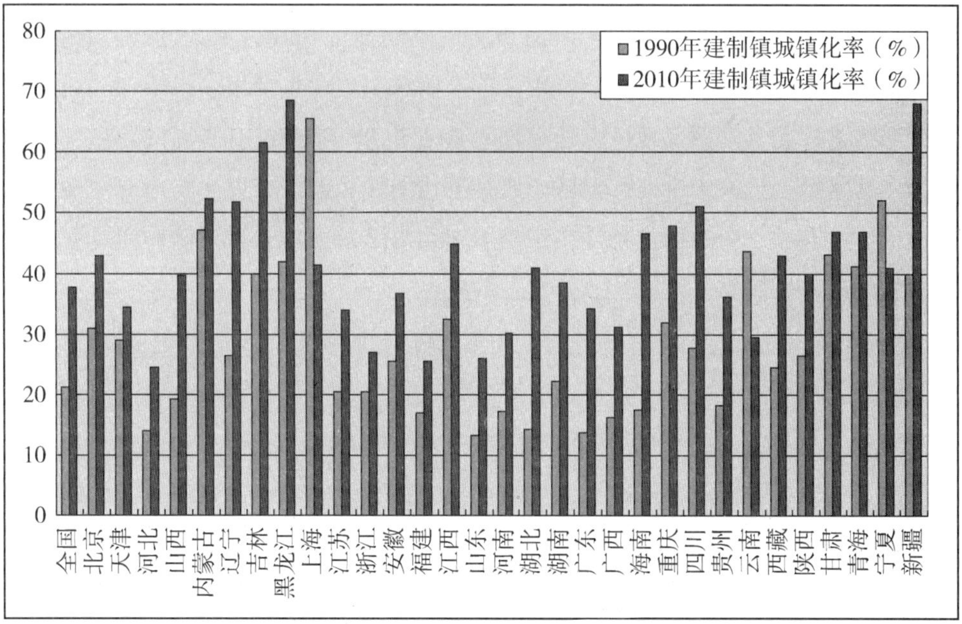

图 2-2　各省、区、市建制镇 1990 年和 2010 年城市化率对比

四、千强镇

自2003年以来，国家统计局从发展水平、生活质量和发展潜力三个方面对全国近2万个小城镇[1]进行综合测评，评定出1000个综合发展水平较高的小城镇，被称为“千强镇”。尽管千强镇的发展各具特色，珠三角表现出较高的城镇化水平，其经济类型侧重于外向型经济；长三角表现出较好的生活质量，其经济类型侧重于民营经济。但它们也具有一些共同的发展特征：一是综合实力强，发展水平高；二是企业多、吸纳劳动力能力强；三是基础设施好、人民生活水平高。

综观“千强镇”的发展，影响它们的三个关键因素是：产业、规划和转型。首先，产业定位是基础。推动城镇化，要有明确的产业依托和功能定位，在发展主导产业的同时，推动产业集聚，提高产业的关联度，发展相关产业。其次，规划立镇是关键中的关键。最后，无论是产业发展还是城镇的规划，都要把转变经济增长模式作为镇域经济发展的出发点和落脚点。

我国“千强镇”的空间分布具有显著的不均衡性和地区聚集性。“千强镇”绝大多数分布在东部沿海地区，其中江苏、浙江、广东数量最多，中部和西部地区分布很少，尤其是西部地区除云南外，其他省份一个也没有。因此，东部地区的城镇化水平明显高于中西部地区。这种不均衡性和地区聚集性的形成主要与五方面的因素有关：一是区位条件，二是城镇化水平，三是人文环境，四是自然资源，五是经济发展水平。

---

〔1〕包括城关镇，即我国历来对县政府所在地的通称。

第四节

中国小城镇发展的研究

进入20世纪80年代后，我国著名社会学家费孝通教授在1985年发表了影响深远的《小城镇四记》，从此在全社会掀起了经久不衰的小城镇研究热潮。改革开放所带来的激荡的现实给小城镇研究提供了丰富的实证材料，并使其不断完善，不断深入。近年来，“小城镇，大战略”的提出更是起到推波助澜的作用，使小城镇问题一直成为社会经济研究领域的热门话题和热门课题，各类研究文献和成果非常丰富，所涉及的领域跨越社会学、经济学、文化学、人口学、城市规划学和地理学等诸多学科，从各个方面对小城镇的发展进行了探讨与分析。

长期以来，对于我国小城镇的建设，一直存在两种截然不同的观点：一种观点认为小城镇建设是我国社会经济发展的必然。要消除我国二元结构带来的城乡差异，使城市文明迅速传入农村，降低经济和社会发展的边际成本，就必须发展小城镇，因为小城镇既能通过聚集人口和资源模仿复制城市经济发展方式，从而带来经济效率的提高，又能结合现实条件以小城镇为突破口引导农村剩余劳动力有序进行转移，避免农村剩余人口盲目流动给城市带来的巨大压力。此外，建设小城镇可以给农村工业化发展提供一个良好的环境条件和平台，同时也符合我国改革开放的渐进性战略。这种观点在20世纪80年代较受推崇。

而另一种观点则认为，小城镇发展是中国城市化道路选择的偏差，是一种消极被动的城镇化方式。进入20世纪90年代以后，农村经济增长动力不足、乡镇企业效益滑坡以及所造成的资源使用浪费、农村生态环境恶化等负面影响日益严重，学术界对小城镇进行质疑和批评的意见逐渐增多。建设小城镇不仅不能形成和发挥规模效应，反而会加剧城乡差距，并使农村现有生产、生活和文化秩序遭到破坏。因为从国情来看，我国人多地少，人均资源占有量有限，发展小城镇必然会造成环境资源和公共产品投入的极大浪费，因而我国应遵循发达国家已经历过的大中城市城镇化模式，风险极高的小城镇模式不符合城镇化发展的一般规律。

尽管存在这种争论，但是我国小城镇还是在争论中走过了漫长的岁月，并仍在前行。到底该怎么走而且走得好，这也是现在乃至将来研究的重点。

一、模式研究

我国地域宽广，各地自然经济社会条件千差万别，这也决定了小城镇的建设与发展不可能千篇一律。有不少研究学者对此进行了总结和分析，主要归纳了以下五种模式：

一是“农业推动型”模式。这类模式的主要特点是以农业产业化为推动源。它是依托本地农产品、自然资源等农业优势，以市场为导向，大力发展农产品的加工农业，逐步形成加工、保鲜、仓储、运输和销售的一体化经济模式。在这一模式下，农业商业化是基础，农产品加工是关键，这在促进了村剩余劳动力的就地转移和农村人口向城镇人口的转化上发挥了重要作用，而人口的流动和农业产业化的发展，加快了农村城镇化的发展。

二是“工业主导型”模式。这类小城镇又分为三类：一是以原来的乡镇企业为依托，通过调整发展方式，使乡镇企业更加繁荣，工业基础更加牢固，最终发展成为以工业为主的小城镇；二是由连片的乡镇企业逐渐聚合而成。当地的工业企业发展带动了这些小城镇的第三产业，而第三产业的发展又一进步促进了小城镇的发展；三是新兴的工业小城镇，其工业经历了从无到有的过程。总的来看，工业的发展带动了小城镇的基础设施建设，随后又带动了第三产业的发展，促进了当地社会经济的全面发展。苏南地区的小城镇发展是这种模式的典型代表。

三是“贸易带动型”模式。这类模式是凭借本地资源、交通等优势，发展商业、服务业和加工业，以贸易带动而得到发展。这类模式又可分为两类：一是“专业市场带动型”，发挥传统产品生产和集散地的优势，通过改善市场基础设施，扩展市场交易范围，增大市场容量，发展以商品流通为主的专业批发市场和小商城。比如温州、义乌等；二是“交通枢纽型”，这类的镇一般地处水陆交通要道和省市县交接边境，是各地物流、人流的必经之地，利用交通发达、流动人口多、接触信息广和运输成本低的优势，大力发展本地工业和二、三产业，带动小城镇发展。比如珠江三角洲地区小城镇的发展。

四是“城郊型”或“卫星型”模式。这类小城镇的最大特点是，普遍受到大中城市的辐射，曾被形容为大中城市伸向农村的“触角”。它们在大中城市的50公里辐射圈之内，本身没有资源优势，主要利用城市的扩散效应，面向城市，主动接受城市的经济、技术、信息和人才等方面的辐射，既承担着城市的扩展功能并为城市服务，又以最低的成本、最大的收益，围绕城市需要发展各具特色的支柱产业，从而促进本区的产业扩张和经济增长。

五是“旅游带动型”模式。这类小城镇主要是充分发挥旅游资源优势，带动当地基础设施的建设和第三产业的发展，创造更多的就业机会，吸引人口聚集，不断促进农村城镇化发展和小城镇规模的扩大。这类小城镇既是风景名胜区的有机组成部分，又是风景区的依托点，建有为游客服务的各类商业、文化、交通、通信、服务等设施。如武陵源风景区、南岳衡山、岳阳楼、桃花源等风景区附近的小城镇的发展都属于此类。

还有人指出，历史文化名镇也算一类，它与旅游带动型模式应所区别，因为它们只有部分在功能发展上是相类似的。因此，在这样基础上发展起来的小城镇尤其应该注意保留历史文化遗产，注重保护精神文化的传承。[1]

二、问题研究

我国小城镇在不断发展的过程中，也表现出了很多问题。很多专家学者也对此不断进行探讨、总结，主要表现在以下方面：

我国小城镇建设发展过程中仍存在耕地锐减、用地效益低下、基础设施建设薄弱等一系列问题。在土地方面，存在用地粗放、滥占耕地、土地利用结构不合理、利用率低下等问题。过去很长一段时期，各地为了满足经济增长的需求，缺乏对土地的合理利用，既不讲究节约集约用地，也不讲究耕地保护，致使土地供求矛盾越来越突出。

环境污染严重。环境污染得不到有效治理是我国小城镇建设中遇到最突出的

---

〔1〕 赵元强．我国小城镇发展模式特点及影响因素分析．科技创新导报，2013（2）：245—246.

问题，亟待治理。一方面，由于当前小城镇的产业结构层次普遍较低，为了追求最大限度的经济利益，越来越多的耕地被高能耗、高污染、劳动密集型产业占用，成为小城镇建设中主要的污染源；另一方面，在小城镇发展中，乱扔垃圾现象较严重，生活污染治理不到位也成为环境污染的一大源头。

人口凝聚性较差。目前，建制城镇人口普遍偏少，且大多数是当地原有农民，外地迁入定居人口很少，有的小城镇人口呈现减少趋势。据有关资料显示，全国建制镇的平均人口不足3000人，许多所谓的城镇名不副实。

基础设施建设薄弱。基础设施建设是小城镇发展的一项重要内容。有良好的基础设施，才能吸引企业和人口向小城镇集中。但是，基础设施建设需要投入大量资金。有的小城镇继续沿用计划经济模式下的城市建设办法，即“国家拨一点，企业拿一点，群众出一点”，结果很快没了后劲；也有的小城镇为筹资，违章提高土地出让价格、征收各种杂费，甚至违法集资，结果不仅不能解决问题，还带来若干负面影响；还有一些小城镇政府自恃经济实力强，增设各种基础设施，致使小城镇建设受到影响。

与此同时，小城镇发展在财政、政府职能等存在不足状况。

第一，小城镇财政能力不足，削弱了政府提供公共服务的能力。在现行体制下，小城镇创造的收入大部分被上级政府提取，致使多数小城镇无力提供和改善公共服务。2012年，建制镇创造的固定资产投资总额98341亿元，占全国固定资产投资总额8.7%，近60%的人口仅分享不到10%的公共资源。

第二，小城镇政府职能不健全，削弱了政府管理公共事务的能力。近年来，随着部门垂直管理强化和行政执法权上收，小城镇政府的管理权限越来越小，而承担的责任却越来越大，出现了较严重的权责不对应情况。一是由于机构设置条块分割，造成小城镇政府职能不健全。小城镇自身的机构，被压缩到只有党政办、经济发展办、社会事务办和财政所等内设机构及农业服务中心、村镇建设中心、文化服务中心、计划生育服务中心和劳动保障事务所等事业单位，而驻镇派出机构却不断增加，主要包括：土地所、工商所、国税所、地税所、派出所、司法所和法庭等。派出机构的人、财、物“三权”大都在县（市）主管部门，制约了镇政府独立管理公共事务的能力。二是由于行政执法权缺失，造成小村镇政府管理权限与管理责任不对称。小城镇的社会经济管理，如环境卫生、社会治安、市场管理、文化教育、交通消防等，都被列入考核目标责任制。但现行法律规定，社会及经济管理行政处罚权属于县级行政机关，镇政府对违者无权实施处罚，工作难度增大。

由于小城镇处于五级政府的底端，在财政、投资、行政执法等方面的权利或处于不利位置、或有缺少，因此，改变小城镇在城市体系中由于行政层级低所造成的竞争劣势，营造城市发展的平等竞争秩序，就成了完善城镇体系和推进城镇化的重要课题。

第三，存在盲目性和随意性，缺乏科学合理的规划。综观我国小城镇的发展，很多都是自发发展起来的。因此，小城镇建设在规划上有所欠缺或者有规划但缺乏科学性，出现了“千镇一面”重复建设的现象。许多小城镇在条件不成熟的情况下，盲目地扩张占地加快工业化和城镇化发展，非但没有形成产业和人口的积聚，反而导致了优质耕地的丧失。另外，部分小城镇把有限的财力投放在“形象工程”建设上，而忽视了真正的社会经济发展。更具盲目性的是，有的小城镇为追求高增长，对于国家产业目录禁止或淘汰的污染、落后项目一概不拒，这种不可持续的增长致使当地的环境和生态逐步恶化。此外，也有地方利用行政权力“撤村建镇”，以“摊大饼”方式盲目发展，而农民的就业、社会保障等一系列问题却没有得以解决，既影响长远发展又影响社会稳定。

三、战略对策研究

发展，就要有战略的眼光。小城镇的发展也不例外。在我国社会经济转型期，小城镇发展到底该采取何种战略？这向来是关注的焦点问题。从不同角度出发，大家的认识也有所不同。

思路一：关注现阶段小城镇发展中存在的主要问题，着力推动小城镇发展方式实现从量到质的转变

1. 发展小城镇经济，壮大重点镇规模。首先，当务之急是发展小城镇经济，积极培育特色鲜明的主导产业，加快产业集聚，壮大经济规模。对工业基础较好的小城镇应切实做好工业园区规划，抓好工业园区建设，突出主导产业，大力发展城镇工业和服务业，多引进发展潜力大、污染小的劳动密集型企业。对农业主

导型小城镇，应提高农业发展的科技含量，积极发展包容性大、产业链长的现代农业。其次，积极实施重点镇培育工程。小城镇发展不能一哄而起，而要突出重点。通过综合考虑小城镇的区位优势、产业基础等因素，选择部分条件优越、发展潜力大、发展基础好的中心镇进行重点培育，将其发展成为区域经济中心、城乡基本公共服务平台。对这部分重点镇，政府除加大投入外，还要尽快出台有针对性且行之有效的全方位的鼓励扶持政策，以建立职能明确、结构合理、精干高效的镇政府为目标，扩大小城镇的管理权限；采取税费优惠政策，改善小城镇投资环境，促进小城镇经济发展；对小城镇的建设用地指标，土地管理部门应适度倾斜并优先安排。最后，各级政府必须深化对小城镇发展的认识。盲目地撤乡并镇、镇镇合并也许是短时间内“做大做强”小城镇的一条“捷径”，但绝对不是通向伟大目标的光明大道。撤乡并镇必须慎重，必须综合考虑小城镇方方面面的因素，尊重广大农民和基层干部的意愿，不能拍脑袋决策。

2. 加大政府投入，改变小城镇基础设施和公共设施短缺状况。基础设施和公共服务设施作为小城镇发展的硬件支撑系统，不仅关系到小城镇的运行效率，而且对小城镇规模经济效益有着重要影响。尽管经过多年的建设和发展，我国小城镇基础设施和公共设施得到了明显改善，但设施短缺、落后仍然是制约小城镇发展的瓶颈。究其原因，公共财政长期忽视对小城镇的投入是造成设施短缺的最主要因素。2008 年全国城市市政公用设施投资总额为 7368 亿元，单位城市建成区面积的平均投资密度为 2254 万元/平方公里，而建制镇则为 726 亿元，平均投资密度为 240 万元/平方公里，不足城市的 1/9；乡为 99. 5 亿元，平均投资密度为 123 万元/平方公里，仅是城市的 1/18。2014 年全国城市市政公用设施投资总额为 16245 亿元，城市市政公用设施固定资产完成投资总额占同期全社会固定资产投资总额 的 3. 17%，而建制镇则为 3542 亿元，达到不足城市的 1/5。“十二五”期间，各级政府加大了对小城镇，特别是潜力大、基础好、区位优势突出的重点镇的基础设施和公共服务设施的投入，效果显著。同时“十三五”期间要改革现行的不合理的财政分配体制，按照责、权、利统一的原则，给予小城镇政府更大的财政自主权。要建立多元化的投融资体制，加大金融对小城镇基础设施建设的支持力度。要坚持市场化方向，对小城镇供水、燃气等一定程度具备自负盈亏条件的建设项目，根据“谁投资、谁所有、谁受益”的原则，鼓励社会资金投入，支持企业和个人参与建设、经营和管理。对区位优势明显、土地升值潜力较大的小城镇，可以将土地使用权与具体基础设施建设项目捆绑筹集建设资金。

思路二：以保护农村生态环境，保持农村经济持续稳定发展为基本出发点，通过科学规划、合理布局、正确引导，把小城镇建设成为资源节约、环境美好、社会和谐的节约型小城镇

1. 科学规划，促进土地集约高效利用。在小城镇规划中，必须把节约集约利用土地放在一切工作的首位。首先要正确处理合理利用土地、保护土地资源和推进小城镇快速发展三者间的关系，坚决反对巧立名目批准被划拨土地和随意变更土地使用性质，要坚决杜绝浪费土地、乱占滥用耕地。其次，要适当控制小城镇的发展规模和数量。要充分利用土地的空间资源，既要满足经济发展、人口增加、居民生活水平提高等对城镇土地的合理需求，又要合理控制用地规模和节约用地。要合理规划，科学安排镇区内生活、生产用地和建设用地，要充分挖掘土地潜力，力求把主要人口集中在镇区，企业用地安排在工业小区，并对原规划中那些布局不合理、闲置的建设用地进行整合再开发利用。

2. 提高能源利用率。在小城镇规划中，在规划引进企业或其他经济实体时，应该以节能降耗和推行可再生能源作为准入门槛，要进行筛选，把那些发达地区迁移进来的能耗高污染严重的企业挡在门外，把本地原有的企业进行“关、停、并、转”等分类处理。对资源浪费，能耗高污染大，产品附加值低的，无论其规模多大，要坚决“关”或“停”掉。对那些规模小、效率低、技术力量薄弱，产品有较好销路的，可与相关企业进行合“并”。对“关”“停”后会造成巨大浪费或对本地经济社会影响较大的，通过技术改造或调整产业结构，能获得良好的效益的，可通过转产的方式予以保留。在规划建设污水处理设施时，应根据本地区的水资源情况，把污水处理与回收利用结合起来统筹规划，同步对污水处理利用作出安排，促进工业废水和生活废水的循环利用。小城镇应大力开发利用可再生能源，提倡使用太阳能热水器、太阳能路灯，推广使用秸秆气化和沼气能等。

3. 创造小城镇特色。小城镇规划应充分利用天然的地形地貌塑造出独特的城镇自然风貌，并立足于各地不同的地方文化传统，营造出有文化气息的建筑风貌。要充分利用和展现“绿、水”资源，使自然环境与人工环境相互协调，尽量减少对自然景观的破坏。

4. 发展特色农业，保持小城镇经济持续快速发展。应注意合理配置资源，充分利用当地自然资源的优势，根据地质、地貌、气候、土壤等自然条件，充分发挥传统耕种技术，因地制宜地发展“高产、高质、高效”的特色农业，发展高附加值的“绿色食品”等农副产业，以带动小城镇经济的持续快速发展，为小城镇建设提供持续的经济基础。

思路三：加快实现由外延扩张型向内涵提高型的转变，以提升软环境来化解硬约束

1. 积极探索投融资新机制。在新型城市化进程中，小城镇的基础设施建设必然需要大量资金的投入。现在的问题在于投入的资金从何而来？如果按照以往90%以上由镇级财政支付，而且主要来自土地收入，那肯定是难以为继的，投融资体制和机制急需创新。按照新型城市化的网络化空间布局，作为其重要节点的小城镇的基础设施建设应该属于城市建设的范畴，以镇级财政作为投入主体就显得不合情理；目前实行的是省管县的财政体制，根据财权事权相匹配的原则，省和县级市两级财政都应成为小城镇建设投入的主体，市级财政可以适当投一点引导资金。与此同时，可积极谨慎地采用BOT、TOT等投融资形式，利用社会资本弥补投入不足，加快建设进程。

2. 继续深化行政管理体制改革。自改革开放以来，我国的行政管理体制已经历了多次改革，如人民公社体制的废止，市管县、镇管村体制的实施等，一些地方正在探索（开发）区管镇和（开发）区镇联动的新体制，其中的利弊得失当然只能在实践中接受检验。镇一级自身的管理体制客观上存在的问题，如职能缺失、财权与事权分离等必须予以高度重视并通过进一步深化行政体制改革来逐一解决。

思路四：制度创新是小城镇发展的重要推动力，以市场经济为基础，加快传统体制的改革和创新步伐，构建小城镇发展的新型制度体系，以推动小城镇健康、稳定地发展

1. 户籍管理制度创新

第一，放开小城镇户籍管理，只要有合法固定住房、稳定职业、生活来源和生活保障，并自愿退出承包地和宅基地的农民申请，可获准在小城镇落户。

第二，下放小城镇户籍管理权，实行“属地管理”，以后应以居住地划分城乡人口，以职业划分农业人口和非农业人口，也可以以身份证管理取代户籍管理，普遍划分农业、非农业户口的二元户籍管理为统一身份证的一元户籍管理。

第三，对进镇农民实行集资入户、带资入户办法，积累资金，创造条件，加快农村人口向小城镇转移步伐，并使进镇农民在就业、居住、子女入学、用水用电等方面与城镇居民享受同等待遇。

第四，取消跨省、跨县、跨镇创业农民的小城镇户口限制，只要创业者本人申请，都应给予户口迁入和迁出。

第五，对小城镇推广街道命名和门牌号码管理，建立小城镇户口册、管理簿，将城市居民管理模式引入小城镇，实施小城镇社区和居民委员会管理办法。

2. 土地使用管理制度创新

现行的农村集体土地的使用和转让制度，不适应小城镇发展的要求。一是非流动性，使城镇规划与土地使用之间脱节，规模难以扩大；二是既不利于农业生产劳动率的提高，也无法保证城镇建设的必要用地；三是先由政府地价征收，再高价出让，既损害了农民利益，又增加了乡镇企业向城镇转移的搬迁成本。所以，继续进行农村土地使用管理的创新研究，建立与市场经济体制相适应的土地制度，既是发展小城镇的需要，更是社会主义市场经济体制的客观要求。

3. 社会保障制度创新

第一，建立面向所有非农产业就业人员的失业保险和医疗保险。就业和就医是进入城镇的农村居民最关心的问题，需要社会给予保障。面向所有非农产业就业人员的失业保险和医疗保险制度的建立，可以以《国务院关于建立城镇职工基本医疗保险制度的决定》及《失业保险条例》为依据，并重点应作出以下新的规定：非农产业就业人员应作为保险的对象，尤其是农民合同制工人；农民合同制工人缴纳保险采取过渡性办法，该办法的核心内容是在保证农民合同制工人缴纳费额与城镇职工相等的前提下，企业可适当降低应缴份额，职工可适当提高应缴份额。

第二，有条件地吸收部分农民合同工参加养老保险。中国养老保险范围应在一定条件基础上，至少吸收一部分进镇的农民：已经进镇落户并且有城镇户口的农民。对这种实际上已经是城镇人口的农民，尽快取消社会福利上的歧视，以解除社会不稳定因素。对在小城镇中工作和生活很长时间的农民工，应该吸收其参加养老保险。具体年限可以规定为在小城镇连续工作5年以上，养老保险费缴纳办法可以等同于城镇职工。

第三，为进镇落户并将承包地一次性出让的农民提供最低生活保障。为了积极推进中国城市化的步伐，应当尽快拓展享受最低生活保障的范围：在所有建制镇尽快建立最低生活保障制度，将建制镇没有承包土地的城镇居民纳入最低生活保障范畴，因为他们一旦失业，就没有其他维持生计的来源。对于已经在城镇落户并且已经一次性将承包土地使用权出让的居民，应将其纳入享受最低生活保障的范畴。

思路五：利用可持续发展战略实现小城镇建设的策略

1. 坚持小城镇建设的科学性、合理性原则。小城镇建设首先需要科学的依据及决策，只有坚持科学性、合理性的规划原则，小城镇建设才会往正确的方向发展；反之，如果没有科学的指导思路，即使投入更多的人力、物力、财力，小城镇建设也会出现问题，而社会经济的可持续发展更是无从谈起。

2. 节约土地资源及水资源。我国小城镇建设正处于发展时期，而小城镇的数量和规模也会随之有较快发展。因此，小城镇建设必须注意节约用地的原则。一方面，充分利用现有建设用地。目前我国小城镇普遍存在人均占地超标严重的问题，因此要通过镇域、乡域总体规划控制发展方向。另一方面，在利用增量土地进行建设时，尽量少占用土地，特别是要少占或不占耕地。把对土地资源的开发利用、保护治理、资源增值有机结合起来，使有限的土地资源得以持久利用。另外，水资源是宝贵和不可代替的资源，又是环境的基本要素，对一部分小城镇的生态环境起着举足轻重的作用。因此，要树立惜水意识，开展水资源警示教育。目前有效节水的关键在于利用“中水”，实现水资源重复利用。如果中水利用能在全社会范围内通行，不仅能带来可观的经济效益和环境效益，而且能形成一种珍惜水资源的良好社会风气。

3. 保证小城镇的环境和人民的生活质量。现代小城镇要实现经济发达、生活富裕、环境良好的发展目标，在用地方面不仅要考虑物质生活发展需要，保证生活居住和生产性用地，还要考虑精神文化生活需要，保证文化、教育、科研、休憩、娱乐、美化绿化等用地需要。在确定小城镇用地规模时，综合考虑多种用地需求，合理确定小城镇用地机构和布局，保证小城镇有一个良好的生产、工作和生活环境。

4. 明确小城镇建设投资主体。我国小城镇建设的投资主体和投资方式落后，不适应市场经济条件下的城镇建设。要想顺利地进行小城镇基础建设，则必须科学解决投资的主体性和商业性问题。正确的投资主体主要是企业而不是政府，投资方式应主要是商业性，而不是行政性、无偿性的。小城镇的各类基础设施，包括各种商品批发零售市场、学校、幼儿园，甚至道路、供电、供水、排污等，都应该由企业来筹资建设。建成后，可出租、出卖，也可以自己经营或利用其他形式收回投资。不管是国家、集体还是个人，都可以参与投资，谁投资、谁所有、谁受益，真正把市场机制引入小城镇建设中，形成开放的多元化投资体制。小城镇政府的资金则集中用于无法实施商业化投资和经营的纯公共设施项目，如街道整修、公共场所照明、环境治理等。

5. 增强小城镇人口的凝聚性。小城镇的人口凝聚性差，主要是政策性原因。为了使农村人口有效地向小城镇集中，实现农村城市化，应该尽快解决以下几个问题：一是大胆改革户籍制度。对大中以下城市特别是小城镇，全面实行按属地和职业划分户口类别，以身份证为合法证件的自由迁移和登记有效政策。农民在任何一个小城镇，只要有固定住所，有比较稳定的职业，有生活来源，就要允许落户，并且在子女入托、入学、就业、参军、社会保障等方面均享受原有城镇居民同等权利。二是改革农村集体财产拥有方式。允许农民将其拥有的已经量化的集体财产变现流动，或者保留其迁移户口后的分红权利。这实际上是维护农民自身劳动成果，充分调动农民积极性的一种改革措施。三是正确处理入镇农民与承包地的关系。如果农民有要求，就要保留其迁移户口后对土地的承包权利。四是改革农民的宅基地使用办法。农民进入小城镇首先要解决住的问题，而宅基地是一种比较大的支出负担，这也阻碍了农民入镇的积极性。因此，应以县为单位，统一掌握使用部分农民住宅用地指标，允许入镇农民利用原有宅基地按一定折算标准置换城镇住宅用地，以减轻入镇农民的压力，促使他们积极向城镇迁移。五是规范收费行为。入镇农民除了依法纳税外，不得向他们收取增容费、落户费等费用，使农民轻装入镇，尽快安居乐业。

第三章

东部小城镇产业集群研究

第一节

小城镇发展与产业集群

一、认识小城镇的产业集群

产业集群是什么？为什么要研究产业集群？在经济学家眼中，产业集群是一种相关的产业活动在地理上或特定地点的集中现象，而集聚就有可能释放出更大的效能。产业集群一旦形成，就会出现一个自我强化的循环。

集群是自发和人为努力的共同结果。综合以往研究来看，产业集群的表现形式主要有三种：第一种是由产业横向关联而形成的产业集群。这类集群通常以区域内某一主导产业为核心，通过企业间的横向联系，外部形成了多层次的产业群体。第二种是由产业纵向关联而形成的产业集群。此类集群中的企业同属于一个产业的上中下游，企业彼此间存在着生产过程的投入产出联系，产业链成为维系其生存和发展的动力，每个企业都在产业链上占据合适的位置，形成一种合理的分工和协作状态。在这类产业集群中，通常还会产生为每一个生产环节提供服务的外围经济环境，如供水、供电、运输、社会服务和产业服务等，这可大大增加就业机会。第三种是由区位优势指向而形成的产业集群。通常是由某一产业或不同产业的众多中小企业组成，它们充分利用区位优势，如廉价劳动力集中地、信息和技术发达地、原料或燃料集中地、产品的主要市场地、交通运输枢纽地等，形成各类专业化的小型产业集群。[1] 从整体上来看，小城镇的产业集群主要是指第三种。

小城镇，作为劳动分工在地域上的产物，其产业集群也是它的集聚效能的一部分。这是现代小城镇的重要特征，也是小城镇健康发展的重要基础和保障。只有产业发展了，才能为小城镇人口带来更多的就业机会，才能提高人口的收入、刺激小城镇的需求、实现扩大再生产，从而增强自身的造血功能，为可持续发展

〔1〕 陈滢，陈柳钦．产业集群与小城镇建设．四川行政学院学报，2006（1）：67—70.

积蓄动力。这些效能在东部地区小城镇的发展过程中已经显现了出来。

二、小城镇产业集群的形成

小城镇是产业集群发展的一个载体。产业集群的形成与小城镇的资源条件、历史产业基础和地区文化传统等密切相关。

首先，资源条件是小城镇产业集群形成与发展的重要基础。这里的资源并不仅仅指土地、矿产、生物等天然的物质资源，还包括人力、知识等资源。俗话说："靠山吃山，靠水吃水。"产业的发展离不开资源，而传统的产业大部分也都是依赖各种资源而逐步发展起来的。小城镇也不例外。正因为小城镇富集了某些资源，才逐渐吸引了人们对这些资源进行集中开发和利用，并逐渐形成产业集群。

其次，地区文化传统是小城镇产业集群形成与发展的内生动力。著名的经济学家马歇尔，早在19世纪90年代就指出，文化因素是工业集聚的原因之一，并将其称为地方特定的"产业氛围"。这种"产业氛围"包括地方归属感、创新的有规则流动、模仿文化等，它们作为区域特定的"公共物品"，使企业聚集于此处以获取外部规模经济。在小城镇，它的文化传统可以说是影响当地人们行为和价值取向的一个重要因素，并从人的思想与观念层面推动着产业的形成和集聚。温州在这方面的表现尤为突出。在自古以来就形成的经商文化传统的熏陶下，温州人形成了天然的那种经商意识和创业精神，把各种小产业越做越大，越做越好，比如柳市镇低压电器产业集群。

最后，历史产业积淀下所形成的专业化劳动力市场，进一步推动了小城镇产业集群形成与发展。从小城镇产业集群发展的历史经验看，产业特定性要素在特定地理区域内的生成是该产业的企业集聚兴起的历史起点。这种特定性要素难以通过要素市场公开获得，其他地区的企业也很难模仿和替代。[1] 生产技术和经验等尤其是历史上传承下来的那些传统生产技术并非短期内形成与发展成熟的。它们已经成为一种产业特定性知识，并在它所形成的区域内孕育出大量技术工匠

〔1〕李红英. 小城镇产业集群发展中"地方性"力量作用研究. 长春：东北师范大学，2005.

和特质劳动力，并不断地进行创新和改良，从而形成了一种专业化劳动力市场。这种市场吸引了生产技术和人才的集聚，并极大地促进了这一行业的集聚，而行业的集聚又反过来推动了生产技术和人才的进一步集聚。其实，从根本上说，这种历史产业基础与前面提到的地区文化传统也是一脉相承的。地区文化传统在打造历史产业基础方面也起着根本的推动的作用。

自改革开放以来，我国小城镇的产业集群已经在广东、福建、江浙一带及山东等沿海、沿江地区初具规模。最为突出的集群区域既有东南沿海外商直接投资驱动下的外向型加工工业区——珠江三角洲的制造业带，以东莞的电子产业集群最为突出。另外，还有江浙一带依靠当地企业家精神和工商业传统发展起来的特色产业群。

三、产业集群与小城镇的关系

其一，产业集群可以促进小城镇的经济发展。总的来看，产业集群发展好的小城镇综合实力强，发展水平高，具有较雄厚的经济实力。近年来，国家统计局通过对全国小城镇的综合发展水平进行测评来评选“千强镇”。结果显示，“千强镇”主要分布在浙江、江苏、广东、山东等省（区、市）。长江三角洲和珠江三角洲成为我国综合发展水平较高的小城镇聚集的地区。从下表来看，这几个省份也是我国地区生产总值最高的梯队。可以说，产业集群的发展，在推动小城镇社会经济发展方面，发挥着极其重要的作用。一方面，产业集群的发展使得二、三产业发展较好，可以吸纳较多的劳动力；另一方面，产业集群的发展也带动了小城镇基础设施建设和生活环境的改善。

其二，产业集群有利于推动小城镇企业的发展。产业集群的形成与发展使得集聚的企业可以实现优势共享、共同成长。一是大大降低了成本。不仅降低了交通成本，而且节约了原料成本、人力成本、销售成本、技术升级成本等。成本的降低大大提高了企业的运营能力，使其更具市场竞争力。二是促进了技术进步和创新。企业的集聚使得生产技术的交流更加频繁和便利，同时技术的流动也更加顺畅，不仅高端技术企业掌握的核心技术和外延技术可以被低端技术企业学习和应用，而且同类技术也可以互补长短，大大降低了技术升级甚至产业结构升级的成本。

表3－1　2013年、2014年我国各省市地区生产总值和增长速度

地区	地区生产总值（亿元）		增长速度（%，按可比价）	
	2013年	2014年	2013年	2014年
广东	62474.79	67809.85	8.5	7.8
江苏	59753.37	65088.32	9.6	8.7
山东	55230.32	59426.59	9.6	8.7
浙江	37756.58	40173.03	8.2	7.6
河南	32191.3	34938.24	9	8.9
河北	28442.95	29421.15	8.2	6.5
辽宁	27213.22	28626.58	8.7	5.8
四川	26392.07	28536.66	10	8.5
湖北	24791.83	27379.22	10.1	9.7
湖南	24621.67	27037.32	10.1	9.5
福建	21868.49	24055.76	11	9.9
上海	21818.15	23567.7	7.7	7
北京	19800.81	21330.83	7.7	7.3
安徽	19229.34	20848.75	10.4	9.2
内蒙	16916.5	17770.19	9	7.8
陕西	16205.45	17689.94	11	9.7
天津	14442.01	15726.93	12.5	10
江西	14410.19	15714.63	10.1	9.7
广西	14449.9	15672.89	10.2	8.5
黑龙江	14454.91	15039.38	8	5.6
重庆	12783.26	14262.6	12.3	10.9
吉林	13046.4	13803.14	8.3	6.5
云南	11832.31	12814.59	12.1	8.1
山西	12665.25	12761.49	8.9	4.9
新疆	8443.84	9273.46	11	10
贵州	8086.86	9266.39	12.5	10.8
甘肃	6330.69	6836.82	10.8	8.9
海南	3177.56	3500.72	9.9	8.5
宁夏	2577.57	2752.1	9.8	8
青海	2122.06	2303.32	10.8	9.2
西藏	815.67	920.83	12.1	10.8

数据来源：《中国统计年鉴2015》

其三，产业集群有利于促进农村人口转移和就业。在小城镇发展过程中，解决大量农村剩余劳动力的就业是一个关键问题。它直接关系到城镇化进程、社会的稳定和谐及经济持续发展。小城镇所形成的产业集群，大多是以生产加工为主的劳动密集型企业，对劳动者素质需求较低。而由于农民工的劳动报酬较低，生产能力较强，也将会有利于集群内的企业降低生产成本，增加经济利益，扩大生产规模，从而提供更多的就业岗位，吸纳更多的农村剩余劳动力。

其四，产业集群可为小城镇建设提供资金保障。小城镇建设投入大、成本高，需要强大的财力支撑。解决资金问题，增加资金投入，是加快小城镇建设的中心环节。而现实中，小城镇政府在资金方面常常存在不足的难题，仅靠财政很难满足需求。而产业集群的发展，不仅带动了经济的发展，而且为经济发展集聚了更多的资本，包括外资、社会资本、民间资本等等。

通过以上分析，不难看出，产业集群对小城镇的经济、社会、企业、基础建设等都起着重要的推动作用，而小城镇的发展又能反过来促进产业的集聚，从而形成良性循环。

第二节

广东省小城镇产业集群研究

改革开放为广东的发展注入了新的活力。广东曾连续20年保持经济总量全国第一。在经济的快速发展下，产业集群的发展为其小城镇插上了建设与发展的翅膀，不仅助推了不少小城镇成长为中心镇，更发展了一大批综合实力更强的专业镇。在小城镇快速发展的过程中，也推动了其产业集群的壮大。

一、形成

产业集群是自发行为和人为共同努力的结果。从产业集群自然形成的角度来看，自然资源和运输成本是起关键性作用的决定因素。靠近海域的天然优势，使得广东既具有较为丰富的生物资源，又拥有海港等便利的交通条件，再加上京广铁路大动脉的贯穿，这些得天独厚的条件使得广东省产业集群的自发形成可谓顺其自然。

从人为的角度来分析，广东省小城镇产业集群的形成表现在乡镇企业、民营经济的主动发展和成长以及政府政策的推动。

一方面，乡镇企业和民营经济的迅速发展推动了广东小城镇产业集群主体的形成和壮大。纵观广东省小城镇的发展，乡镇企业的发展无疑是其首要拉动力，并促进了城镇工业的集聚。像顺德、东莞、南海等聚集了一批较具规模的乡镇企业，形成了繁荣的专业性产品和生产要素市场，并带动了运输、信息、商业服务等第三产业的发展，成为当地经济的聚集中心和辐射中心。2013年，广东乡镇企业数达到40.78万个，同比增长3.17%；从业人员达到1141.58万人，增长4.27%；增加值4255.99亿元，增长13.48%，其中工业增加值2694.14亿元，增长9.66%。

与此同时，广东省民营经济也在不断壮大。随着深圳这个边陲小镇率先吹响了改革开放的号角，广东小城镇也最先感受到了改革开放的春风。不仅当地人办起了个体和私人承包的企业，全国各地都有前来广东“下海”经商、科技创业的人，可以说民营经济是异军突起。2008 年，全省民营科技企业 6193 家，长期从业人员 119 万人，技工贸总收入 5900 亿元，工业总产值 5619 亿元，工业增加值 1349 亿元，净利润 278 亿元。受金融危机的波及，全省民营科技企业整体经济指标出现回落，但整体上广东民营经济比重逐渐上升。

科学技术是第一生产力。改革开放不仅催动了民营经济的发展，更为其注入了新鲜活力，企业的科技含量也日益增强。科技的注入，引起了小城镇产业结构的升级和改变。它所呈现出来的已经不是工业企业的简单集聚，而是产业链的延伸、产业集群式的发展趋势。

另一方面，为了助推小城镇经济的发展，广东省政府从省到市、县，全力推出了“星火计划”，以建设一批以科技为先导的星火技术密集区和区域性支柱产业为抓手，打造“一村一品，一镇一业”，充分发挥优势产业对科技资源的集聚作用，引导生产要素合理配置，以期培养可持续发展的支柱性特色产业。与此同时，注重加强科技创新。通过建立农业科技创新中心，培育和推动了一大批创新型龙头企业的成长，成为区域性支柱产业的重要载体。

更为值得一提的是，广东省还成立了科技园区，推动企业入园。园区式发展不仅有利于资源利用效率的提高，更是促进了产业集群的发展。到 2008 年，全省共建设了茶叶、水产、果品、畜牧、林产化工、都市农业、竹业、北运菜、南药、蚕业 10 条省级星火技术产业带，其中广东粤西果品星火产业带、广东广西水产和林产化工星火产业带被认定为“十一五”期间的第一批国家星火产业带。星火产业带在提高农业产业集聚，完善产业布局；加强推广，促进产业辐射和带动；构建信息平台，促进产业信息交流与共享；创新发明机制，促进产业管理等方面起到了重要作用。[1]

二、发展

伴随着广东省小城镇产业集群的形成，“专业镇”也进入人们的视线，尤其

---

〔1〕 廖颖宁．广东专业镇产业集群的形成和发展．科技管理研究，2013（4）：158—161.

是珠三角地区的“专业镇”。可以说，专业镇是小城镇产业集群不断深化发展的一个表现。

通常，一个村进行专业化生产，难以形成规模；而以县为单位，则易掩盖县域自然资源的多样性和增加市场风险。一般来讲，一个镇的面积为100平方公里左右，在镇域范围内组织专业化生产，可以集聚几百甚至几千家相关企业，从而形成规模经济。[1]

产业集群的发展，使得同类型产业集聚在小城镇进一步形成了规模经济，促进了专业化的劳动力市场的形成和发展，使得产业优势能够更好地得以发挥，并最终成为小城镇的特色产业。而这种专业化的产业发展，又进一步促进了产业集群的发展壮大。

从珠三角专业镇的发展来看，专业镇主要有以下几方面的特点：

其一，低成本使得专业镇产业集群发展能够保持较强的竞争力。对于企业来讲，低成本就是一种竞争优势。资源的集聚大大提高了资源利用率，也使得交通运输成本、人力成本等大大降低。更为重要的是，在产业集群式发展下，专业镇的生产企业通过专业化的分工，大大减少了非正规的交易费用，降低了交流成本。此外，专业镇的发育，主要依靠产销能力的不断成长。同时，以大型专业市场、产品博览会、分布不同区域各个层次的批发零售网点，形成的多层次营销集群，将产品与本地市场、全国性市场和国际市场有效地结合起来，而交通运输成本的降低，更为此提供了便利。

其二，镇政府通过行政资源推动专业镇产业集群的发展。政府通过规划工业集中区、完善区际与区域内部交通条件、税收和土地优惠等方式，来引导和推动主导产业的规模化发展；在基础设施和公共服务设施建设方面，也不断拓宽投资渠道；组织对本地产业工人和待就业人员的培训等等。

其三，专业镇对就业的拉动力量是巨大的。专业镇集群式的产业发展模式，不仅为本地劳动力创造了就业机会，还为众多外来的劳动力创造了就业机会。专业镇在形成过程中，生产与经营同类产品的商贸型企业和生产型企业纷纷向专业产品区集聚，引发了商品流、资金流、信息流、技术流和人才流等要素的汇聚和扩散。而随着人口和企业的集聚，城镇也会不断扩张，会带动供水、供电、交通

---

〔1〕 韩晓强，余国扬．论发展专业镇．天水行政学院学报，2005（3）：17—20.

运输、邮电通信等城镇基础设施建设，会促进金融、商贸、餐饮、教育、科技、文化、卫生和体育事业的发展，最终提高当地的城镇化水平。[1]

其四，注重并不断加快产业创新。随着发展专业镇越来越认识到产业创新的重要性，因此它们也开始建设研究开发平台来打造创新链。2011 年，广东省专业镇已建立研究开发平台 196 家，研究开发项目 1028 项，对外技术服务企业达 13386 家，使科技成果从创意的产生到商业化生产销售整个过程形成链状结构，大大提高知识、技术在整个过程中的流动、转化和增值效应。公共研发平台成为创新链的中心环节，通过知识创新活动将相关行业的技术创新中心、生产力促进中心、产学研结合基地、产业工程中心、孵化器、信息网站等多种创新参与主体连接起来，形成知识的经济化过程与创新系统优化，为大量中小企业提供技术创新、质量检测、人才培训等服务。随着创新链不断延长，构成从技术创新、产品设计到市场化的一整套由政府、市场、社会组织安排的动态创新网络。与此同时，广东省的专业镇还通过实施技术路线图来完善技术链。通过市场需求分析→产业目标确定→技术壁垒分析→研发需求确定→路线图绘制→制定产业重大攻关计划这样一个从宏观到微观的系统分析过程，选择市场导向为特征的发展路径。据统计，广东已经为相关 23 个重点专业镇编制了产业技术路线图。

其五，探索产学研机制提高竞争力。专业镇产业集群科技创新需求旺盛，但科研资源相对不足，为突破镇域资源的限制，积极探索专业镇与高校、科研机构进行产学研合作，全省 65% 以上的专业镇建立了特色产业公共创新服务平台，有 60 多所国家重点建设高校与 200 多个省级专业镇、产业集群区等进行对接，开展了形式多样的产学研合作活动的专业镇达 80% 以上。一是编制和完善发展规划，将专业镇建设与“名镇名村”建设结合起来；二是采取“一镇一策”的产业转型升级改造策略，对重大共性和关键技术组织联合攻关，突破发展的技术瓶颈；三是探索合作新机制。通过派驻企业科技特派团，建立院士专家工作站和产业技术联盟等形式，引导更多的技术、人才、成果等创新资源向专业镇集聚。[2]

---

〔1〕 石忆邵．专业镇：中国小城镇发展的特色道路．城市规划，2003（7）：17—31.

〔2〕 廖颖宁．广东专业镇产业集群的形成和发展．科技管理研究，2013（4）：158—161.

三、转型与升级

值得肯定的是，专业镇的发展，不仅有效缓解了土地、资源环境和人口的压力，促进了周边区域经济的发展甚至是全省经济的快速发展，但专业镇这种相对低端的产业发展，从长远来看仍然是存着诸多弊端，亟待优化和提升。

产业集群成长和区域经济一体化是经济持续发展的两个重要推动力量。一方面，要通过产业集群的提升来推动区域一体化、市场化和城市化；另一方面，要借助于区域经济一体化的发展来加快产业集群的成长，提升区域竞争力。

首先，延伸产业价值链，进一步推动区域大中小企业间的分工合作，逐步从镇的产业集群向区域集群发展。要实现这一目的，就要逐步淡化行政区划意识，避免专业镇的重复或雷同发展。要在上级政府的引导和协调下，制定产业的总体发展规划，实现产业对接和错位发展，形成上下游配套、专业化分工、社会化协作的科学空间布局，打造新的区域竞争优势。

从产业集群成长的角度来看，一方面，同质性集群要进行横向经济协作，表现为产业集群的边界扩张过程；另一方面，不同区域的价值链互补性强的集群要进行纵向联动整合，表现为集群之间重构产业分工链条的分工深化过程。[1] 要鼓励中小企业加入大企业的产业体系，支持中小企业发展配套产业和产品，强化企业专业化分工与配套协作，提升产业集群的竞争力和促进区域经济一体化。

其次，进一步调整和优化产业结构，加大第三产业和新兴产业的比重。目前广东的做法是，发挥专业镇主导产业集中、产品特色明显和经济规模较大的特点，积极发展现代物流业，带动机械制造、商贸流通、包装等传统行业的升级。促进产业集群与物流业的互动，努力把可共享的规模巨大的交易平台和销售网络进一步建设成商品集散中心、流通加工中心、交易中心、价格形成中心和信息发布中心，促进商流、物流、信息流和资金流的结合，打造联结产业集群中小企业的结点。

此外，培植和发展为制造业服务的工业设计、创意经济、品牌经营、商贸会

---

〔1〕 毛艳华．珠三角产业集群成长与区域经济一体化．学术研究，2009（8）：20—22．

展业、产业文化等服务性产业，实现特色产业从中低端环节逐渐向高端环节过渡，增强产业的根植性。与此同时，培育和引进新兴产业，着眼世界和全省战略性新兴产业发展，引导有基础、有条件的专业镇围绕特色经济和产业定位，寻找与战略性新兴产业的结合点。推动专业镇与高新区联动协作，发展战略性新兴产业配套服务和配套产品，形成全省较为完善的战略性新兴产业研发与生产体系。

再次，深入产业改革和创新。尽管广东省在专业镇产业集群创新方面，已经采取了一些有效做法，比如打造研究开发平台等，但这种平台还仅限于镇域范围，且过于分散。要推进产业集群的成长，就要推动区域产业创新平台一体化，加快相同专业镇创新平台的联合与合并，从而也能大大降低创新成本。

最后，走精细化发展道路。尽管对于过去粗放式的发展道路，人们已经意识到它所存在的诸多问题，但是在实践上还处于落后状态。要保持可持续发展，就必须变粗放式的发展为集约式的精细化发展。一是科学合理地做好城镇规划，提高专业镇科学发展水平；二是发展循环经济和绿色生产，节约集约利用资源，培育资源综合利用龙头企业和循环经济企业；三是推进专业镇统筹城乡产业发展、基础设施建设、公共服务和社会管理，加强生态文明建设；四是合理高效地配置土地资源，加强标准厂房和产业园区建设，为产业集群的后续转型升级预留空间。

第三节

浙江省小城镇产业集群研究

浙江，地处中国东南沿海，位于长江三角洲南翼，东临东海，南接福建，西与安徽、江西相连，北与上海、江苏接壤，素被称为“鱼米之乡”。它是我国东部沿海地区比较发达的省份，其经济增长速度连续10余年高于全国平均水平，人均GDP、城镇居民收入、企业家信心指数和企业景气指数皆多年位居全国前列，全国社会经济发展百强县（市）中浙江省一直占据高席位。在这种整体发展背景下，其小城镇建设也积累了很多实践和探索，走在全国的前列。

一、形成

是什么力量推动着浙江省经济的发展？纵观浙江改革开放以来的发展，可以说产业集群是一股最明显的推动力。这种推动作用不止是作用于全省经济发展，同样作用于小城镇。浙江省的小城镇正是在农村工业化的产业集群基础之上发展起来的。

前面已经讲到，产业集群多数是自发和人为共同努力的结果。总体来看，浙江小城镇的产业集群主要是在开放的环境下自发形成的，其特点一是在缺乏必要的资源和发展条件下起步的，二是个体工商户是主要推动者，三是主要受市场驱动，四是有地方政府的支持。

其一，在缺乏必要的资源和发展条件下起步。有人说，如果浙江资源丰富、工业基础较好等等，不受各种限制，那么浙江也许就不会是这种发展模式。然而，只是受历史条件和区域经济制约，浙江的小城镇才走上了产业集群式的发展道路。

人多地少，资源匮乏是浙江的省情。这使得大量农村劳动力处于失业状态，可以说无地可种。而在计划经济体制下，国家投资主要集中在内地“三线建设”

中，浙江获得的国家投资也较少。因此，从新中国成立后到改革开放初期，浙江都是一个相对落后的省份。怎么办？

改革开放后，家庭联产承包经营责任制的实施，使得部分劳动力得到了解放。其中一些有经营头脑的人开始创办家庭工业，并由单打独斗逐渐发展成为股份合作制。这也就是初期的个体工商户。

其二，个体工商户是主要推动者。浙江经济具有“民、轻、快、外、低、小”的特征，这也意味着人们经商的门槛较低。因此，自发的农村工业化形成了无数个“家庭工厂”，而它们通过专业化分工，千家万户之间通过专业市场、中介组织的订单，实现产品生产、销售的协作而根植于本地。改革开放以后，特别是 1989 年以后，浙江省的个体私营经济得到了迅速发展。以诸暨市大唐镇为例，2013 年，全镇拥有工业企业近 5700 家，其中超过 80% 家企业是由本地或者附近居民创办。短短几十年，浙江民营企业家创造了上百个具有专业化分工协作特点、年产值几十亿甚至上百亿的产业集群，其中最大产业集群的产品总量占世界同类产品的 70%。[1]

其三，主要受专业化市场驱动。专业化集聚地是孕育产业集群的初始条件，也是产业集群增强和升级的必备硬件。浙江早在中世纪就以手工业和商业的发达闻名于世。对此，《马可·波罗游记》曾这样描述，走入近代后，浙江的丝绸和纺织等消费品工业在全国具有重要地位。浙江就有着这种专业化市场。它是拥有众多的精通一两项专业技能的专业人才的集聚地，拥有大量技术型工匠和特质劳动力。大量的专业化人才的集聚产生了竞争压力，使得技术进步、生产工艺改进等创新活动十分频繁，这些创新成果很快地传播和扩散，在企业内迅速得到利用提高生产率，从而营造出一种“创新—溢出—运用”的共享文化，打造了一种有效的共享式流通平台，众多专业化企业的集聚最终演化为大规模的专业化市场，为产业集群的兴起奠定了基础。[2]

---

〔1〕 苏甦．浙江区域城镇体系规划新思路．规划师，2004（6）：61—63；熊吉峰．中部六省与浙江千强镇城镇化模式比较．调研世界，2007（8）：32—35．

〔2〕 王丽霞．浙江产业集群的生成机制．农村经济与科技，2006（12）：11—12．

表 3－2　浙江省专业市场发展情况

年份	专业市场数（个）	10 亿元以上（个）	100 亿元以上（个）	专业市场成交额（亿元）
1978	1051	—	—	8.6
1979	1322	—	—	11.3
1980	1415	—	—	12.2
1981	1656	—	—	14.7
1982	1736	—	—	18.1
1983	1788	—	—	21.6
1984	2241	—	—	26.9
1985	2345	—	—	44
1986	3653	—	—	59.1
1987	3706	—	—	80.9
1988	3632	—	—	96.3
1989	3669	—	—	149
1990	3797	—	—	161.9
1991	3802	—	—	204.6
1992	3865	—	—	321.3
1993	4127	—	—	651.2
1994	4207	—	—	1480.5
1995	4349	—	—	2165.7
1996	4388	57	3	2545.3
1997	4488	57	2	2798
1998	4619	58	2	3209
1999	4347	69	3	3606
2000	4348	68	4	4023
2001	4278	78	6	4652
2002	4193	77	6	4997
2003	4036	93	9	5591
2004	4049	114	9	6384
2005	4008	120	10	7173
2006	4064	125	13	8247.0
2007	4096	133	15	9325.0
2008	4087	139	15	9794.0

续表

年份	专业市场数（个）	10 亿元以上（个）	100 亿元以上（个）	专业市场成交额（亿元）
2009	4194	180	18	10744.9
2010	4146	202	22	12717.3
2011	4212	210	25	14500.0
2012	4297	233	31	15816.6
2013	4316	225	38	17800.0

资料来源：浙江省经贸委提供〔1〕

其四，拥有地方政府的支持。总体来看，浙江各地政府在小城镇产业集群的形成中所发挥的作用有所差异。温台地区政府经历了从早期“无为”治理者、被动适应者向服务者的角色转变，积极支持适合地方发展的制度创新，为地方企业的发展提供一些基础性服务，以规避政治风险；浙东北地区政府在加大股份制改造并鼓励发展个私经济的过程中，致力于基础设施建设、精简政府职能和审批、筹建并完善中介服务机构等，为产业集群创造良好的发展环境；浙中及西南地区政府，尤其是义乌的地方政府，较早地以“决策者”和“市场建设者”的身份，采取积极的市场干预措施，增强服务功能，规范市场行为，建设市场信用制度，完善基础设施，营造良好的商业环境，促进了产业集群的发展。

二、发展状况与问题

（一）发展状况

根据浙江省经贸委的不定期调研统计，1998 年，在有资料汇总的浙江 66 个县（市、区）中，产业集群产值超过 1 亿元的有 306 个，合计总产值 2264 亿元，平均规模达 8.7 亿元。

2002 年，在浙江 88 个县（市、区）中有 85 个县（市、区）拥有不同规模的产业集群 800 多个，平均每个县有 3 个产业集群；其中，集群产值超过 60 亿元以上的有

〔1〕金祥荣等．浙江省的产业集群：应对产业升级挑战的中小企业．http：//wenku.it168.com/d_001277351.shtml

25 个，超过 1 亿元的有 519 个，合计总产值约 5993 亿元，平均规模达 11.5 亿元。

2003 年，全省工业总产值在 10 亿元以上的制造业产业集群有 149 个，工业总产值合计超过 1 万亿元，约占全省制造业总量的 52%；其中，产值 50 亿元以上的有 35 个，100 亿元以上的有 26 个，200 亿元以上的有 6 个。

2005 年，全省工业总产值在 1 亿元以上的产业集群有 360 个。其中，工业总产值在 50 亿元以下的有 265 个，占总数的 73.6%，工业总产值在 50 亿元以上的有 95 个，占总数的 26.4%。

2013 年全省年销售收入 10 亿元以上块状经济共 312 个，其销售收入、出口交货值和从业人员分别占全省工业总量的 54%、62% 和 56%；年销售收入 100 亿元以上块状经济共有 72 个，其销售收入、出口交货值、从业人员和利税总额分别占全省工业总量的 36%、39%、32% 和 49%。

通过以上数据可以发现，浙江产业集群的规模是在不断壮大的，而且分布也越来越密集。通过表 3－3 可以看到浙江省小城镇产业集群遍布全省 11 个地级以上市。

表 3－3　浙江省小城镇产业集群分布概况

地区	产业集群种类
杭州市	机械、电子通信、家用电器、医药、服装、家纺（余杭区）、丝绸、汽车零配件（萧山）
宁波市	服装、家纺、针织品（象山）、棉纺（余姚、慈溪）、电动工具、石化、机械、模具、玩具、塑料制品、汽车配件、水暖设备
绍兴市	纺织品、五金、服装（诸暨）、袜业（大唐镇）、领带、轴承、家具、劳保用品、化学纤维、印染、化工、纺机
嘉兴市	化学纤维、丝绸、皮革、箱包、服装、经编、羊毛衫
湖州市	童装、服装衬布、丝绸、建材、转椅、竹产品、服装加工
温州市	鞋业、服装、低压电器、打火机、标牌、眼镜、塑编、电子元件、汽摩配件、钻头
台州市	铆钉、塑料制品、彩灯、化工、汽摩配件
金华市	家纺、小五金、磁性材料、量具、服装、针织、建材
丽水市	微型电机、农产品加工、缝纫机、中密度纤维板
衢州市	建材、机械、轴承、变压器、化肥
舟山市	海产品加工、海洋医药、麻纺、机械

数据来源：参考戴科成《浙江产业集群发展现状面临的问题集对策研究》

尽管如此，但再进一步分析，可以发现仍然存在着区域不均衡的现象。杭州、宁波、绍兴三市，相对于其他市还是要更为密集，这与各市的社会经济发展水平还是存在一定联系。

透过表3-3，我们还可以发现，浙江省小城镇产业集群的种类比较繁多，涵盖面甚广，渗透到绝大部分制造业。这也意味着纺织、服装、五金、塑料及普通电器、机械等劳动密集型产业仍然是主体，而且规模基本上都不大。

但是近年来，部分发展水平较高的产业集群，已经在向现代高级产业集群转变。随着开放程度的加大，在外贸、外资的影响下，浙江通过招商引资、技术引进、模仿创新和自主创业等方式，使得产业集群发展迅速，逐步从“农村工业+专业市场”模式转化为“终端企业 + 配套企业 + 专业市场 + 中介组织+相关机构”的区域性生产网络，研发设计、物流、销售、金融服务及人才培训等相关产业成为浙江产业集群竞争力的重要来源。许多产业集群通过各种渠道进入国际市场，与跨国公司主导的全球生产网络建立了各种联系。例如温州鞋业、宁波注塑机、义乌小商品等集群。绍兴—萧山纺织、永康五金等产业集群则突破行政区域限制，形成了跨区域跨行业的区域产业体系。[1] 产业集群的创新水平和品牌效应也在不断提升。

小城镇产业集群的发展，也带来了当地整体社会经济的腾飞。自2003年“千强镇”评选开展以来，浙江入选的小城镇数量就屡居全国前列。2004—2012年，浙江省的千强镇数量稳居全国第一，占据全国千强镇数量25%以上。

（二）存在问题

但是，浙江小城镇的产业集群也曾出现过产业集群内企业萧条而集群外企业向好的现象。这与其自身存在的一些问题有着天然联系。

一是存在低端化锁定倾向，同业过渡竞争明显，自主创新能力不强。通过前面分析可知，浙江小城镇产业集群以劳动密集型产业为主，产品技术含量较低，企业的装备水平也较低，主要依托低成本低价格参与竞争，存在明显的层次低、结构散、创新弱、品牌小的低端化锁定倾向。这种低端化锁定倾向，也使得产业集群的门槛低，容易扎堆，而且企业自主创新的意识也有所欠缺，难以创出品

---

〔1〕 郑燕伟，朱晓玫．制度变迁与浙江产业集群发展．浙江经济，2009（19）：22—23.

牌。再加上广泛存在的低水平重复和过度竞争的情况下，产业集群之间和内部的分工和专业化必然受到限制，也会影响产业链的升级和集群竞争力的提升。

二是公共服务体系仍有待完善，市场环境有待规范。浙江小城镇的绝大多数产业集群都是自发形成的，往往先天条件不足，存在基础设施不健全、布局不够合理等问题。很多集群内部公共产品供给不足，缺少关联产业和辅助支持产业，缺少社会化服务体系的有效支撑。政府作为“服务者”的作用发挥得还不够，与市场的关系也有待理顺。

三是与国家产业政策及要求存在冲突，产业结构亟待优化。随着产能过剩、要素紧缺、环境容量矛盾的加剧及新技术革命的突破，国家产业政策在行业准入、技术水平、质量环保能耗标准方面均提高了要求。浙江一些地区的冶炼、制革、纺织、印染、造纸等能耗高、污染多、附加值低的低端产能产业集群若不尽早改造提升和转型发展，将面临整体消亡或迁移的危险。

四是受资源要素制约日益严重。尽管浙江的小城镇产业集群正是因为受资源要素的制约才形成的，但是在资源的硬约束下，发展成本会越来越高，而竞争优势也会越来越小。尤其是随着土地供需矛盾的加剧，产业结构的转型升级及转移都会受到严重制约，有可能造成企业向外寻求发展空间，甚至造成“产业空心化”。另外，高科技和高层次创新人才缺乏，也使得企业创新动力不足，也阻碍着产业集群的转型升级。

三、转型与升级

有人说，产业集群就像一只鸡，在发展壮大中孕育出了专业市场这枚“蛋”。此后，才又有了蛋生鸡，乃至鸡生蛋的循环。其实，想表现的莫过于这样一种逻辑：浙江专业市场大多属于“产地型市场”，其走的是产业集群形成——专业市场兴起——产业集群升级这样一条道路。其实，从浙江小城镇产业集群的发展来看，专业市场的发展推动了产业集群的形成与发展。因此，到底是先有鸡还是先有蛋？值得商榷。不过，值得肯定的是产业集群与专业市场可以形成一种良性循环，要实现良性循环，浙江的下一步就是产业集群的转型与升级。

转型与升级的问题，浙江也早已意识到。

2008 年，浙江省委、省政府做出了加快块状经济[1]向现代产业集群转型升级的重大战略决策，并在全省确定了两批共 42 个产业集群示范区开展试点。2010 年年初，浙江省政府出台了《关于加快块状经济向现代产业集群转型升级的指导意见》，确定杭州装备制造、乐清电器、嵊州领带等 21 个块状经济作为试点，探索转型升级的新路子。为了推动块状经济向现代产业集群转变，围绕提高工业创新能力，浙江省科技厅向 21 个块状经济示范区域派遣了 21 个科技专家服务组、152 名技术专家。近两年来浙江省委、省政府高度提出"以'双创'动力为引擎带动经济转型升级"，大力推进创新驱动发展，加快打造创新创业生态系统。2015 年前三季度，浙江生产总值同比增长 8%，比全国平均高 1.1 个百分点，其中高新技术产业和高技术服务业对规上工业和服务业增长贡献分别达到 60% 和 70%。目前，浙江区域创新能力居全国第 5 位。

试点的作用就是要形成引导与示范效应，并从中吸取经验教训。通过浙江产业集群示范区的探索，有研究总结归纳了四种主要转型路径：产业与市场互动提升型、龙头企业带动型、政府规划引导型、价值链整合提升型。[2]

第一种是产业与市场互动提升型。即特色制造与专业市场互动发展并逐渐形成"专业化分工生产体系 + 国际性商贸市场为主的生产性服务体系 + 城市空间发展体系"的发展模式，推动工业化、市场化、城市化同步发展。根据地方产业与专业市场出现的先后，产业与互动提升型可分为先有产业发展模式和先有市场发展模式两种类型。

适合此类转型路径的产业集群所具有的主要特征有：一是特色制造业高度发达、专业化分工生产体系较为完善；二是专业市场或国际性商贸市场的兴起和发展，促成了劳动力、资金、技术、信息等要素的集聚，在较大程度上支撑着特色制造业和中小企业发展，同时各类生产性服务业加快发展，也成为产业集群实现高端增值环节掌控的重要部分；三是现代产业集群的发展对高端人才、产业空间布局、生产性服务业发展、城市基础设施建设、城市功能服务设施和功能等产生的更高需求，产业集群与城镇建设互相促进，通过城镇建设不断完善服务功能，吸引并集聚各类高端要素资源，从而支撑并助推现代产业集群的发展。

第二种是龙头企业带动型。即一批行业龙头骨干企业通过建立自身的全球营

〔1〕 块状经济也就是产业集群的初级阶段。

〔2〕 吴家曦，陈建忠，陈利华．加快向现代产业集群转型升级．浙江经济，2011（20）：36—39.

销网络体系，大大提高竞争力，并促进了整个产业集群的发展。在 42 个产业集群示范区内，共有 15 个属于此类，占比 36%。从趋势上看，随着专业市场营销模式变化，龙头带动型的块状经济比例将进一步提高。

适合此类转型路径的产业集群所具有的主要特征有：一是产业集群内有若干个核心大企业，通过产业链配套协作来带动一大批中小企业发展；二是龙头企业具有较强的研发能力和主导产品，通过集群内价值链分段整合、技术优势支持、品牌渠道控制等优势来强化核心地位，较大程度上决定着产业集群的发展和转型升级；三是集群内相关配套的中小企业分工较为精细，能够提供比集群外企业成本更低、性能更好的配套加工产品，个别甚至成为当地的“隐形冠军”。

第三种是政府规划引导型。即通过政府的规划引导和招商引资而发展起来的产业集群。据统计，截至 2013 年底浙江共有外源式规划引导型的块状经济 51 个。在 42 个产业集群示范区内，共有 8 个属于此类，占比 19%。

适合此类转型路径的产业集群所具有的主要特征有：一是政府发挥着巨大的作用，依托当地产业优势、区位优势，按照“强链补链”原则加大招商引资、选资力度，引进一大批龙头骨干企业，并在政策、税收、资金、土地和人才等方面给予优惠；二是产业的选择与国家或地方未来产业结构调整相一致，涉及的产业往往属于新兴产业或高技术产业，发展潜力巨大；三是以各类工业园区为载体，各类基础设施和配套设施比较健全，各类生产型企业、服务型企业、中介服务机构协同生长，运作规范。

第四种是价值链整合提升型。价值链整合提升型作为一种综合性的产业集群升级模式，适用于各类不同产业集群的转型升级，主要包括三个方面：一是价值链整体提升，集群内龙头企业逐步掌握产业核心技术，并通过不断强化品牌影响力和构建销售体系，带动集群中小企业同步提升，实现集群整体价值链提升；二是集群内核心企业逐步向价值链前端的研发、设计和高端制造延伸，占据价值链技术和资本密集环节；三是集群核心企业通过商业模式创新、品牌创新、渠道网络建设，逐步向价值链后端的品牌和服务环节延伸，占据价值链信息和管理密集环节。

在浙江，小城镇产业集群的转型与升级，也是发展新兴城镇化的一个重要方面。

在推进新型城镇化方面，2011 年，浙江省政府出台《浙江省新型城市化发展“十二五”规划》，提出把培育发展中心镇作为推进新型城市化、促进城乡一体化发展的重要战略，着眼形成“一城数镇”[1]的县域城镇新格局，综合考虑各县市的发展基础、区位条件和资源禀赋，分类引导和培育200个户籍人口5万以上的中心镇。2012年，浙江省委、省政府又召开了全省新型城市化工作会议，出台了《浙江省深入推进新型城市化纲要》提出要坚定不移地走资源节约、环境友好、经济高效、社会和谐、大中小城市和小城镇协调发展、城乡互促共进的新型城市化道路。

在200个中心镇中，浙江省首批选择了27个人口数量多、产业基础好、发展潜力大、区位条件优、带动能力强的中心镇，积极开展小城市培育试点[2]（详见表3-5），加大改革创新力度，将27个中心镇培育成为经济繁荣、社会进步、功能完备、生态文明、宜居宜业、社会和谐的小城市[3]。这无疑将为小城镇的产业集群创造更好的条件。

不管是产业集群示范区还是小城镇培育试点，在未来的发展中，发力点还需要集中在以下几个方面：

首先，培养创新驱动力。随着产业集群的发展，投资边际效益往往会出现递减，要扭转这种局面，最关键的就是要实现从投资驱动向创新驱动的转变，从而形成以创新型企业和人才为主体，以知识或技术密集型产业和品牌产品为主要内

---

〔1〕人口较多的经济强镇，规划建设“一城五六镇”人口相对较少的经济强县，规划建设“规划建设一城三四镇”；户籍人口30万以下的小县及经济发展相对落后的山区、海岛县，规划建设“一城两镇”或“一城一镇”。

〔2〕2005年9月，浙江省在绍兴县实行农村综合改革试点。授予杨汛桥镇、钱清镇等5个中心镇，在嘉兴市的改革试点镇为西塘镇。2007年5月，浙江省政府出台《关于加快推进中心镇培育工程的若干意见》，提出“十一五”期间全省重点培育和发展的141个省级中心镇目标。《关于组织开展省级中心镇城建基础设施“十二五”建设规划编制工作的通知》，公布了各（地）县市省级中心镇200个，其中，绍兴县、诸暨市、温岭市最多，各有5个，鳌江流域的苍南、平阳各3个，金乡、水头新入选省级中心镇名单。

〔3〕其中，在建设规模方面，各小城市建成区面积达到8平方公里以上，建成区户籍人口6万人以上或常住人口10万以上，建成区户籍人口集聚率达到60%以上；在经济方面，各小城市年财政总收入达到10亿元以上，农村居民人均纯收入达到2万元以上，工业功能区工业增加值占全镇工业增加值达到80%以上，第三产业工业增加值占GDP比重达到40%以上，二、三产业从业人员比重达到90%以上；在经济实力方面，各小城市年财政收入达到10亿元以上，农村居民人均纯收入到达2万元以上，工业功能区工业增加值占全镇工业增加值达到80%以上，第三产业增加值占GDP比重达到40%以上，二三产业从业人员比重达到90%以上；服务水平方面，科技教育、文化体育、卫生计生等设施比较完善，商业、金融等服务业网点布局合理，社会保障水平提高，便民利民的社区服务网络一步健全；在管理体制方面，建立与小城市发展相适应、权责一致、运作顺畅、便民高效的行政管理体制。

表3－4　浙江省首批27个小城市培育试点镇

地　区	试点镇
杭州市	萧山区瓜沥镇、余杭区塘栖镇、桐庐县分水镇、富阳市新登镇
宁波市	象山县石浦镇、慈溪市周巷镇、奉化市溪口镇、余姚市泗门镇
温州市	苍南县龙岗镇、瑞安市塘下镇、乐清市柳市镇、平阳县鳌江镇
湖州市	吴兴区织里镇、德清县新市镇
嘉兴市	桐乡市崇福镇、秀洲区王江泾镇、嘉善县姚庄镇
绍兴市	诸暨市店口镇、绍兴县钱清镇
金华市	东阳市横店镇、义乌市佛堂镇
衢州市	江山市贺村镇
舟山市	普陀区六横镇
台州市	温岭市泽国镇、玉环县楚门镇、临海市杜桥镇
丽水市	缙云县壶镇镇

数据来源：《国家城镇化规划专题调研座谈会会议材料》，第28页

容，以创新组织网络和商业模式等为依托，以有利于创新的制度和文化为环境的产业集群。

创新驱动包括两个方面：一方面是制度创新，另一方面是技术创新。制度创新需要地方政府从宏观层面的把握与支持，也需要企业从自身上寻求突破，运用现代企业管理制度。而技术创新则要注重人才的培养和引进，也就是要让劳动大军脱胎换骨，以弥补小城镇缺少人才尤其是高端人才的不足。这也是产业转型升级的一个必要前提。

其次，加快优化产业结构，掌控全球价值链高端环节。一方面，当前浙江小城镇产业集群国际竞争力弱的主要原因，就在于其仍处于全球价值链的低端环节，大部分处于制造环节，还没有实现向全球价值链高端环节的延伸。因此，要善于融入全球制造网络，实现全球资源整合，转移部分低端制造环节，掌控价值链高端环节，这是现代产业集群发展的努力重点。另一方面，纺织、服装、机械等传统产业集群除了往传统创新型产业集群突破外，还要向附加值高、竞争力强的战略性新兴产业集群转型发展。同时，随着新技术、新业态的不断涌现，要重点发展新能源、节能环保、新材料、先进装备制造、物联网等战略性新兴产业和

现代服务业，使其在产业结构中占据重要地位。

再次，实施品牌战略，建立有竞争力的自主品牌，鼓励错位竞争，打造不同层次的品牌集群。品牌是企业和产品的灵魂和核心。从国际品牌的打造路径来看，基本都是以提高产业集群的国际综合竞争力和创建国际品牌为目标，以区域的历史、文化为背景，以国际化的注册商标为存在方式，以产品、服务为载体，以市场化运作为基本模式，以区域国际品牌的特殊功能和运作方式为手段，整合、优化资源，实行统一的标准和规范，促进产业集群的持续、稳健发展。当前，浙江已培育形成了一批区域品牌，但距离国际区域品牌尚有相当一段差距，因此，在实施品牌战略时，要注重在区域市场、国内市场和国际市场上同时展开竞争和渗透。

最后，完善制度建设，规范市场经营秩序，引导企业间适度竞争和良好合作。一方面，政府要通过完善制度，行使好管理和监督的权利，确保市场健康有序的竞争，防止企业间的恶性竞争。通过规范和整合，引导本土民营企业向现代企业转变。建立完善的基础设施，加强立法和制度完善的工作，为民营企业做出这一转变打下良好的基础设施和制度基础。政府应该通过政策、制度和优惠措施等，促使集群内部的优胜劣汰，调整集群内的企业网络，实现企业间的并购来减少企业数量，整合企业产能规模，增强单个企业的实力，进而培育出具有竞争力的集群龙头企业。

2015 年 6 月 4 日，第一批浙江省省级特色小镇创建名单正式公布，10 个设区市的 37 个小镇列入首批创建名单。“特色小镇正成为推进项目建设、拉动有效投资的新引擎”。目前浙江首批 37 个特色小镇吸引了 3300 多家企业，完成投资 480 亿，有 5 个小镇投资已经超过 20 个亿。

第四章

东部小城镇改革探索

第一节

“三旧”改造

随着东部地区经济的快速发展，与之相伴的是愈演愈烈的用地矛盾。要统筹城乡发展，推动小城镇建设，“地从哪里来”是首先要解决的问题之一。在实践探索中，东部多个省份选择了将“三旧”改造作为解决问题的一个方法，并以此极大地推动了小城镇建设。

根据广东省《关于推进“三旧”改造促进节约集约用地的若干意见》，“三旧”指的是旧城镇、旧厂房和旧村庄，旧村的改造范围为集体所有的非农建设用地，并根据相关城市规划的道路系统和用地布局进行适当调整，以符合统一规划、整体开发的要求；旧工厂的改造范围为原企业的红线用地范围或历史用地范围；旧民居的改造范围为相对连片的危破建筑集中区域。[1] 从已形成的共识来看，旧城镇主要是指各区、镇（街道）城区内国有土地的旧民居、旧商铺等；旧厂房是指各镇（街）、村和工业园区内的旧厂房，包括严重影响城市观瞻的临时建筑；旧村庄主要是指各类“城中村”“园中村”“空心村”等。

一、“三旧”改造的源起

在快速的工业化与城镇化进程下，使得广东省的非农建设用地增长迅速，其城市建设用地规模已日益接近用地的“天花板”。倘若继续走粗放式的发展道路，全省的城市建设将陷入无地可用的窘境。这种严峻形势，并不是广东的特例，也是全国有很多城市特别是东部沿海地区所要面对的。

为了促进节约集约用地，国土资源部于2008年将广东省确立为国家建设节约集约用地试点示范省。“三旧”改造，就是广东省委、省政府根据温家宝总理

---

〔1〕黄键文，徐莹. 对旧城改造的再认识——以广州市“三旧”改造工作为例. 规划师，2001（1）：116—119.

关于要求广东建设节约集约用地试点示范省的重要指示精神，顺应当前国土资源管理和城乡建设新形势，着眼于更好地满足城市未来发展和产业转移的需求，促进经济社会又好又快发展做出的战略决策。

为指导“三旧”改造工作顺利进行，2009 年 9 月广东省政府出台了《关于推进“三旧”改造促进节约集约用地的若干意见》（粤府〔2009〕78 号），提出对“旧城镇”“旧厂房”和“旧村居”进行改造的“三旧”改造政策，在全国率先开展“三旧”改造。随后，广东省各地根据文件指示，相继出台地方“三旧”改造办法以及政策，全面推动“三旧”改造的进行。佛山市作为广东省“三旧”改造的试点示范市，率先制定了《佛山市“三旧”改造专项规划》，开展了祖庙东华里片区、禅城石头村等一系列“三旧”改造工作，探索出了“三旧”改造的“佛山模式”。

可以说，“三旧”改造是国土资源部给予广东先行先试的特殊政策，即对一次开发中利用效率相对较低的土地进行再次开发，重点是调整和优化产业机构、合理空间布局、促进土地集约利用和可持续发展。该政策对当时现行的国土资源政策有六大突破：一是简化了补办征收手续；二是允许按现状完善历史用地手续；三是允许采用协议出让供地；四是土地纯收益允许返拨支持用地者开展改造；五是农村集体建设用地改为国有建设用地，可简化手续；六是边角地、插花地、夹心地的处理有优惠。同时，由于是试行的特殊政策，因此在完善历史用地手续方面，也只给了 3 年的时间，到 2012 年为止。这给珠三角地区发展带来了前所未有的机遇。[1] 从 2014 年起，广东省国土资源厅启动了“三旧”改造新政策的研究起草工作，在已将“三旧”改造作为新增建设用地指标分配考量因素的基础上，向各地下达“三旧”改造年度任务并根据任务完成情况，按完成改造面积的一定比例奖励用地指标，对未完成任务的扣减指标。从 2008 年启动“三旧”改造以来，截至 2015 年 9 月，广东省已累计投入改造资金 8213.15 亿元，约占同期全省固定资产投资的 5.65%；完成改造项目 4243 个，面积 22.55 万亩，实现节约土地约 11.06 万亩。目前，仍有 3612 个改造项目正在推进，涉及改造面积 22.71 万亩。[2]

---

〔1〕关于推进“三旧”改造促进节约集约用地的若干意见．粤府［2009］78 号．

〔2〕卢轶，等．粤“三旧”改造投资逾 8000 亿．南方日报，2015－11－26．

二、"三旧"改造的路径（以广东为例）

与以往的城市更新和村庄整治相比，广东"三旧"改造最大的优势和特点在于政策推动：利用政策挖潜低效用地，盘活存量土地，解决历史遗留问题等，以节约集约用地先行先试为契机，实现"旧城镇、旧厂房、旧村居"向"新城市、新产业、新社区"的转变。

（一）总体要求

以科学发展观为指导，围绕提升综合竞争力和资源承载能力，切实转变发展观和用地观。遵循"全面探索、局部试点、封闭运行、结果可控"的原则，在不突破土地利用总体规划确定的耕地保有量、基本农田面积和建设用地总规模的前提下，积极稳妥推进"三旧"改造工作。将"三旧"改造与农村土地整治有机结合，统筹规划、全面推进土地综合整治。以推进"三旧"改造工作为载体，促进存量建设用地"二次开发"，统筹城乡发展，优化人居环境，改善城乡面貌，努力建设生产发展、生活富裕、生态良好、文化繁荣、社会和谐、人民群众充满幸福感的新广东。

（二）基本原则

一是政府引导，市场运作。政府统一组织，制定专门政策，充分调动政府、集体、土地原使用权人及相关权利人的积极性，吸引社会各方广泛参与，实现多方共赢，确保国有、集体资产的保值、增值。在按市场化运作的同时，政府要正确引导，加强监管，确保改造规范推进。

二是明晰产权，保障权益。调查摸清"三旧"现状，做好"三旧"土地的确权登记工作。属于"三旧"改造的房屋和土地，未经确权、登记，不得改造。正确处理"三旧"改造过程中的经济、法律关系，切实保障土地权利人的合法权益，维护社会稳定。

三是统筹规划，有序推进。统筹经济社会发展和资源环境保护，依据国土规划、主体功能区规划、土地利用总体规划和城乡规划，科学制定"三旧"改造规划，并强化规划的统筹管控作用。严格界定“三旧”改造范围，对列入改造范围的，必须编制控制性详细规划和改造方案，有序推进。严禁擅自扩大“三旧”改造政策的适用范围。

四是节约集约，提高效率。通过市场运作和公开规范的方式，强化市场配置土地，促进土地高效利用。严格执行土地使用标准，提高土地使用强度。创新机制方法，强化土地资源、资产、资本“三位一体”管理，实现土地利用效益的最大化。

五是尊重历史，客观公正。既要做好与国家法律政策的衔接，防止发生新的违法违规用地行为，又要兼顾各地发展历史和土地管理政策的延续性，妥善解决历史遗留问题。要科学合理地制定改造方案和配套政策，改造利用与完善手续相挂钩，做到公开、公平、公正。

（三）合理确定改造范围

一方面，各地要紧紧围绕产业结构调整和转型升级、城市形象提升和功能完善、城乡人居环境改善、社会主义新农村建设等战略部署，在有利于进一步提高土地节约集约利用水平和产出效益的前提下，确定“三旧”改造范围。下列土地可列入“三旧”改造范围：城市市区“退二进三”产业用地；城乡规划确定不再作为工业用途的厂房（厂区）用地；国家产业政策规定的禁止类、淘汰类产业的原厂房用地；不符合安全生产和环保要求的厂房用地；布局散乱、条件落后，规划确定改造的城镇和村庄；列入“万村土地整治”示范工程的村庄等。

另一方面，“三旧”改造以土地开发程度较高、“三旧”分布相对集中的珠江三角洲地区为重点，兼顾其他条件具备的地区。各地要根据本地实际，因地制宜确定“三旧”改造的起步范围，先行试点，积累经验后再逐步推开。

（四）统筹推进“三旧”改造

其一，要认真进行“三旧”用地的调查摸底工作，将每宗“三旧”用地在土地利用现状图和土地利用总体规划图上标注，并列表造册。要根据土地利用总体规划和城乡规划等，围绕本地区经济社会发展战略实施要求，对“三旧”改造进行统一规划，优化土地利用结构，合理调整用地布局。通过统筹产业发展，加快商贸、物流等现代产业或公益事业的建设，增加生态用地和休闲用地，优化城乡环境。

其二，依据“三旧”改造规划，制定年度实施计划，明确改造的规模、地块和时序，并纳入城乡规划年度实施计划。涉及新增建设用地的，要纳入土地利用年度计划，依法办理农用地转用或按照城乡建设用地增减挂钩政策规定办理。通过“三旧”改造，进一步推进土地利用总体规划、城乡规划以及产业发展规划的协调和衔接，优化城市功能布局和促进产业转型升级。

（五）因地制宜，采用多种方式推进“三旧”改造

其一，市、县人民政府为了城市基础设施和公共设施建设或实施城市规划进行旧城区改建需要调整使用土地的，由市、县人民政府依法收回、收购土地使用权，纳入土地储备。土地使用权收购的具体程序、价格确定，由市、县人民政府依法制定实施办法。

其二，在旧城镇改造范围内，符合城乡规划、“三旧”改造规划和年度实施计划的，鼓励原土地使用权人自行进行改造。自行改造应当制订方案，经土地行政主管部门和城乡规划部门同意后报市、县人民政府批准实施。所涉及的划拨土地使用权，可采取协议方式补办出让手续，涉及补缴地价的，按地级以上市人民政府的统一规定办理。

其三，在旧城镇改造范围内，符合城乡规划的，市场主体根据“三旧”改造规划和年度实施计划，可以收购相邻多宗地块，申请进行集中改造。市、县土地行政主管部门可根据收购人的申请，将分散的土地归宗，为收购人办理土地变更登记手续。收购改造应当制订改造方案，经土地行政主管部门和城乡规划部门同意后报市、县人民政府批准实施。涉及补缴地价的，按地级以上市人民政府的统一规定办理。

其四，旧城镇、旧村庄改造涉及收回或者收购土地的，可以货币方式向原使用权人补偿或支付收购款，也可以置换方式为原使用权人重新安排用地。置换的土地其使用权价额折抵不足的，可以货币补齐。

其五，土地利用总体规划确定的城市建设用地规模范围内的旧村庄改造，原农村集体经济组织申请将农村集体所有的村庄建设用地改变为国有建设用地的，可依照申请报省人民政府批准征为国有，由市、县（区）、镇人民政府根据“三旧”改造规划和年度实施计划分别组织实施。其中，确定为农村集体经济组织使

用的，交由农村集体经济组织自行改造或与有关单位合作开发建设。

其六，土地利用总体规划确定的城市建设用地规模范围外的旧村庄改造，在符合土地利用总体规划和城乡规划的前提下，除属于市、县人民政府应当依法征收的外，可由农村集体经济组织或者用地单位自行组织实施，并可参照旧城镇改造的相关政策办理，但不得用于商品住宅开发。

其七，"三旧"改造涉及拆旧腾挪的合法用地，确能实现复耕的，可根据国土资源部的相关规定，纳入城乡建设用地增减挂钩试点，由省土地行政主管部门根据各地级以上市的情况安排周转指标。周转指标的使用和管理按照国家和省的规定办理。

（六）分类处置，完善"三旧"改造涉及的各类历史用地手续

其一，纳入"三旧"改造范围、符合土地利用总体规划和"三旧"改造规划、没有合法用地手续且已使用的建设用地，用地行为发生在1987年1月1日之前的，由市、县人民政府土地行政主管部门出具符合土地利用总体规划的审核意见书，依照原国家土地管理局1995年3月11日发布的《确定土地所有权和使用权的若干规定》进行确权后，办理国有建设用地确权登记发证手续；用地行为发生在1987年1月1日之后、2007年6月30日之前的，已与农村集体经济组织或农户签订征地协议并进行补偿，且未因征地补偿安置等问题引发纠纷、迄今被征地农民无不同意见的，可按照用地发生时的土地管理法律政策落实处理（处罚）后按土地现状办理征收手续，属于政府收购储备后再次供地的，必须以招标拍卖挂牌方式出让，其他可以协议方式出让。凡用地行为发生时法律和政策没有要求听证、办理社保审核和安排留用地的，在提供有关历史用地协议或被征地农村集体同意的前提下，不再举行听证、办理社保审核和安排留用地。（十八）纳入"三旧"改造范围，没有合法用地手续的土地，符合土地利用总体规划而又保留为集体土地性质的，参照第十七条进行集体建设用地确权登记发证。

其二，"三旧"改造中涉及的边角地、夹心地、插花地等，符合土地利用总体规划和城乡规划的，可依照有关规定一并纳入"三旧"改造范围。允许在符合土地利用总体规划和控制性详细规划的前提下，通过土地位置调换等方式，对原有存量建设用地进行调整使用。

其三，纳入"三旧"改造范围、需完善征收手续的土地，由当地市、县人

民政府制订改造方案，报省人民政府批准后实施；供地手续由市、县人民政府按本意见办理。

其四，完善“三旧”改造中涉及的各类历史用地手续工作应当在 2012 年前完成，之后第十七、十八、十九、二十条不再执行。2007 年 6 月 30 日之后发生的违法用地不适用上述完善用地手续的意见。

（七）加大财政支持力度，拓宽“三旧”改造筹资渠道

其一，市、县人民政府应保障开展组织实施“三旧”改造工作经费。对“三旧”改造涉及的城市（城镇）公共基础设施建设，应从土地出让金中安排相应的项目资金予以支持。

其二，在旧城镇改造中，需要搬迁的国有企业用地由当地人民政府依法收回后通过招标拍卖挂牌方式出让的，在扣除收回土地补偿等费用后，其土地出让纯收益可按不高于 60% 的比例，依照有关规定专项用于支持企业发展。在旧村庄改造中，市、县人民政府通过征收农村集体建设用地进行经营性开发的，其土地出让纯收益可按不高于 60% 的比例，依照有关规定专项用于支持原农村集体经济组织的发展。具体操作办法由市、县人民政府根据当地实际制订。

其三，对现有工业用地改造后不改变原用途，提高容积率的，不再增缴土地价款。

其四，鼓励各地探索利用社会资金开展“三旧”改造。除鼓励土地权利人自行改造外，对由政府统一组织实施“三旧”改造的，可在拆迁阶段通过招标的方式引入企业单位承担拆迁工作，拆迁费用和合理利润可以作为收（征）地（拆迁）补偿成本从土地出让收入中支付；也可在确定开发建设条件的前提下，由政府将拆迁及拟改造土地的使用权一并通过招标等公开方式确定土地使用权人。市、县人民政府可以探索引入市场主体参与“三旧”改造的具体方式。

（八）切实加强“三旧”改造工作的组织领导

推进“三旧”改造工作是我省贯彻落实科学发展观、建设节约集约用地试点示范省的重大举措，关系到经济社会发展大局，政策性强，关联度高。各级政府要从战略高度，将这项工作摆上重要议事日程，统筹谋划，周密部署，建立目标责任制，切实加强组织领导。各相关职能部门要主动服务，优化程序，凡涉及

“三旧”改造项目的审批事项，应当采取提前介入、并联审批等方式加快办理，切实提高工作效率，为“三旧”改造工作营造高效的行政服务环境。

三、“三旧”改造的意义

（一）促进经济发展

从促进经济发展角度来看，“三旧”改造可以助推经济发展方式的转变。一方面，通过“三旧”改造，可以盘活大量的低效用地，解决建设用地指标紧缺的问题，满足城市建设用地的需求。另一方面，通过盘整闲置、低效土地，提高土地利用效率和产出效益，可以促进改变长期以来高能耗、低产出、高污染的粗放型经济增长方式，使规模扩张向内涵提高转变，进一步优化调整城市布局。

另外，在金融危机的影响下，传统“三来一补”“两头在外”的产业发展模式难以为继，国内各大制造业城市都迫切地需要进行产业结构调整升级，提升产业国际竞争力。“三旧”改造通过推动“产业进园”促进园区集约发展，提升传统产业，淘汰落后产能，为城市新兴产业腾挪发展空间，同时盘活沉淀的工业资本，促进产业升级，引导城市产业结构向高级化发展。

在产业结构调整中，实施“三旧”改造可以极大地促进第三产业的发展。“三旧”改造为“优二进三”提供了政策条件，腾出了城镇发展的空间。据广东省统计局分析显示，城镇化进程与第三产业发展水平呈现高度的正相关性，计算改革开放三十年的数据，城镇化水平与第三产业比重的相关系数达到0.9653，而与第二产业比重的相关系数仅为0.8519，这表明，城市化以第三产业为主要动力，且一般来说，如广州、深圳、东莞等城市化水平较高的城市第三产业比重也较高。因此，第三产业的发展与城镇化是互为促进的。

（二）促进城市建设和小城镇发展

从城市建设的角度来看，“三旧”改造可以改善人居环境，促进城市更新。过去粗放的经济发展和城市建设，带来的不止是土地资源的大大减少和不合理利用，还有日益恶劣的城乡环境。“三旧”的存在就是集中表现之一。“旧城镇、旧厂房、旧村居”往往占据着优越的区位，但在开发上却远远落后于其他区位条件差的地区。对“三旧”进行合理的改造可以说城市长远发展的必然选择。

一方面，通过“三旧”改造，着力改善城乡居民的居住条件，配套完善基础设施，增加绿化开敞空间，改善城乡面貌，创造宜居、宜业的城乡环境，实现城乡统筹和环境提升。另一方面，通过“三旧”改造对村镇建设用地再开发，可以提高村镇公共产品供给水平，增加农民收入，促进农业发展，稳定农村社会，完善村镇基础设施建设和公共服务，有利于建立城乡统一的公共服务制度，提升村镇功能和改善人居环境，对于建设“生产发展、生活富裕、乡风文明、村容整洁、管理民主”的社会主义新农村具有重要意义。

随着城镇化进程全面加快，小城镇建设、新农村建设扎实推进，大力推进“三旧”改造，推动国土综合整治，有利于改善城乡面貌和人居环境，提升小城镇和新农村建设水平和质量，构建环境优美、设施齐全的生活生产空间。

四、关于“三旧”改造的政策建议

（一）处理好政府与市场的关系

继广东省开展“三旧”改造之后，全国有很多地方也展开了类似探索，如福建、陕西、江苏等等。可以说，“三旧”改造已成为当下中国旧城更新的主流模式，即“政府主导 + 市场运作”。尽管与过去的旧城改造和城市更新相比，“三旧”改造的成效更加显著，但由于市场机制本身在资源配置方面存在固有的缺陷，仍然可能会导致“市场失灵”。一方面，自身空间权益体系没有系统的建构，缺乏明确的空间权益分配、协调技术与政策方法；另一方面，在高效率的改造要求下，规划短视容易产生低标准方案。两者结合使规划师在制定方案时，既满足开发商的利益诉求，也实现了政府的政绩要求，同时解决了居民的回迁安置，但却丧失了地区的公共利益诉求，使得千城一面、千街一面，毫无地方特色。另外，因制度设计中存在对市场无序作用、干预不足等问题，使得有的“三旧”改造规划最终成为房地产开发的商业行为。[1] 如何让城市规划体现出自身的价值准则，使“三旧”改造规划更加科学合理，而不因“市场失灵”而失效，值得深入思考。

（二）调整结构落实保障性住房建设

为加快“三旧”改造地区保障性住房建设，多渠道增加保障性住房供应，应在拆除重建类“三旧”改造项目中配建一定比例的保障性住房。在配建保障性住房时，应坚持分区配建、就近平衡、交通便利的原则，充分考虑保障人口的住房需求、区位条件、交通便捷程度等因素，通过基准配建比例和修正比例综合确定“三旧”改造项目的保障性住房配建比例。

（三）差别化土地政策推进改造进度

针对不同地区的不同“三旧”项目，实行不同的“三旧”改造差别化对策。在区域间和区域内发展不平衡的情况下，对于通过“三旧”改造盘活的土地，应针对不同地区给予区别对待，赋予不同的发展功能，应用不同的改造策略，形成“平衡、区别、整体”的思路。

（四）多层面策略引导改造方向

其一，低碳生态策略。实施全程低碳生态改造，从改造计划、规划、实施、管理全过程贯彻低碳化改造；推行低碳生态改造模式，坚持多元化的改造方式，科学评估现有改造对象，倡导以综合整治、功能改变为主导的改造方式，适度推行拆除重建，节约资源能源，高效利用已有建筑，减少不必要的拆建行为；维护生态安全格局，深化和落实基本生态控制线管理规定，结合绿道网建设，推动重要功能区的生态恢复和整治复绿；提升空间环境品质，改善城市公共开敞空间，提高绿化覆盖率，丰富城市景观，实现人居环境和生态环境的明显改善。

其二，社会和谐策略。通过“三旧”改造增加居住用地供应，缓解新增居住用地短缺压力，适度疏解与平衡人口；按照分区配建、就近平衡、交通便利的原则，在生活和交通设施便利度较高地区的“三旧”改造项目中配建适当比例

---

〔1〕 李宏志. “三旧”改造中的城市空间控制与引导方法探讨. 小城镇建设，2012（6）：33—41.

的保障性住房，加强住房保障能力；完善医疗卫生、教育、养护等公共服务设施，提升社会管理水平；规划建设一批公共文化设施，大力发展公益性文化事业，加强本土文化与外来文化融合，促进多元文化融合；依据“三旧”改造专项规划，位于城市紫线范围内的文物保护单位、历史文化街区、优秀历史建筑应严格按照规划进行保护。

其三，产业升级策略。整合优化产业布局，加大政府对园区改造的推进力度，促进一批区位优越、条件较好的工业区成片改造，为特色园区和创新型产业用房建设提供空间；以构建“高端化、总部型、低碳化、集群化”的现代产业体系为目标，鼓励现代制造业园区内的旧工业区升级改造，努力构建以低碳排放为特征的产业体系；适当降低“三旧”改造中工业用地比例，引导工业用地合理置换，置换的工业用地优先保证公共配套设施、市政基础设施、道路交通设施以及保障性住房建设，完善城市综合服务功能。

其四，空间优化策略。通过“三旧”改造加快完善改造区内的公共配套设施、市政基础设施、道路交通设施建设，加快改造区一体化建设和城市空间及功能的战略性优化；发挥重点改造地区的极核带动作用，优先推进城市中轴线上的城市中心区、战略发展地区和重要功能节点地区的“三旧”改造，积极推进轨道站点沿线区域和重大基础设施建设区周边的“三旧”改造；推进旧城区的整治与复兴，疏解旧城区内过重的人口与功能负担，淘汰低端功能、吸引高端功能，为繁荣地方特色注入新的活力；抓好公共安全工程建设，高度重视环境恶劣、安全隐患突出区域的改造工作。

专 栏

福建省小城镇综合改革

为促进小城镇健康有序发展，提高小城镇综合承载能力，发挥小城镇在联结城乡、辐射农民、扩大就业和促进发展中的重要作用，2010年2月，福建省政府出台了《关于小城镇综合改革建设试点的实施意见》及配套文件，选择第一批22个小城镇开展综合改革建设试点工作。2011年，在继续抓好第一批22个小城镇综合改革建设试点的基础上，再增加20个试点镇，力求通过3—5年的努力，建成一批“规划先行、功能齐备、设施完善、生活便利、环境优美、保障一体”的宜居城市综合体。

2010年福建省22个综合改革建设试点小城镇是：闽侯县青口镇、荆溪镇，福清市龙田镇；晋江市金井镇，南安市水头镇，安溪县龙门镇；同安区汀溪镇，翔安区新圩镇；龙海市角美镇，长泰县岩溪镇；荔城区西天尾镇，涵江区江口镇；永安市小陶镇，尤溪县洋中镇；建阳市将口镇，武夷山市兴田镇；上杭县古田镇，永定县高陂镇，新罗区白沙镇；福安市赛岐镇，福鼎市秦屿镇；平潭县流水镇。

2011年福建省20个综合改革建设试点小城镇是：福清市高山镇，长乐市江田镇，连江县琯头镇；集美区灌口镇，海沧区东孚镇；漳浦县杜浔镇（古雷新港城），南靖县靖城镇；惠安县黄塘镇，安溪县湖头镇，晋江市东石镇；仙游县枫亭镇，秀屿区埭头镇；梅列区陈大镇，三元区岩前镇；建阳市水吉镇，邵武市和平镇；漳平市永福镇，上杭县才溪镇；蕉城区飞鸾镇，霞浦县牙城镇。

在福建省委、省政府的直接领导下，全省小城镇综合改革建设试点工作取得了较好的成效，各试点镇经济社会快速发展，集聚功能不断增强，带动发展成效明显，充分发挥了小城镇在推动新一轮经济增长中的引擎作用、在促进城乡统筹发展中的载体作用、在增创发展新优势中的平台作用。主要体现在：

一、规划基本完成

一是第一批试点镇总体规划均已完成并通过设区市政府批准。明确了试点镇发展定位、空间布局，并对城镇基础设施和公共服务设施配置作出规划安排。二是专项规划和控制性详细规划全面完成。通过编制道路工程、给水排水、供电通信、绿地系统等重要专项规划、近期建设用地及启动区控制性详细规划，明确了城镇建设用地土地使用性质、开发强度、环境建设和基础设施配套等控制原则和相应指标。三是结合试点镇资源禀赋和特点，积极开展修建性控制性详规编制和城市设计、建筑单体设计，确定建筑风格和色彩，塑造城镇景观风貌和建筑特色。四是通过建设规划展示厅，运用现代多媒体展示手段展示城镇规划和发展定位，进一步宣传和展示试点规划成果，接受群众监督，保障规划顺利实施。

二、建成一批重大项目

按照福建省委、省政府“大干150天，打好小城镇改革发展战役”和“大干‘十二五’开局之年，打好‘五大战役’”的要求，各试点镇根据总体规划抓紧组织实施一批产业、旧城改造、基础设施等启动项目。2010年第一批试点镇共实施项目780个，是年计划的160%以上，一批产业发展、旧城改造、土地整治、基础设施项目相继启动建设。全年完成投资超过308亿元，是年计划的120%以上，绝大部分试点镇投资增长50%以上，投资增幅比全省平均水平高20多个百分点。一是加快基础设施建设。超前谋划了一批交通、能源、市政公用事业、信息网络和防灾减灾等项目，拉开了小城镇的交通骨架。同时按照“先地下、后地上”的原则，完善供排水、人行道、环卫、停车站亭、绿化、电力、生活垃圾处理、通信等基础设施的功能配套，为产业发展和人口集聚奠定基础。二是强化产业支撑。各试点镇立足自身区位、资源等基础条件，宜工则工、宜商则商、宜农则农，启动新一轮工业集中区、高新技术园区建设，吸引有实力、有品牌、有信誉的企业投资兴业。三是提高公共服务配套水平。精心策划生成和实施一批教育、文化、卫生、体育等公共服务设施项目，加快建立覆盖城乡居民的社会公共服务体系。加快整合政务部门、涉农部门、社会管理部门以及各类经济组织服务资源，构建为“三农”服务的公共平台。

三、镇容镇貌明显改观

一是加强街道景观整治。铺装人行道，实施街道美化、亮化工程，拆除沿街防盗网、违章乱搭盖，做到主要街道电线逐步下地。对主干道、商业街等重点区域的户外广告进行全面清理拆除，规范店名店牌设置。二是对沿街旧建筑进行立面粉刷，将沿街新建设的住宅小区、公共建筑等项目打造成为新地标，提升试点镇房屋建设档次和水平。三是提高绿化水平。结合城乡“四绿”（绿色城市、绿色村镇、绿色通道、绿色屏障）工程建设，发挥小城镇自然山水与乡土树种的资源优势和地方特色，加强绿化建设，强化园林景观项目规划设计，在镇区主干道栽植行道树和绿化带，主要单位的庭院拆围建绿、拆围透绿，打造生态宜居的城镇绿色环境。四是强化镇区环卫管理。完善环卫基础设施，加强干道沿线、集贸市场、码头等重点部位的日常保洁，基本实现垃圾清扫、收集和处理规范化、常态化。

四、试点政策有效落实

一是进一步完善配套政策。从强镇扩权改革、健全公共服务体系、推进金融制度创新、创新社会管理体制等方面加大政策研究力度，先行先试，提供示范。二是深入实施旧村复垦。2010年各试点镇均完成了200亩挂钩指标的转让使用，全省共完成土地增减交易面积4636.56亩，交易金额78340万元，平均16.9万元/亩。三是加快推进“三旧”改造工作。按照省政府关于旧厂房、旧集镇、旧村庄改造促进土地节约集约利用的通知要求，2010年各试点镇均完成了一项“三旧”改造工程项目。四是落实财税、就业、户籍、金融等其他配套政策。进一步创新财税管理体制，合理划分县、试点镇的财权与事权，及时足额返还试点镇建设用地的出让金等相关税费，建立健全试点镇一级国库。采取灵活多样的户籍管理制度，探索创新农村人口转移涉及的户籍管理、社保等问题，激发小城镇发展的内在活力。

五、工作机制逐步健全

各试点镇所在县（市、区）成立由县委、县政府领导牵头的领导班子，明确县级党委政府工作职责；各试点镇均成立小城镇综合改革建设试点领导小组，搭建组织架构，明确责任分工。及时跟踪、协调、督促试点镇工作进展。完善年度考核考评体系和信息报送工作机制，及时研究协调重大事项，认真解决工作中存在的问题，总结新鲜经验。

第二节

“大镇”改革的探索

一、“大镇”改革的源起

改革开放之初，我国基本上还不存在所谓的“大镇”或“超大镇”。但随着改革开放的深入，部分乡镇经济发展迅速，尤其是东部地区的一些乡镇。经济的快速发展，不但使这些乡镇积累了丰富的经济总量，也吸引了更多人口的聚集，一些乡镇的人口高达数十万。一批经济繁荣、财政实力雄厚，并具有一定区域影响与人口规模的的“大镇”，就这样出现了，有的甚至已接近或超过中西部中等城市。

这些“大镇”虽然在吸纳农村人口就业、促进区域经济发展及推动城市化进程等方面发挥了重要作用，但是由于行政地位与区划空间的刚性约束，使得它们的发展也受到了严重的制约。[1]

具体来讲，制约主要表现在三方面：其一，权责不对称。这些大镇往往人口多、经济总量大、建设管理任务重，但现有法律法规对乡镇没有明确赋予相应的法定管理权限。镇政府承担着与其权力极不相匹配的管理服务职能，在职能上是一个“全能的政府”、在责任上是一个“全责的政府”、在管理上却是一个“有限的政府”。因此，镇政府“看得见管不着”而县级政府“管得着看不见”的现象普遍存在，乡镇的社会、环境、治安、建设等方面的管理秩序比较混乱。

其二，资源要素紧缺。一是用地保障难度大。“大镇”发展潜力虽大，但普遍却发展空间不足，国家建设用地计划指标层层分解配置，远远满足不了它们的需求。二是融资渠道窄。乡镇潜在投资需求大，但融资渠道少，尤其是国家对政府融资平台进行清理，乡镇首当其冲，发展受到严重影响。三是管理人才缺乏。从镇干部来源看，老乡镇干部多、转业军人多；从专业结构看，城乡规划管理、

〔1〕 黄忠怀，邓永平．行政管理体制改革背景下市县分等研究．北京行政学院学报，2011（1）．9—13.

工程建设管理、财务统计，以及道路、通信、电力、安全、质监等等行业性咨询设计管理的专业技术人才比例低，而镇位处农村基层，对专业技术人才的吸引力先天不足。

其三，户籍迁移缺乏内在动力。随着经济的快速发展，东部地区城乡间居民户籍福利的政策性差距已经不大，甚至是农村居民拥有的承包地、宅基地和集体资产收益权的潜在利益远胜过城市居民的政策性福利。因此，有的地区开展了进镇落户农民原有权益可保留、当地城镇居民基本公共服务可享受，原有经济和财产权益可交易流转的户籍制度改革，从实践看这些改革仍然缺乏应有的吸引力。而且，由于建设用地计划指标分配、财政转移支付、行政管理机构和人员编制等与人口流动配套的制度安排缺失，对当地政府而言，为大量进镇落户人员提供公共服务的额外压力加大。这就造成了城乡之间、本地外地之间人口流动与户籍迁移相脱离的现象，由此也逐步累积出一系列社会纠纷和矛盾。

因此，无论从政治、经济还是社会功能等方面考虑，都迫切要求对“大镇”进行改革。总的来看，主要有“大镇设市”“强权扩镇”“撤镇设街道办事处”等模式。

二、“大镇设市”的探索

“大镇设市”是指把人口、经济、财政、税收以及基础设施建设等相关指标达到一定规模和标准的镇，适度改设为市。对于“大镇”的界定，目前还没有一个统一的标准，笔者认为，从定性角度分析，“大镇”应该是经济发展迅速，已成为该地区的经济中心，对周边地区具有一定的辐射及带动作用，具有重要地位及良好发展前景的镇，在公共基础设施和社会服务设施，包括道路、给排水、能源、地名标志、邮电通信、突发事件应急机制与相应设施、文化教育、卫生体育、环境保护、社会公益、社会福利和社区服务等方面较为完善。[1]

1986 年，国务院在批转《民政部关于调整设市标准和市领导县条件的报告》中对镇改市的设置标准进行了规定：“非农业人口 6 万以上，年国民生产总值 2

---

〔1〕 周妙．大镇设市实证研究．上海：华东理工大学，2011.

亿元以上的镇可以设市，特殊情况的镇设市时可以低于这一标准。”2001 年，由国家计委会同民政部、财政部、劳动保障部、国土资源部、建设部、农业部、国务院体改办等部门联合编制的《国民经济和社会发展第十个五年计划城镇化发展重点专项规划》也提出了“大镇设市”的构想。2004 年，由国家发改委制定的《“十一五”时期我国城镇化战略》中进一步指出：“作为城市扩张的一个重要环节，乡改镇、镇改市、县改市（区）的改制升格是一个必不可少的步骤。”2010 年 3 月，国家发改委在第十一届全国人大常委会第十三次会议上再度表示，我国将积极研究和完善设立县级市的标准，把人口、经济、财政以及城市建设达到一定规模和标准的县（镇）适度改设为市。[1] 2016 年 2 月国务院发布《国务院关于深入推进新型城镇化建设的若干意见》，文件指出，提升县城和重点镇基础设施水平、加快拓展特大镇功能、加快特色镇发展、培育发展一批中小城市、加快培育中小城市和特色小城镇，推进北方县城和重点镇集中供热全覆盖，将具备条件的县和特大镇有序设置为市。

学术界对这一问题也进行深入探索。部分学者建议将“大镇设市”纳入到整个实质改革的体系中，主张“应以实行省、县、乡三级制为行政区划改革目标来创新市制，以市为基层城市型政区，总人口 5 万人以上，城镇人口超过 70% 的乡镇级政区可设市”。而更多的学者则从解决现实问题出发主张采用“县下辖市”模式，认为在我国城市化高速发展过程中，应以“镇”为重心转换为以“市”为重心，重新构造总体城市体系；认为“县辖市”模式既可以满足设市的要求，完善我国的建市制度，促进我国的城市化发展，使城市建制与城市化发展相适应，也可以与世界上大多数国家和地区的建市模式相对应，同时“县辖市”仍由县管辖，有利于县的稳定，便于县域的统一管理、规划和建设，有利于经济发展。在前人的观点基础上，贺曲夫则将“县下辖市”从理论层面推向操作层面，提出了“县辖市”体制的基本方式，包括设市体系、设市模式、设市标准、审批制度等，从具体措施上深化了“县辖市”的可行性研究。“县辖市”模式避免了“切块设市”的利益分割问题，具有一定的可操作性，但县下辖市并非没有问题，如“大镇设市”后行政级别无法确定。而且从研究内容看，目前研究大多着眼于致用的层面，即问题应如何改，但对于为什么大镇需要设市，以及区

〔1〕 黄忠怀，邓永平．行政管理体制改革背景下市县分等研究．北京行政学院学报，2011（1）：9—13.

划约束对这些大镇所产生的负面影响都缺乏学理上的分析。因此当“大镇设市”改革遇到困难时，由于缺乏理论支撑，这一制度创新很容易被一些似是而非的理由蒙蔽，从而使改革阻力重重。[1]

可以说，“大镇改市”对于那些无论是经济规模还是人口规模都已达到中小城市的“大镇”来讲是顺势而为，不但可以促进小城镇发展，还可以提升我国城市化的水平。然而，“大镇改市”却深受行政区划等因素的制约。据已有资料，在早期已超过设市标准的“大镇”当中，比较成功的是福建石狮镇“镇改市”，尽管后来也陆续有地方开展“镇改市”的试点，而绝大部分“大镇”仍然被限制在镇的区划等级与框架内。区划因素制约了经济要素在乡镇空间内的集聚。

之所以会出现这种制约，这与我国市场经济体制尚未完全发育成熟有着很大关系。在我国的资源配置过程中，政府与市场这两只手，到底孰重孰轻，一直以来把握不好。一个地区在我国现有行政序列中的等级，决定了其获得资源份额的多少。因此，行政中心往往会自动成为经济中心，而一个经济中心没有获得相应的行政等级，其经济中心的地位也难以提升，经济辐射面也难以迅速扩张。

三、“强镇扩权”的探索

近年来，为了让“大镇”能够得到更好的发展，有的省份如广东、浙江、河北等做出了“强镇扩权”的不二选择。外资经济最为发达的广东，是农村工业化和城镇化最快的区域，是“强镇扩权”改革最早实施的区域。

（一）“强镇扩权”在广东

“强镇扩权”的改革探索，首先在广东萌芽。在广东，随着中心区域土地、原材料、劳动力价格高涨导致成本上升，外资企业纷纷向珠三角边缘地区的中心镇和农村区域转移，极大地助推了乡镇和农村的工业化发展。此外，在外资经济和开放大氛围的影响下，广东一批民营企业逐步诞生。其中许多都是从农村中产

---

〔1〕 黄忠怀，邓永平．行政管理体制改革背景下市县分等研究．北京行政学院学报，2011（1）：9—13.

表 4－1 省际间强镇扩权改革对比一览表

扩权省份	扩权时间	扩权范围	扩权改革的内容与特点
广东	2003 年	300 个镇	内容重在资金、土地、户籍、财政、项目审批等；特点为起步较早，全面铺开，平等推进
浙江	2006 年	141 个镇	内容涉及财政、规费、投入、用地、行政执法、投资、户籍、集体土地、农村资财等 10 方面；特点为试点展开、阶段推进
河北	2006 年	50 个镇	参照强县扩权改革措施，赋予一定经济社会管理权限
河南	2006 年	4 个镇	赋予相关权限，推进建设为各具特色的小城市；扩权内容模糊
四川	2007 年	德阳 10 镇	内容涉及行政审批、规划、城市管理执法权等；处于试验阶段
山东	2010 年	10 个镇	下放财、人事、审批等权利，调整机构设置和编制配备

生和发展，并在农村工业化进程中扮演了重要角色。可以说，在一定程度上广东出现了城市化和工业化席卷发达地区农村甚至珠三角边缘地带农村的浪潮。在这种社会巨变的背景之下，原来建立在传统农村形态上的乡镇政府架构和功能已经远远落后于农村工业化和城市化的发展需要。这时，扩大经济强镇的政府职能和权力，适应农村工业化和城市化成为必然。[1]

2000 年 8 月 28 日，《中共广东省委、广东省人民政府关于推进小城镇健康发展的意见》（粤发〔2000〕10 号）发布，《意见》指出，省确定的 300 个左右中心镇，要按照责、权、利统一的原则，逐步完善镇政府的经济和社会管理职能，并下放部分审批权限给中心镇。2003 年，《广东省人民政府关于加快中心镇发展的意见》（粤府〔2003〕57 号）更是在全国率先进一步明确提出中心镇经济和社会权限改革的具体措施。这些下放到中心镇的具体举措主要涉及基本建设和技术改造项目审批权、外商投资项目审批权、建设管理审批权、建设用地审批权、工商行政管理权、财税管理权、机构设置权等。广东省中心镇“强镇扩权”

〔1〕张新辉．广东省中心镇强镇扩权改革研究．广州：暨南大学，2008.

改革也由此拉开序幕。2005 年，广东省佛山市高明区出台了《中共佛山市高明区委关于加强农村基层组织建设的若干意见》等文件，就提出要把区级权力下放到镇街一级。继而广东省又对县与镇之间财权和人事权适当调整，建议相关县市以委托执法的名义，赋予中心镇部分县级行政管理权限。

2007 年底，“强镇扩权”模式再次引起广东政府部门关注，佛山市再提强镇扩权，明确指出“深入南海镇街，全面总结南海区向镇（街）下放事权的具体做法和实践经验，形成调研报告，为推动全市强镇扩权推广经验。”顺德区更是把强镇扩权作为解放思想的具体切入点，以“重心下移、权力下放、服务到位、责权利相对等”为原则，合理划分区、镇两级权责。区级主要履行发展规划、政策制定和监督检查等宏观职能，能够下放的经济社会管理权限将最大限度下放镇街。城管、司法、交管、劳动等领域，区驻镇街机构和双管单位的运作关系将被理顺。

2009 年 12 月，广东省出台《关于富县强镇事权改革的指导意见》（粤办发〔2009〕33 号），提出积极探索实施强镇扩权，对中心镇或特大镇赋予县级经济社会管理权限，部署佛山、东莞市等地大胆开展试点，加快推进县镇经济社会发展和城乡区域协调发展。

为了进一步落实富县强镇事权改革，广东省又于 2010 年 6 月出台了《关于简政强镇事权改革的指导意见》，提出要“科学定位政府职能，扩大镇级管理权限；推行行政体制创新，拓展经济发达镇试点；理顺纵向权责关系，加强镇级财力保障；完善公共管理和服务体系，创新运行机制和方式；规范机构设置，优化编制配备；改革事业站所，创新管理服务体制机制；创新用人制度，完善激励机制；完善决策和监督机制，实现民主决策和有效监督。

为了给富县强镇事权改革提供制度支撑，以确保改革措施依法依规实施，广东省于 2011 年发布《广东省县镇事权改革若干规定（试行）》，确定了县镇事权改革的范围、原则和总体要求；规范了简政放权、扩大县镇行政管理职权的具体情形；规定了县镇事权调整的具体途径和程序；建立了县镇事权调整后相关行政职权的行使规则和救济机制；设定了县镇事权改革的职责分工和监督检查措施；明确了违反本《规定》的法律责任。

2014 年，广东省发改委、广东省住房和城乡建设厅组织制订《广东省新型城镇化规划（2014—2020 年）》，并形成征求意见稿。《规划》指出，2020 年之前把珠三角地区符合条件的少数“巨型镇”升格为市，在不调整行政级别下赋予相应的经济社会管理权限，大力推进强镇战略。

总的来说，广东省“强镇扩权”的总体思路是简政、放权、转型同步走。它并没有一味地强调放权，而以“促进政府转型、强化服务职能”为改革的出发点和落脚点，通过“简政”而“强镇”，改革与经济强镇不相适应的行政体制，深化行政管理体制改革，以实现经济社会与政府的同步转型。这可以说是，广东省为全省城镇化发展乃至未来的全面发展，所作出的一个大战略，体现了广东省的“大智慧”。

2. “强镇扩权”在浙江

浙江省“强镇扩权”改革有着坚实的前期试验基础。2001 年，为解决小城镇建设中的矛盾，浙江提出推进城市化意见，但由于缺乏可操作性程序而告终；2005 年浙江又推出了城镇综合改革试点；直到 2005 年底，新农村建设在全国启动，浙江省培育中心镇的初衷才找到贯彻的时机。

“强镇扩权”的改革由绍兴县开始。2006 年底，绍兴县出台了《关于加快钱清等五镇建设发展工作的意见》，在钱清、杨讯桥、福全、兰亭和平水 5 个中心镇以及柯岩街道进行试点扩权改革，除授予更多的财政自主权外，还授予与开发区相同的行政事权。由此拉开了浙江强镇扩权改革的序幕。绍兴的“强镇扩权”，是为了解决所辖乡镇“小马拉大车”的问题。以钱清镇为例，前清的镇域面积为 54.46 平方公里，常住人口 5.9 万，外来人口 10 万。2008 年全镇就有法人企业 1762 家，其中规模企业 199 家，人均生产总值超 1.7 万美元。然而在改革前，全镇每年可用的财政支出只有 5000 余万元，社会管理人员不足、权力不到位，极大地限制了钱清镇的发展，可以说是“小马拉大车”。

这一问题，同样困扰着浙江其他地方的不少乡镇。2007 年 5 月，浙江省人民政府发布了《关于加快推进中心镇培育工程的若干意见》（浙府〔2007〕13 号），首批选定 141 个省级中心镇，按照“依法下放、能放就放”的原则，赋予中心镇部分县级经济社会管理权限，涉及财政、规费、资金扶持、土地、社会管理、户籍等 10 个方面，开辟了以省政府为主体，在全省范围内推行权力向最基层政府——镇下放的探索。由于“强镇扩权”前，浙江省已经进行了 4 轮“强县扩权”，将原本由地级市行使的经济社会管理权限下放到县，此番“强镇扩权”后，扩权的镇事实上已经拥有部分市级经济社会管理权限。

2008年6月，浙江省决定进一步开展“强镇扩权”，使中心镇真正成为转移农民、致富农民、统筹城乡发展的战略节点。浙江省规划将扩权镇的数量增加到200个。浙府〔2007〕13号文的10项中心镇培育措施中，前3项均为财权的重新分配，包括进一步完善中心镇财政体制、在中心镇范围内收取的规费和土地出让金，除上缴中央部分外，地方留成部分向中心镇倾斜。

根据《浙江省新型城市化“十二五”规划》浙江省将200个中心镇培育成县域人口集中的新主体、产业集聚的新高地、功能集成的新平台、要素集聚的新载体，成为经济特色鲜明、社会事业进步、生态环境优良、功能设施完善的县域中心或副中心。在200个中心镇中，首批选择了27个作为小城市培育的试点城镇（详见表4-2）。浙江省“十二五”规划中提出，要在全省范围内选择一批人口数量多、产业基础好、发展潜力大、区位条件优、带动能力强的中心镇，积极开展小城市培育试点。加大改革创新力度，将27个中心镇培育成为经济繁荣、社会进步、功能完备、生态文明、宜居宜业、社会和谐的小城市。2014年国家发改委、财政部、国土部、住建部等11个部委日前联合下发国家新型城镇化综

表4-2　浙江省首批27个小城市培育试点镇

所属市	试点镇
杭州市	萧山区瓜沥镇、余杭区塘栖镇、桐庐县分水镇、富阳市新登镇
宁波市	象山县石浦镇、慈溪市周巷镇、奉化市溪口镇、余姚市泗门镇
温州市	苍南县龙岗镇、瑞安市塘下镇、乐清市柳市镇、平阳县鳌江镇
湖州市	吴兴区织里镇、德清县新市镇
嘉兴市	桐乡市崇福镇、秀洲区王江泾镇、嘉善县姚庄镇
绍兴市	诸暨市店口镇、绍兴县钱清镇
金华市	东阳市横店镇、义乌市佛堂镇
衢州市	江山市贺村镇
舟山市	普陀区六横镇
台州市	温岭市泽国镇、玉环县楚门镇、临海市杜桥镇
丽水市	缙云县壶镇镇

合试点通知，试点对象将重点放在镇改市工作，通知要求每个省（区、市）选择不同层面的市、镇进行试点，数量控制在4个以内。浙江第一批27个小城市试点镇，就有12个符合“镇区人口10万以上”的要求。

“十一五”以来，特别是浙江省推行小城市培育工作以来，浙江省中心镇经济快速发展，规模迅速扩大。2010年，浙江省共有334个镇进入了全国千强镇的行列。中心镇数量占建制镇总数的1/5，但是总人口规模超过1/3，农村经济总收入和财政总收入均占了2/5。全省涌现出了一批镇区人口超过5万、财政收入超过5亿的大镇，这些镇普遍经济实力强、镇区规模大、设施相对完善，具有小城市的形态特征。2010年，浙江省平均每个中心镇总人口为6.7万，建成区人口3.2万，年均农村经济总收入105亿元，财政总收入3.2亿元。全省中心镇的数量占全省建制镇总数的27.5%，中心镇镇域面积占全省建制镇面积的39.2%，中心镇人口占全省建制镇人口总数的61.2%，中心镇农业经济总收入、财政总收入分别占全省建制镇总量的48.8%、51.4%。截至目前，浙江的中心镇已经发展成为区域重要的结点，成为浙江省城镇体系中，一支不可或缺的力量。它们上连城市、下连农村，是城乡之间经济社会发展的联结部，是城乡资源、文化、信息等要素流动的交汇点，对周边区域的产业、人口产生集聚和辐射起着重要作用。

根植于广大乡镇的民营经济，构成了浙江独树一帜的“块状经济”，占据了浙江省经济总量的大半江山。这种以“一镇一品”为产业集群特征的经济，经过多年的滚动发展以后，壮大了当地的经济实力、促进了城镇建设、加速了人口向城镇集聚。但是，浙江镇域经济快速增长，却仍然逃脱不了小城镇体制的约束。受传统的机制影响，小城镇政府的工作以服务农村、农业、农民为主，并没有突出在城市管理、社会服务等方面的职能。所以众多小城镇基础设施、公共服务能力不能满足城镇发展的需要。即使在镇域经济发达的浙江，小城镇经济实力有的相当于中西部县甚至地级市的发展水平。但是受管理体制的限制，小城镇仍然是强镇弱势的代表。小城镇在环境保护、村镇规划、审批、监察等方面没有一级政府的管理权限，导致城镇驻地环境治理、城镇民房建设的管理、治安的管理都显得力不从心。同时，小城镇基本都没有独立的财权，税收大多被上级政府拿走，小城镇在本辖区基础设施建设、公共服务供给和农村设施的建设上，没有投入的实力。“大脚穿小鞋”“小马拉大车”都被纷纷用来形容城镇发展与管理体制存在的矛盾。很多乡镇的城镇风貌都呈现出城镇形态散乱、建筑品质低劣、城镇环境舒适度偏低等问题。目前，浙江很多小城镇政府的职能，已经从服务“三农”逐渐扩大到经济、社会、文化和生态建设的各个领域，尤其城镇化的推进，小城镇政府还要分批次实现接纳本地区和外地农民工融入城镇，客观上迫切需要增加镇级政府管理权限，提高综合服务能力。

总的来看，“强镇扩权”不仅使人民群众的生活更加便捷，也推动了镇域经济的快速发展，这使浙江切实体会到了放权带来的好处。提高城镇的吸引力，促进人才、资金等发展要素更多地向城镇集聚，营造富有江南特色的小城市，是浙江众多中心镇的发展目标。突破制约，创新管理体制，适度放权，充分发挥小城镇一级政府的积极性，同时要让小城镇一级政府具备投入基础设施和公共服务的能力，是具备较强经济实力的小城镇未来的发展之路。

（三）其他省“强镇扩权”进程

河北：2005 年，河北省人民政府下发《关于扩大部分县（市）管理权限的意见》（冀政〔2005〕8 号），提出以“责权统一、重心下移、能放都放、依法合规”为基本原则，统筹考虑各县（市）综合实力、发展潜力、区域布局，结合推进城市化进程需要，确定第一批扩大管理权限的县（市）范围。扩权强县政策的实施，增进了社会各界对扩权县（市）的了解和关注，提高了扩权县（市）的知名度，对引进项目、技术和人才，开展对外交流与合作，都起到了很大的促进作用。

在扩权县（市）的基础上，2006 年 6 月 29 日，河北省下发的《省委省政府关于推进社会主义新农村建设指导意见》（冀发〔2006〕10 号）明确指出“省要选择一批有条件的中心镇，抓紧开展扩权强镇试点。”2007 年，河北全省选择 50 个中心镇进行扩权强镇的试点，把小城镇建设的重点放在县城和有条件的建制镇上，立足当地优势，发展特色产业，壮大县域经济。针对小城镇发展阶段和现状特点，重点加强城镇基础设施建设，完善城镇功能。县城以外独立建制镇的发展要采取非均衡发展策略，以省、市培育的省级重点镇为基础，重点扶持和发展一批有产业基础和特色的经济大镇和文化名镇，促进其向高标准的小城市迈进。

河南：2005 年 11 月，河南省城镇化工作会议发布了《省委、省政府关于进一步促进城镇化快速健康发展的若干意见》（征求意见稿），明确要求全面实施中心城市带动战略，努力形成大中小城市和小城镇协调发展的城镇化体系，力争使安阳水冶镇、周口四通镇、南阳瓖东镇、信阳明港镇等四个乡镇发展成为各具特色的小城市，揭开了河南省“强镇扩权”改革的序幕。

2015年河南省社会科学院发布的《河南城市蓝皮书2015》中建议，将安阳县的水冶镇、新郑市的龙湖镇、新密市的超化镇、巩义市的回郭镇纳入国家新型城镇化综合试点，小城镇“扩权强镇”的诉求与探索再次被推向公众。

安徽：继县域扩权、省直管县一系列举措之后，安徽省于2009年6月出台了《关于实施扩权强镇的若干意见》，一次性选定150个镇开展“扩权强镇”试点，赋予试点镇部分县级经济社会管理权限。按照《若干意见》的规定，镇扩权内容包括对试点镇下放部分行政审批权和执法权，简化项目审批服务环节，以及在城管、环保、劳动、安全生产、食品安全、工商等领域，依法委托试点镇行使部分县级行政审批许可和处罚权。特别是要实施鼓励试点镇发展的财政政策，建立财政超收激励机制，以2008年财政收入为基数，超收部分由县级财政全额返还，一定5年不变。同时，赋予试点镇一定的规划建设管理权，在试点镇设立规划建设管理分局，负责核发镇区建设工程的规划许可证，核发村庄规划区内建设工程乡村建设规划许可证。[1] 为改变强镇发展面临的困境、满足其“成长”的现实需求，2014年间安徽遴选霍山县衡山镇等8个镇试点行政管理体制改革，改变整齐划一模式，实现差别化管理，通过授权、下放审批权、行政执法权等，赋予部分县级经济社会管理权限。改革赋予试点的强镇财政金融、国土资源、干部人事、户籍制度等方面创新突破，破解体制机制障碍，破除责权利不对等的局面，加强基层政府公共服务、市场监管、社会管理、环境保护等职权。

四川：在四川，德阳市以获得四川省统筹城乡综合配套改革试点市为契机，积极探索“强镇扩权”改革。2007年德阳市从121个乡镇中选择10个区域重点镇，作为引领全市统筹城乡综合配套改革的先行示范区，赋予其相当部分县级政府的权限，包括行政审批、规划、城市管理执法权等。

2010年4月28日，中央机构编制委员会办公室在北京召开了关于经济发达镇行政管理体制改革试点工作的部署，河北、山西、吉林、江苏、浙江、安徽、福建、山东、河南、湖北、广东、四川、陕西等13个省的25个经济发达镇成为经济发达镇行政管理体制改革的试点地区，而改革的主要内容，依然是将权力下

---

〔1〕 简政、放权、转型三箭齐发——广东强镇扩权拉开大幕. 领导决策信息，2010（27）：14—15.

放到镇级政府。

四川“省扩镇放权”成效显著。2012年7月开始全域实施行政管理“放权”、财政管理“放宽”、人员管理“放活”。基础设施得以加快建设，居民生活环境得以改善，2014年7月四川省新增19个扩权强县试点县以延续改革探索的道路。

江苏：2010年8月5日，江苏省委常委会研究决定，在全省20个经济比较发达镇开展行政管理体制改革试点，力争通过两年左右努力，推动一批有条件的经济发达镇逐步发展成为人口集聚、产业集群、结构合理、体制创新、环境友好、社会和谐的现代新型小城市，与现有大中小城市形成分工有序、优势互补的空间格局。这20个改革试点镇，是从全省999个乡镇中筛选出来的，选择的主要依据是经济总量、财政收入、人口规模和辖区面积均在所属省辖市位居前列。每个省辖市至少有一个乡镇入选，其中苏州市占据了4席。

试点内容主要包括以下四个方面：一是创新管理体制。探索机构设置综合、管理扁平高效、人员编制精干、运行机制灵活的基层政府新型管理架构。试点镇按照副县（处）级管理，镇以下不设派出机构。二是扩大管理权限。按照权责一致、能放即放的原则，赋予试点镇县级经济社会管理权限。下放、委托给试点镇的行政许可、行政审批和公共服务事项，原则上进入镇便民服务中心，实行“一站式”服务。试点镇成立综合行政执法机构，实行综合行政执法。县（市）以上职能部门派驻乡镇的机构，原则上由试点镇管理。三是强化公共服务。明晰县镇事权划分，坚持财力与事权相匹配，进一步完善财政管理体制。省市县各级要加大对试点镇投入，在一般预算收入分成比例、财政收入超收返还、规费和土地出让金留成等方面向试点镇倾斜，增强试点镇社会管理和公共服务能力。充分发挥省级财政现有专项资金的作用，加大对试点镇的支持。四是增强发展活力。按照统筹城乡发展和建设现代新型小城市的目标要求，加强对试点镇规划的指导，提高试点镇规划水平；深化户籍管理制度改革，放宽经济发达镇落户条件，让有条件的农民有序转为市民，制定农业转移人口在试点镇就业、社会保障等配套政策，逐步使农业转移人口享受与城镇居民相同的待遇；在新一轮土地利用总体规划修编中，充分考虑试点镇发展需要，合理布局，统筹安排；支持鼓励试点镇开展农村土地综合整治、城乡用地增减挂钩试点工作，稳妥进行土地整理、荒地和废弃地开发利用，有序推进产业、人口、居住“三集中”；引导农民以集体资产所有权、土地承包权、宅基地及住房置换股份合作社股权、城镇社会保障和城镇住房产权等。

毋庸置疑，“强镇扩权”的实施在取得成效的同时也面临着很多问题。一、哪些权利该放，在法律制度尚有待完善的情况下，一些被扩大的权力因缺少法律支持，即使被下放到乡镇，但是也没有资格行使。二、如何保证权力不被收回，从现有实践来看，一些被下放的权力，在实施一段时间后又被收回。这与我国实行的条块分割制度有关。县政府的很多职权都不愿下放到镇里，导致实际上扩权难以实现。三、下放的权力如何真正落实？现有的乡镇政府工作人员能否承担扩权后的职责？扩大的权力会不会导致相应机构的扩大？如何监督权力的行使，防止腐败滋生？这些问题都有待妥善研究和解决。此外，还有专家指出，“强镇扩权”是机遇，也是挑战。“强镇扩权”的核心仍在于“简政高效”，改革应以提高基层政府的公共服务水平和能力为保证，要谨防“简化程序”演变为“职能重叠”。

专　栏

广东省扩权强镇——白土镇

白土镇是广东省中心镇和全国重点镇，其扩权改革自2000年《中共广东省委、广东省人民政府关于推进小城镇健康发展的意见》（粤发〔2000〕10号）发布后开始进入启动阶段，白土镇面临的权责利关系开始逐步调整；2003年《广东省人民政府关于加快中心镇发展的意见》（粤府〔2003〕57号）发布后，白土镇在财政支持、建设资金、项目审批、用地开发、城市规划、户籍改革、财税体制、人员编制、委托执法等方面获得了广泛的扩展权限，扩权改革进入全面实施阶段。在本次改革中，白土镇扩权的重点是财权的扩展，尤其是在城市土地出让金收入方面的分成向白土镇倾斜；同时，土地开发指标扩大也是白土镇扩权改革的重要成果，但该项政策在2005年又开始收紧。此外，事权关系的调整方面，白土镇重点获得了建设项目的审批权、行政机构调整与设置及部分行政执法权。

第三节

外来农民工管理的探索

一、为何管——管理的原因

在我国，农民工转移的方式主要有“离土不离乡”和“离土又离乡”两种，前者指农民就近在家乡的乡镇企业就业，后者指农民离乡流动到外地非农产业中就业。本小节着重要论述的是后者，即外来农民工。从我国现实状况来看，农民工往往是流向东部沿海工商业发达地区，尤其是珠江三角洲、长江三角洲。

外来劳动力的大规模流入，从总体上说，并不是通过传统体制中政府的劳动力统一调配渠道和程序得以实现，而是在这一体制之外自发形成的。[1]

一方面，小城镇经济的发展的确需要大批劳动力，有的地方甚至高度依赖外来劳动力。然而，外来劳动力的大量涌入，也对本土劳动力的充分就业构成了压力，尤其是影响到贫困地区的劳动力转移。另一方面，外来农民工的大量涌入，也在一定程度上使得治安问题更加复杂和严峻。这不仅对当地居民的生活造成不良影响，而且对外来农民工的后续流动带来困难。另外，劳动力的跨区域大规模流动对交通运输部门形成巨大压力、上级政府对外来农民工计划生育的要求、外来农民工的合法权益保障等等，都迫使政府要在外来农民工管理上拿出一套切实可行的办法来。

由此来看，在东部地区小城镇的发展过程中，外来农民工既是推动发展的一股不可获取的力量，也对当地正常的生产和生活有着重要影响。如何管理好这支队伍，让它发挥出更大的正能量，同时又能应对好所带来的各种变化，一直是困扰各地方的一大难题。东部地区各省份对此也纷纷不断探索和研究，以期找到破题之法，更好地推动小城镇的建设与发展。

---

〔1〕 刘世定，王汉生，孙立平，等．政府对外来农民工的管理——广东外来农民工考察报告之三．管理世界，1995（6）：187—197．

二、管什么——管理的内容

已有调查资料显示，外来农民工的需求主要体现在三个方面：一是收入增长、社会治安安全感、社会公平正义；二是医疗保障、就业和再教育、子女教育；三是户口迁移、自有住房和文化生活。[1]

从东部地区的实践来看，对外来农民工进行管理也主要从治安、户籍、居住、劳动就业、劳资争议、计划生育六大方面入手。其中，治安与户籍、居住、劳动就业等管理往往交织在一起。

其一，治安管理不容忽视。从社会现实来看，在违法犯罪中，外来农民工一直占据着较高比例。宁波市的调查资料显示，2013 年宁波市抓获的犯罪嫌疑人中外来农民工占总数高达 80%，涉及命案、“五类”、“两抢”、盗窃案件。在另一项调查中发现，2005 年—2011 年，在犯罪农民工中，以暴力方式犯罪比例依次为 29%，31.1%，33%，32.7%，34%，34.6%，35.3%。然而，尽管外来农民工违法犯罪居高不下，但外来农民工又是违法犯罪行为的主要侵害对象。此外，外来农民工维权困难，自身的权益也最易受到侵害。因此，治安管理已成为外来农民工管理的重中之重。

其二，户籍管理是难点。户籍是城乡二元结构下的一大难题，对于外来农民工更是难上加难。目前，户籍关系到就业、就医、就学、住房、社会管理以及社会保障等权利和待遇。户籍管理不好，其他方面就会出问题，但户籍改革又是一项艰难的改革，因此该如何做好外来农民工的户籍管理，是一大挑战。

其三，居住管理也是重要一环。一般来讲，外来农民工的居住方式多种多样，且居住环境往往是脏乱差，不仅影响农民工本身的正常生活，也影响着城市的规划和环境。因此，如何合理安排外来农民工的居住也是政府要考虑的一个问题。

其四，劳动就业管理。面对大量的外来农民工，如何加强就业和培训，引导外来农民工的合理、有序流动，也是政府迫切要解决的一个问题。这不仅关系到

---

〔1〕 朱振甫．对科学发展观指导下破解外来农民工管理问题的研究．宁波大学学报，2008（5）：140—144.

人口的流入、流出，而且关系到产业结构的调整、城市建设、劳动力结构调整等更深层次的问题。

其五，劳资争议管理。在外来农民工的权益受侵害中，劳资争议是较为突出的一项。如何保障外来农民工的合法权益和正当收入，必须靠一系列的法律规章制度。因此，劳资争议管理也是外来农民工管理中的一项重点工作。

其六，计划生育管理。计划生育是我国一项长期坚持的基本国策。流动人口的计划生育管理，已越来越从“流出地管理”走向“流入地管理”。因此，外来农民工的计划生育管理也是成为“流入地”政府要抓的一项重头工作。

三、怎么管——管理模式的探索

概括来讲，东部沿海地区对外来农民工的主要管理模式有五种：一是职能部门联动型，二是专门机构管理型，三是社会参与管理型，四是政治权利实现型，五是政治权利实现型。

（一）职能部门联动型

职能部门联动型管理即地方政府出台一系列有关外来人口管理的政策措施，各相关职能部门联合行动起来实施管理。这是比较常见的一种模式。

在这种模式下，地方政府专门成立如社会治安综合治理委员会、流动人口管理办公室等名义的组织协调结构，社区（村居）成立外来人口、出租房屋管理服务站。各地区对外来农民工管理的组织协调机构坚持“党政统一领导、综治统筹协调、部门齐抓共管”，即以党委、政府领导、综治参谋、公安为主，计生、劳动、卫生、建设等部门参与，以“三位一体”综合管理为核心，坚持属地管理，依托社区（村居），积极推行委托管理、依靠群众、齐抓共管。

例如，台州专门成立的市社会治安综合治理委员会在流动人口和出租房管理工作上进行了积极有效的探索，在治安管理方面将流动人口分层次管理、集中规模住宿管理、出租房屋星级管理、旅馆式管理与委托管理结合起来；在劳动就业方面，实行“四个免费”，即免费提供就业服务、免费提供政策咨询和就业信息服务、全市公共职介服务结构免费为外来民工提供职介服务、免费开展职业指导培训；在计划生育管理方面，创建了具有台州特色的“重点管理、重心下移、健全网络、创新机制、综合治理、优质服务”的流动人口计生工作新机制；在流动儿童入学方面，2006年外来民工子女在台州接受义务教育的入学率达到100%。而杭州在对外来务工人员培训方面做得十分突出，成立了跨地区的技能培训基地，举办以在杭外来务工人员为特定对象的针织技能免费培训班。在“以房管人”方面，按照“疏堵结合”和“政府引导、社会参与、市场化运作、只租不售”的原则，鼓励和提倡有条件地区积极筹建外来务工人员公寓。在吸纳民工子女入学方面，不断完善教育资助卷和人民助学金制度，采取“公办学校为主，外来务工人员子女学校为辅”的办法，努力保障外来务工人员子女“上好学”。

总的来看，这种模式政令统一，部门职责明确，行政资源整合力度大，阶段性工作目标清晰，实施时政策举措统一，有利于辖区内政策的统一性，工作推进的整体性。但存在着各部门工作缺乏统筹，力量单薄，力度不一，责权利分不清，管理易出现盲点或多重管理等弊端。总体来看，尽管公安、计生、房管、工商、教育、税务等部门都参与管理，但还是以治安为主的防范式管理。

（二）专门机构管理型

这种管理模式的一个典型代表是浙江省嘉兴市。2007年9月25日，嘉兴成立了全国首个地级市新居民服务管理机构——嘉兴市新居民事务管理局，并出台了《关于加强嘉兴新居民服务管理工作的若干意见》。

嘉兴市新居民事务局为市政府直属的监督管理类事业单位，具体负责全市新居民服务管理工作的组织、协调、指导和综合管理，同时承担全市新居民服务管理和居住证制度改革工作领导小组办公室的日常工作，实行两块牌子、一套班子。公安、劳动、计生等部门将派人员为新居民提供更为便捷的服务，以便让流动人口真正融入当地。新居民事务局下设综合处、监督协调处、登记管理处三个处室。作为一个新的独立常设机构，市新居民事务局为外来新居民负责计生、维权、法律、用工、暂住和受理登记等事宜。新居民事务局成立后的工作重点，就是抓好劳动力市场的管理，引导企业进入正轨的招工渠道，把职业介绍所纳入新居民事务局管理，扩大劳动力市场的覆盖面，同时对全市新居民全面实施居住证制度——根据新居民在嘉兴工作时间长短、技术技能等具体情况和基本条件，实行临时居住证、居住证和技术员工居住证分类登记管理，使新居民在子女入学、居住等方面得到更多实惠。

嘉兴所辖的嘉善县成立了县、乡（镇）两级“新嘉善人”管理服务领导小组（同级党委、政府有关领导为组长、副组长，相关职能部门为成员单位）和三级专门管理机构；县设立“新嘉善人”管理委员会具体负责协调、组织对外来务工人员的管理服务；在各镇（开发区）成立“管理服务办公室”（即“新管办”）；各村、居简历管理服务领导小组和工作站（即“新管站”），而形成了县、镇（开发区）、村（居）三级管理服务网络，并组建一支专职从事“新嘉善人”管理服务工作的队伍，明确其工作职责主要是协助职能部门落实对“新嘉善人”的服务、教育和管理。机构运作经费纳入二级财政预算。

这种模式改变了原来各职能部门单兵作战、各自为政，管理服务组织网络结构呈条线状，在“属地管理”中力量单薄，形不成合力，难以统筹的弊病。同时，政府把外来务工人员日常管理服务纳入了工作目标之中，实现了从职能部门单一参与到政府主导的协同作战的转变，从而全面推动了外来务工人员在劳动、教育、卫生和维权等各项管理服务事业的全面发展。其特点是，管理成效明显，民工有亲切感、归属感，但政府财政压力较大。“新管委”基本运作经费由县财政负担，其开展社会服务的可用财力十分有限。

（三）社会参与管理型

这种管理模式主要是为了充分发挥社会、企业、社区的力量，引导社会参与外来人口管理。

运作此种模式比较成功的是奉化的力邦村。力邦村成立了全国首个外来人员社区，为外来务工者创造和谐的安居环境，成为企业的总后勤基地。力邦社区在运作上采用股份制，由社区和投资公司共同参股，由投资公司具体负责经营管理，由社区负责指导、引导、推动和支持，在重大事项上有否决权。

力邦村行政归属宁波奉化市西坞街道，当初建村时就被政府设定为“外来人口公寓”。后来，力邦投资公司出资取得 90% 的股权，改名为“力邦村”。自 2003 年 12 月建村后，目前居住着 17 个省市的近 3000 多名外来务工人员。为了能够让务工者有主人的感觉，力邦村实行民主自治的管理模式。社区居委会下设宣传教育、治安调解、计生服务和物业管理 4 个委员会。居委会班子包括书记、主任和由村民代表选举产生的 4 名外来人员。

人口聚集带来的“民工经济”，综合效益远远超过低房租造成的亏损。力邦村的产业化运作，取得了企业、政府和外来农民工的三赢，既成了当地政府招商引资的招牌，企业招工的法宝，也有效缓解了民工荒，让外来农民工有安定的居住和工作环境。

这种模式是社会参与管理类型，但建有自治组织性质。其优点是可以吸纳社会资本办理公共事务，可采取招标、承包、委托等方式市场化运作，可最大限度降低政府成本，其实质是政府管理理念从统治向治理的转变。但是，此模式的维系前景不明，村民（务工者）的权益缺乏应有的组织保护，子女受教育及社会保障问题难以解决，地方政府面临诸如引导机制、相关参与者的利益补偿机制、运行过程的公平竞争机制、利益调整的契约机制及社会公众的选择和监督机制等难题。

（四）政治权利实现型

近年来，外来务工人员的权益保障问题一直是社会各界关注的热点，其中外来务工人员政治权利缺失的问题表现突出，绝大多数外来务工人员不能参加工作和居住所在地的选举，对当地的社会公共事务没有影响力，没有发言权。

浙江省义乌市是全国最早也是唯一一个探索“流动人口政治权利异地实现机制”的城市。义乌市根据省人大常委会有关法规规定，把有选举权的外来人员纳入选举范围。为方便外来人员参选，有关选民登记及资格证明等手续由乡镇选举工作委员会发函与他们的户籍所在地联系；被确定为正式候选人的派专人进行调查；并在外来人口密集的工业园区内划分选区，设立固定投票点和流动票箱。

（五）外来民工自管型

自管，也是外来农民工管理的一种方式。以宁波市鄞州区为例，目前外来民工组织的基本情况：多数是自组织性的，或是由包工头带出的，少数是无序的盲流。调查表明，因为有很强的血缘关系与地缘意识，到鄞州区务工多依托传统的人际关系网络，65%以上的外来务工人员是通过亲戚、朋友、老乡介绍的，从外来人口流向的区域来看，鄞州区的外来人口分布区域相对集中。

外来民工有了自己的组织管理机构。虽然没有正规的组织结构和组织系统，但它有自己的领导人。它靠的是外来人口个体自我修养、道德品质、领导能力和威望等综合因素。它没有明确的目标，也没有强制的规章，而是依靠共同的情感的维系和自我的需要，靠个体成员自觉地遵守一些不成文的规定，也就是通常所说的“约定俗成”。在管理方式上，每个外来人口个体都可以发表自己的意见，个体之间没有严格等级观念和意愿强迫，更具有民主的气氛和自由的空间。但他们本身没有经费来源，许多事情只能最低限度去做。

这一模式特点是外来民工通过自我管理、自我教育、自我服务的手段，达到自己管理自己的目的，其实质是民工自发组织的、较为松散的组织结构，“个人魅力”是其领导者合法性的根源。不足的是，在没有特定的组织目标与组织规章，外来民工法律意识不高的条件下，有可能退化成为变质的具有“黑社会”性质的组织，给社会带来伤害。对其的引导是政府当前面临的主要任务。

总的来看，以上五种模式各有利弊，要尽量扬长避短，就要处理好政府与市场的关系。政府的管理和介入不是替代市场的有效功能，要更着眼于做好服务，为市场的正常运行做好保障，弥补市场失灵。在这方面，广东省已经形成了以劳动力市场为核心的管理，取得了较好的成效。

第五章

中部和湖北省小城镇发展研究

在我国四大经济区中，中部经济区是指包括山西、安徽、江西、河南、湖北、湖南六个省组成的经济版图。国土面积102.8万平方公里，占全国国土面积的10.7%；总人口约3.6亿，占全国总人口的27%。2010年，中部地区地区生产总值8.6万亿元，占全国国民生产总值的19.7%，仅次于东部地区。2014年中部地区生产总值13.9万亿元，占全国国民生产总值的21.8%，仅次于东部地区。中部经济地区处中国内陆的腹地，承东启西、连接南北、辐射八方的中心位置。水、陆、空交通便捷，自然资源、矿产资源、文化资源丰富，是我国重要的粮食生产基地、原材料基地、老工业基地和生态功能区。

新中国成立之初，随着国家开发重心和经济发展中心的北移，中部地区成为全国经济发展承接梯度发展的重要承接地，这个时期中部地区发展较快。而自改革开放以来，国家实施沿海开发开放战略，中部的发展明显落后于东部地区，国家继而实施西部大开发战略、东北振兴战略。在国家实施非均衡战略下，中部地区曾一度受到冷落，错过了抢占优惠政策与措施的机遇期，经济发展水平严重滞后于东部地区，经济发展速度也比西部地区缓慢。

中部地区是我国经济欠发达地区。我国发展经济学的奠基人张培刚曾经用形象的“牛肚子”理论来论述中部崛起的意义，而由于各方面的原因，中部地区成为了我国的“中部塌陷区”。之所以形成如此局面，与经济发展基础、地方文化和面临的发展机遇有很大的关系。但是，对于承载发展要素最集中的城市群、中小城市和小城镇，他们发展的水平和现状，是用于分析中部塌陷原因最好的研究主体。

近年来，中部地区6省也在积极探索实现中部崛起的共赢战略。2006年，国家也出台了《中共中央国务院关于促进中部地区崛起的若干意见》；2009年，国务院批准实施《促进中部地区崛起规划》；2012年国务院发布《关于大力实施促进中部地区崛起战略的若干意见》（国发〔2012〕43号），加快中部地区发展，把中部崛起上升为国家战略已成为缩小中东部发展差距，促进区域均衡发展的核心目标。“十一五”时期以来，国家陆续出台了支持中部地区发展的政策，使得中部地区在全国经济发展的比重从“十五”时期的下滑向“十一五”时期的上升转变，形成了V形反转的态势。中部地区发展势头并不是偶然，而是国际经济形势的变化导致的东部产业必须向中西部转移的背景下形成的，“十一五”期间，中部地区的经济增长速度在全国四个经济区中一直处于领先地位，足以证明了这一点。

中部地区是我国东部地区与西部地区经济梯度的过渡地带。我国经济发展逐渐形成了东中西不断融合的趋势，中部六省具备地域中心与经济发展中间地带的双重特征，是区域经济一体化过程中不可忽视的重要区域。新技术革命、经济全球化的发展，使传统工业化战略和依靠规模扩张带动经济增长的粗放型发展模式难以为继，利用自身的资源优势，发挥比较优势，加快工业化进程，创新发展模式，是中部地区承接东部产业转移，在新一轮的经济发展转型过程中创造自身竞争力的有效途径。

东西部之间存在较大的经济和较远的空间距离，形成中国经济区域总体布局的均衡发展势头，中部地区与东、西部地区存在经济发展条件的互补性和关联性。中部地区丰富的矿产资源、水资源、人力资源、土地资源，地理位置处于连接东南西北的核心区位，是承接东部沿海地区资本外溢、产业转移的首选地带。当今，全国正处于经济全面转型的发展阶段，中部地区所拥有的这些资源和优势，也正在成为中部承接东西实现优势互补、东中西互动、共同发展的资本和后发优势。经济区之间，大中小城市之间的产业分工将呈现互动共荣的新兴格局。积极参与这种分工与竞争格局，是中部地区实现下一轮追赶东部的关键。

*黄石市人民政府严吉庆对本章研究也有贡献。

第一节

中部地区经济发展水平与条件

一、中部地区城镇化水平不高，发展速度较快

从四大经济区的城镇化水平来看，东部地区城镇化增长幅度最大，中部区其次。随着东部沿海地区经济的高速发展，城镇人口迅速增加，2010 年，东部城镇化率达到 59.8%，东北地区为 57.7%，中部地区为 43.7%，西部地区为 41.4%。2015 年，东部城镇化率达到 63.6%，东北地区为 60.8%，中部地区为 49.8%，西部地区为 47.4%。从增速来看，东部增速最快，年均增速达到 1.45%，中部次之，达到 1.17%，东北地区增速最慢。[1]

表 5－1　中国各区域城镇化率对比

地区	城镇化率（%）					1990—2010（总增百分点）	年均增长（百分点）
	1990 年	1995 年	2000 年	2005 年	2010 年		
东北地区	45.32	49.01	52.4	55.15	57.7	12.38	0.62
东部地区	30.77	38.3	42.39	52.84	59.8	29.03	1.45
中部地区	20.25	23.13	29.86	36.54	43.7	23.45	1.17
西部地区	20.5	23.16	26.32	34.56	41.4	20.9	1.05

数据来源：《中国四大经济区域的城镇化发展特征与趋势比较》。

东北老工业基地拥有较深厚的工业基础条件，在“十一五”之前，其城镇化率在四大经济区中一直处于较领先的水平，但是随着我国经济体制逐渐从计划经济向市场经济转轨，东北老工业基地受传统计划经济束缚还未适应市场经济的变化，导致许多国有企业未及时转型，产业升级并没有如期完成，近 10 年来，

〔1〕白志礼，张绪珠，贺本岚．中国四大经济区域的城镇化发展特征与趋势比较．软科学，2009（1）：104—108.

东北经济增长比较缓慢，城镇化发展速度在四大经济区中一直处于较落后的水平。改革开放以后，东部沿海地区经济迅速发展，吸引了数千万全国剩余劳动力在此聚集，城镇化发展速度明显高于中西部地区，是四个经济区中城镇化增速最快的地区。西部由于特殊的环境条件，城镇化与经济发展水平较低且不协调，城镇化严重滞后于工业化。中部地区城镇化水平总体偏低，中部 6 个省之间城镇化发展水平也不平衡，湖北城镇化率（55.67%）最高，河南城镇化率（45.20%）最低，两者之间相差将近 10 个百分点。

中部地区城市发展速度偏慢，整体规模小，城市密度较低。除湖北在全国排名第 12 位以外，其余五省城镇化均排在第 20 位以后。2014 年末，全国市区非农业人口超过 100 万的大城市有 65 个，中部有 7 个，仅为全国 10.8%；中部现有城市 169 个，其中超大、特大城市 1 个，只占 0.68%；2014 年，1000 万以上的城市，中部为 4 个，环渤海、长三角、珠三角地区超过 5 个。从城市密度来看，每 100 万平方公里的土地拥有的城市数量，环渤海地区为 222 个，长三角达 364 个，珠三角地区为 289 个，中部地区仅 172 个。中部地区的工业化进程缓慢，服务业发展落后，城市功能不完善，城市资源配置的效率低下，是影响中部城市化发展的根本原因。

中部地区是我国农村人口众多、剩余劳动力最多，是城市化发展具有广阔前景的区域。中部农村人口 1.8 亿人，城市人口 1.78 亿，城市化率仅为 49.7%。中部地区二元结构比较突出，剩余劳动力最多。从受教育年限来看，中部地区文盲率为 4.31%，高于全国平均水平（4.08%），人力资源素质处于中等的水平，比东部相比存在较大的差距。拉动农村消费市场，解决剩余劳动力转移以及城市化的问题，必须重视中部地区的发展。从全国外出打工的农民工数量来看，在外省打工人数最多的是四川，然后依次是安徽、湖南、江西、河南和湖北，中部五省成为劳动力输出的大省。

中部老区多、革命根据地多。革命老区大多在深山区、边远山区、低湖地区，是各类弱势地区，普遍面临经济贫困的问题。全国共有 13 个大范围的革命老区，有 5 块在湖北，其中属于老区的县（市、区）共 74 个。

二、中部地区经济社会发展现状

经济发展水平比较滞后。从“六五”到“十三五”以来，中部地区与东部地区20多年，地区生产总值的差距增加了6倍。2000年，中部地区6个省的地区生产总值占全国的比重为20.4%；到2014年，地区生产总值在全国的比重也仅到21.8%。人均GDP占全国人均GDP的比重从1980年的88%下降到2014年的82.3%。自改革开放以来，中部发展也取得了较大的成就。GDP由1978年的749.8亿元上升为2008年的6.3万亿元，2010年GDP总量达到8.5万亿。2014年GDP总量达到13.9万亿元。

新中国成立以前，我国社会生产力分布极不均衡，东部地区集中了全国70%的工业，中、西部地区的工业产值总和不到全国的10%。从“一五”之后的20年，中国实施区域均衡发展战略，国家把大部分投资投向中部地区，重点支持钢铁冶炼、煤炭能源、机械制造等重化工业和纺织、原材料加工等轻工业的发展。这个时期的集中发展，使得中部地区成为我国重要的重工业、原材料输出的生产基地和交通枢纽。

中部地区经济发展水平与东部差距较大，比西部地区经济发展水平略好。2014年，中部地区生产总值12.9万亿元，占全国GDP的比重为20.3%。与东部地区相比，中部地区生产总值只有东部地区的40%。人均GDP3.5万元，低于全国平均水平（4.7万元），也低于东部地区（6.1万元）和东北地区（5.2万元）人均水平。从地方财政收入来看，2014年中部六省地方财政收入合计1.35万亿元，东部地区的为4.08万亿元，中部地区仅为东部地区的33%。

20世纪90年代以来，中部地区GDP增长率基本都低于东部地区，但是到2004年有所改变，特别是“十一五”末以来，中部地区GDP增长率达到14%，高于全国平均水平。近几年，中部地区三次产业产值持续上升，特别是第二产业得到了很大的发展，能源产业、制造业成为中部地区的支柱产业。2009年，中部六省规模以上工业增加值比上年平均增长13.8%，高出全国平均增长的水平2.8个百分点。2015年全国GDP增速回落至6.9%，中部地区湖北省GDP增速近10%，其余省份GDP增速也高于全国平均水平。

表 5－2　2014 年我国各区域基本情况

地区	土地面积（万平方公里）	地区人口		地区生产总值		地区公共预算总收入	
		人口（万人）	比重（%）	总值（亿元）	比重（%）	总值（亿元）	比重（%）
东部	91.6	52169	38.3	320100.9	50.1	40814.4	53.7
中部	102.8	36262	26.6	128679.3	20.3	13489.8	17.8
西部	686.7	36839	27.0	121099.8	20.2	15965.2	21.0
东北	78.8	10976	8.1	57469.1	9.4	5697.5	7.5
全国	960	136246	100	634349.1	100	75966.9	100

数据来源：《中国统计年鉴 2015》

表 5－3　中部地区与其他地区 GDP 的比较

区域名称	国内（地区）生产总值（亿元）	占全国比重（%）	人均国内（地区）生产总值（元）
东部地区	320100.9	50.1	61358
中部地区	128679.3	20.3	35486
西部地区	121099.8	20.2	32872
东北地区	57469.1	9.4	52359
全国总计	634349.1	100	46628

数据来源：根据《中国统计年鉴 2011》整理

中部地区民营经济实力有限。东部长三角、珠三角都市圈经济活力足，与众多的民营经济是分不开的，中部地区的民营经济数量和发展实力与东部地区相比相差较大。中部地区的经济实体更偏国有、偏农业、偏重工业化，不少国有企业是在“一五”“二五”“三五”时期，在“三线时期”国家通过计划经济的方式建设发展起来的，国家在计划经济时期对国有企业的发展策略是人为的压低基础工业价格和原材料价格，实施“低工资、高积累”政策，工业发展的目的是为国家的原始积累做贡献，工业的发展是一种扭曲式的发展模式，在这样的背景下，中部地区创业意识、民营经济的市场意识远比东部地区弱化、僵化，长期以来也影响了中部地区经济的全面繁荣。

外向型经济发展方面，中部地区是全国四个经济区中最为落后的区域。其中 2010 年，东部地区商品进出口总额达 2.6 万亿元，占全国的比重为 87.6%；中部地区的商品进出口总额仅为 0.1 万亿元，仅占全国的 3.9%。中部地区的商品进出口总额甚至低于西部地区和东北地区。

表 5 - 4　2006—2015 年各地区按经营单位所在地分商品进出口总额及其在全国的比重

区域	2006 年		2008 年		2010 年		2012 年		2014 年	
	总值（亿元）	比重（%）	总值（亿元）	比重（%）	总值（亿元）	比重（%）	总值（亿元）	比重（%）	总值（亿元）	比重（%）
东部	15795.9	89.7	22487.0	87.7	26056.5	87.6	32710.8	84.6	35410.6	82.3
中部	539.8	3.1	989.3	3.9	1168.9	3.9	1933.9	5	2469.8	5.7
西部	576.7	3.3	1067.3	4.2	1283.9	4.3	2364.1	6.1	3342.1	7.8
东北	691.6	3.9	1089	4.2	1230.7	4.1	1662.4	4.3	1792.8	4.2
合计	17604	100	25632.6	100	29740.0	100	38671.2	100	43015.3	100

数据来源：根据《中国统计年鉴》2007—2015 年历年数据整理

中部地区的第三产业普遍滞后。中部地区服务业仅处于初级发展阶段，中部六省中只有三个省服务业占 GDP 的比重接近全国平均水平，其他均落后于全国平均水平。

表 5 - 5　我国四大区域板块部分经济社会指标对比

指标	全国	东部	中部	西部	东北
土地面积	1	0.10	0.11	0.71	0.08
人口	1	0.35	0.28	0.28	0.09
GDP	1	0.53	0.20	0.18	0.09
第一产业	1	0.37	0.27	0.26	0.10
第二产业	1	0.54	0.2	0.18	0.08
第三产业	1	0.58	0.17	0.18	0.08
固定资产投资	1	0.40	0.23	0.24	0.12
进出口总额	1	0.88	0.04	0.04	0.04
消费总额	1	0.54	0.20	0.17	0.09
粮食产量	1	0.26	0.31	0.27	0.16
原煤	1	0.12	0.41	0.40	0.07
发电量	1	0.43	0.23	0.27	0.07
粗钢	1	0.54	0.22	0.13	0.11
水泥	1	0.48	0.24	0.21	0.06

数据来源：《促进中部地区崛起重大战略问题研究》，第 79 页

三、中部地区的基础与条件

1. 丰富的农业资源，是全国重要的农产品基地。中部六省大多地处亚热带区域，气候温和、日照充足、雨量充沛，光、热、水等因素综合生态条件适宜耕种，农业生物产量高，在全国气候区域中农业产量位居第二。耕地资源丰富，根据《中国农村统计年鉴 2014》和《中国林业统计年鉴 2014》资料显示，中部六省耕地面积达到 2899 万公顷、林地面积达到 4876 万公顷，分别占全国耕地总面积的 23.8%、林地总面积的 15.6%。根据《中国统计年鉴 2015》中部水资源丰富，长江、黄河、淮河、海河等四大水系贯穿境内，鄱阳湖、洞庭湖、巢湖等淡水湖泊的水资源总量达 5518 亿立方米，占全国淡水资源的 20.2%，较 10 年前下降 5 个百分点。三江平原、黄淮平原和长江中游平原，均是我国重要的商品粮基地。据《中国统计年鉴摘要 2015》中部地区粮食总产量 1.8 亿吨，占到全国粮食总产量（6.07 亿吨）的 29.7%，为全国提供 41.1% 的稻谷和 40.0 的小麦，粮食增产对全国粮食的贡献率近 40%。水产品、家禽、水果、茶叶、烟叶等农副产品也已经形成一定的规模，饲料加工、竹木加工、油脂加工、果蔬茶叶和特种养殖等几大类农产品加工产业集群初步形成。

中部水资源比较丰富，但是水体污染比较普遍。山西受污染河流长达 3700 多公里，其中超五类污染河道占近 70%%；湖北城市内湖和纳污河渠污染严重；安徽淮河主要支流水质重度污染，巢湖湖区总体水质中度污染。城市和矿区空气污染严重，2008 年山西 13 个城市被列入全国 30 个空气污染严重的城市，随着近年来随着山西矿产资源逐渐枯竭，采矿业大幅下滑，空气、水资源质量有所提高。

2. 便捷的交通。中部地区是全国物流网络的交通枢纽，拥有铁路、公路、水运、航空等多种运输方式组成的立体交通网。2010 年末，中部地区六省公路通车里程达 72.3 万公里，占全国公路通车里程总数的 16.2%，其中高速公路通车总里程 29695 公里，占全国高速公路通车里程的 26.6%。中部地区六省的铁路营运里程达 1.72 万公里，占全国的 23.1%。中部地区拥有内河通航里程达 3.26 万公里，占全国内河通航里程总数的 26.4%。京广线、京九线、焦柳线、陇海线、沪昆线等南北方向、东西方向铁路干线贯穿中部区域，铁路长远期规划多条客运专线在中部交会，武汉、郑州已经成为全国的铁路枢纽中心。中部六大省会城市都建有现代化机场，其中武汉天河国际机场是中部规模最大的现代化航空港。

3. 富裕的矿产资源，是全国重要的能源基地。中部地区是我国重要的煤炭、有色金属、黑色金属生产基地，煤、金、银、铜、钨、铝土等近 40 种重要或稀有矿产储量居全国第一。煤炭储量 1104 亿吨，占全国的 46%，其中山西的煤炭储量 920 亿吨，居全国之首。中部地区铁矿储量占全国的 28.4%，有色金属产量占全国的 40.2%。中部六省石油剩余可采储量占全国石油储量的 1/2；全国 1/5 的黑色金属、化工原料均产于中部六省。山西六大煤田、安徽煤田、河南油田成为中国著名的煤炭石油能源基地。拥有世界闻名的三峡、小浪底、葛洲坝、三门峡等大型水电站。以煤炭资源和水能资源为主，使中部成为全国重要的能源生产基地。基本形成了以山西、河南、安徽为主的煤炭基地，以江西、湖南、湖北为主的有色金属基地。2014 年中部 6 省原煤产量 12.95 亿吨占全国的 32.5%。

表 5－6　2005 年中部资源产业的分布格局及占全国的比重　　单位:%

地区	有色金属矿采选业	非金属矿采选业	石油、天然气开采业	煤炭采选业	占全国的比重
东部	38.44	61.03	40.25	32.09	47.13
中部	39.37	24.28	37.72	55.12	35.12
西部	22.19	14.69	22.23	12.79	17.75

数据来源：中华人民共和国科技部网站（http：//www. most. gvo. cn）

4. 悠久的历史和优美的自然景观。中部地区是中华民族的发祥地之一。拥有 22 座历史文化名城，22 处革命遗址及革命纪念建筑物。名山大川闻名中外，长江三峡、黄河瀑布、北岳恒山、南岳衡山、中岳嵩山、奇秀庐山，雄伟黄山、少林武当，原始生态和历史文化景观资源丰富。

5. 坚实的重工业基础。在冶金、重型设备、汽车工业等方面，中部的武汉钢铁、马鞍山钢铁、太原重工、山西铝业、江西铜业等企业在行业中占有重要的地位。中部地区的工业基础有较长的历史，是中国现代工业的发祥地。武汉、十堰、南昌、合肥、景德镇都是我国汽车生产基地；中部省会城市武汉、合肥、长沙、南昌、太原以及一些中等城市在电子元器件、光导材料、生物制药、家用电器等行业拥有一批实力强、技术过硬的骨干企业。拥有东风汽车、神龙汽车、江铃汽车、昌河汽车、奇瑞汽车等众多有影响力的汽车制造企业。武汉—随州—襄阳—十堰“汉十线”已成为中国著名的汽车产业走廊。湖南的三一重工是全球工程机械制造商50强之一，是全球最大的混凝土机械制造商。

一般重工业比重越高表明工业化的水平和阶段越高，如德国重工业在工业结构中的比重已超过80%，德国的经济已进入后工业化和信息化阶段，中部地区的重工业水平较高，但是经济仍然处在工业化初期阶段，农业现代化和城镇化仍处于较落后的水平。2010年，中部重工业比重高达75.6%，轻工业比重仅为24.4%，比全国轻工业所占比重低2.6个百分点。与其他发达国家与我国东部工业发展水平和阶段相比，中部的重工业化是在轻工业发展较低的水平下发展起来的，并不是轻工业发展到一定的阶段下产业自然提升和演变的产物，更多的是国家政策调整下催生出的产业形态。另外，中部地区的重工业产业层次和产品精细化程度比较低。中部地区重工业主要以采掘业和能源原材料加工为主，产品加工程度较低，竞争力不强，在产品的精深加工方面，中部地区还远远落后于东部地区。

四、中部崛起的比较优势与困难

从经济社会发展的各项指标来看，中部与东部相比存在巨大的差距，而从目前中部拥有的资源和发展速度来看，中部地区也具有巨大的发展潜力，特别是能源、水资源、人力、广阔的土地是中部地区释放发展后劲的独特优势。

中部地区生态环境容量的优势。中部地区是我国环境容量最大、净化能力最强、开发前途最好的地区。在全国26个生态赤字省中，中部地区六省全是，西部有7个省是生态赤字省，东部10个[1]。中部地区降雨量比较适中，境内长江、黄河、淮河三大河流和洞庭湖、鄱阳湖、巢湖等湖泊，水资源比较充沛，调蓄能力远远强于西部地区，环境自净能力较强。

中部是我国内陆市场最大的区域。中部六省2014年社会消费品零售总额达

---

〔1〕只有海南、西藏、新疆、内蒙古、青海、云南不是。

到55548亿元，仅次于东部沿海地区，高于东北、西部地区。武汉、长沙的市场优势更为突出，在全国副省级以上的城市中，武汉、长沙分别名列第七、第十三位。

表5－7　2014全国各省份社会消费品零售总额对比表　　单位：亿元

东部	北京	天津	河北	上海	江苏	浙江	福建
	9638	4738	11820	9303	23459	17835	9346
	山东	广东	海南				
	25111	28471	1090				
中部	山西	安徽	江西	河南	湖北	湖南	
	5718	7957	4696	14005	12449	10723	
西部	内蒙古	广西	重庆	四川	贵州	云南	西藏
	5657	5773	5711	12393	2937	4633	364
	陕西	甘肃	青海	宁夏	新疆		
	5919	2668	621	737	2437		
东北	辽宁	吉林	黑龙江				
	11857	6081	7015				

数据来源：《中国统计年鉴2015》

土地、劳动力丰富成为中部发展成本较低的比较优势。与东部地区相比，中部地区起步晚，发展缓慢，土地、水、生态条件也保持得更好。对比东部的土地资源，中部地区土地总面积为102.8万平方公里，耕地面积24937万公顷，较2004年下降2个百分点，落后于东部。林地面积4886万公顷，较东部持平。

表5－8　四大区域耕地与林地占土地总面积比重

地区	耕地面积				林地面积					
	2004	百分比	2008	百分比	2004	百分比	2008	百分比	2014	百分比
东部地区	28373.2	21.8	26322.4	22.3	3827.52	13.6	4163.84	13.7	4231.23	13.6
中部地区	30566.5	23.5	24937.2	21.2	4541.78	16.1	4807.12	15.8	4886	15.7
东北地区	21526.2	16.5	21450	18.2	3466.46	12.2	3699.17	12.2	3763.48	12.1
西部地区	49674.4	38.2	45150.5	38.3	16344.79	58.1	17708.03	58.3	18165.47	58.6
全国	130140	100	117860	100	28180	100	30378	100	31046	100

科教文化资源丰富，知识资本优势明显。中部地区集聚了全国一大批有影响力的高等院校和科研机构，科教实力雄厚。据 2014 年统计，中部拥有本、专科高等学校 668 所，占全国高等学校总数的 26.4%，武汉市平年每年毕业大学生达到 120 万人。普通高校专任教师占到全国的 25.7%，其中，正高级教师占到全国的 21.2%，副高级教师占到全国的 25%，中级教师占到全国的 25.3%。中部地区的人才资源、知识资本优势比较明显。湖北的人才资源在中部地区的优势特别明显，湖北拥有的正高级高等教师数量占中部地区正高级教师的比例达到 28.2%，领先湖南 8 个百分点，领先河南、江西、安徽 10 多个百分点，领先山西 20 多个百分点。在中部 6 个省会城市中，武汉的人才竞争力呈现明显的比较优势，无论是从人力资源的数量、质量、配置水平上来看，武汉都远远高于其他 5 个城市。[1]

表 5－9　中部各省高等学校普通本、专科学生数、教职工数　　单位：人

地区	学校（所）	招生数	在校学生数	教职工数	专任教师	正高级	副高级	中级
全国	2529	7213987	25476999	2335723	1534510	189136	448625	613729
山西	79	205525	713218	60393	40317	2966	10661	15711
安徽	118	310302	1080545	80254	56525	4525	15147	21810
江西	95	283187	916415	76014	54429	5465	14633	22734
河南	129	474235	1679744	130031	95134	8020	25258	38071
湖北	123	393140	1419699	128878	82821	10622	25927	31273
湖南	124	326627	1136302	97652	64919	7037	18828	27198

表 5－10　中东部高等学校普通本、专科学生数、教职工数以及占全国比重

地区	学校		在校生		教职工		专任教师	
	数量（所）	比例（%）	人数（人）	比例（%）	人数（人）	比例（%）	人数（人）	比例（%）
中部	668	26.4	6945923	27.3	573222	24.5	394145	25.7
东部	980	38.8	9978108	39.2	976858	41.8	620518	40.4
全国	2529	100	25476999	100	2335723	100	1534510	100

数据来源：《中国统计年鉴 2015》

〔1〕 范恒山，赵凌云．促进中部地区崛起的重大战略问题研究．北京：中国财政经济出版社，2010：298—301.

表5－11　中部六省会城市人才竞争力在全国61个城市中的排名

城市	人才本体竞争力	人力资源数量水平	人力资源质量水平	人力资源配置水平	人力资源需求水平	人力资源教育水平
武汉	9	9	8	1	37	12
长沙	28	32	27	43	33	18
合肥	31	42	15	34	45	28
郑州	35	25	45	56	39	19
南昌	37	33	49	41	50	25
太原	43	47	53	61	13	26

数据来源：倪鹏飞主编《中国城市竞争力报告NO.5》，北京：社会科学文献出版社2007年版

实现中部崛起，不仅对中部地区，对全国的发展意义重大。通过一系列的政策和措施，推进中部地区发挥区位、资源、产业基础、科教人力等方面的优势，推动中部地区经济社会全面发展，有利于提高我国粮食和能源保障能力，缓解资源约束；有利于深化改革开放，不断扩大内需，培育新的经济增长点；有利于实现国民经济和社会发展第十一个五年规划的宏伟目标，促进城乡区域协调发展，构建良性互动的发展新格局。[1]

实现中部崛起的战略目标，是相对中部经济社会发展的“塌陷”现状提出来的。中部地区呈现出的塌陷现象，是外部原因和内部原因共同作用下形成的结果。从外部来看，前些年中部被国家区域政策边缘化，错过了国家层面大力投入和倾斜支持的大好时机；从内部来看，中部的发展也面临产业层次低、二元经济结构矛盾突出、体制僵化等问题。中部地区发展落后，从表面上看是一种发展病，经济社会发展水平低，发展速度不快；但是从深层次上来看，导致发展水平低、发展缓慢的主要原因在于二元经济社会结构。中部崛起的本质是实现中部的发展，改变二元经济结构现状，重点推动工业化的发展，关键要依托制度创新和技术进步。

中部经济发展缓慢，矛盾凸显的情况是中国国情的缩影。从国家整体发展情况来看，中部地区面临着几个显著的特征：经济二元结构特征异常显著；城乡差距较大；人均资源占有量贫乏；后期的工业化国家。中部同样存在类似的

〔1〕 范恒山，赵凌云．促进中部地区崛起的重大战略问题研究．北京：中国财政经济出版社，2010：298—301.

特征：都是农业大省，城乡二元结构明显；多是工业弱省，除省会大城市外，基本上处于工业化初期阶段；产业发展受资源环境约束明显，都是灾害频发的省份。

第二节

中部小城镇的发展背景

一、城市群的带动作用不明显

东部地区形成以长三角都市圈、珠三角都市圈和京津冀都市圈，形成了区域辐射面较广的城市圈，特别是长三角都市圈和珠三角都市圈已形成辐射全国的都市圈经济。中部已初步形成“两横两纵”的经济带：“两横”经济带，分别是沿长江经济带、沿陇海经济带；“两纵”经济带，分别是沿京广经济带、沿京九经济带。围绕“两横两纵”经济带，中部也形成了六个城市增长极雏形，包括武汉“8+1”城市圈、河南中原城市群、湖南长株潭城市群、安徽皖江城市带、江西环鄱阳湖城市群、山西的太原城市圈，六个城市带城市群已有初步的规模。这些城市群是中部各省内经济发展基础较好、人口较密的区域。〔1〕

城市群之间的关联度不高。中部地区城市群之间并没有呈现出相互整合，携手发展的趋势，而是各找“靠山”，各自为阵，自谋发展。湖北试图通过构建武汉“1+8”城市圈为核心带动整个中部地区的整合发展；而河南试图通过打造中原城市群带动中原整个经济的发展，试图让河南成为中原经济的领头雁；山西试图融入首都都市圈；安徽积极融入长江三角洲都市圈；江西提出要与长江三角洲、珠江三角洲、闽江三角洲联动发展；湖南跃跃欲试主动向泛珠江三角洲都市圈靠拢。一方面，中部缺少强大的联合体，使得中部六省各自寻求强大的靠山，难以形成中部的聚合力、向心力；另一方面，这种分头发展，各自为阵的发展模式也很难促进中部经济实现融合，很难促使形成引领中部区域发展的核心城市。〔2〕

---

〔1〕范恒山，赵凌云．促进中部地区崛起的重大战略问题研究．北京：中国财政经济出版社，2010：283.

〔2〕范恒山，赵凌云．促进中部地区崛起的重大战略问题研究．北京：中国财政经济出版社，2010：284.

表 5－12　中部地区六都市圈空间区域表

城市群	空间区域
太原都市圈	以太原为中心，包括阳泉市、晋中市、忻州市、吕梁市在内的空间区域
皖江城市带	包括合肥以及安庆、池州、铜陵、巢湖、芜湖、宣城、马鞍山、滁州等城市组成的空间区域，也可称合皖城市群
环鄱阳湖城市群	以南昌为中心，包括九江市、景德镇市、上饶市、鹰潭市、抚州市在内的空间区域
中原城市群	以郑州为中心，包括洛阳、开封、新乡、焦作、许昌、平顶山、漯河、济源等 9 个市在内的城市群落空间区域
武汉城市圈	以武汉为核心，以 100 公里为半径的城市群落空间区域。它包括黄石、鄂州、孝感、黄冈、咸宁、仙桃、潜江、天门等 8 个周边城市
长株潭城市群	以长株潭为中心，包括岳阳、常德、益阳、娄底、衡阳以及江西萍乡在内的城市群落空间区域

从 2014 年的统计数据来看，中部六个城市群对中部经济贡献较大。六个城市群总人口占中部地区的比重为 41.6%，GDP 占中部地区的比重为 61.7%，全社会固定资产投资总额占中部地区的比重为 50.5%，社会消费品零售总额占中部地区的比重为 51.9%，进出口总额占中部地区的比重为 81.4%。中部六个城市群中，中原城市群的 GDP 最高，为 2.1 万亿元，武汉城市圈人均 GDP 最高为 5.6 万元；武汉城市圈社会消费品零售总额最高，为 0.7 万亿元；从进出口总额来看，中原城市群排名第一，其次是武汉城市圈。武汉“1＋8”城市圈是全国资源节约型、环境友好型社会综合配套改革实验区，是中部六省的中心城市，也是带动中部经济发展的中心增长极。但是武汉“8＋1”城市圈的影响力仅在本区域内，城市圈对区域的带动作用比较有限。

表 5-13 中部六城市群经济指标表

城市群	人口		GDP		固定资产投资		消费品零售		进出口	
	数量（万人）	比重（%）	数量（亿元）	比重（%）	数量（亿元）	比重（%）	总额（亿元）	比重（%）	总额（亿元）	比重（%）
长株潭城市群	1500	4.1	11555.9	8.9	7313.6	6.4	3860.3	7.6	150.9	6.7
武汉城市圈	3088.99	8.5	17265.2	13.3	14149.2	12.5	7456.6	14.7	401	22.1
中原城市群	4150.3	11.4	21886.2	16.8	14748	13.0	7150.8	14.1	464.3	20.5
太原都市圈	483.5	1.3	3031	2.3	2025	1.8	1411	2.8	107	4.7
皖江城市带	3099	8.5	12828.9	9.9	12559	11.1	3923.8	7.7	390.2	17.2
环鄱阳湖城市群	2834.9	7.8	13707	10.5	6502	5.7	2551	5.0	231.8	10.2
总计	15156.7	41.6	80274.2	61.7	57296.8	50.5	26353	51.9	1745.2	81.4

数据来源：《湖北省统计年鉴 2015》《河南省统计年鉴 2014》《山西省统计年鉴 2015》《湖南省统计年鉴 2014》《江西省统计年鉴 2014》《安徽省统计年鉴 2014》

中部六个城市群城市化水平较低。东部各城市圈城市化率平均超过 70%，中部六个城市圈中中原市圈城市化率最高，为 60%，六个城市圈平均城市化率仅为 53.3%，长株潭城市群的城市化水平为 48.33%，都低于全国城镇化的平均水平。中部城市群的的二元经济结构特征非常明显，城市与乡村差距较大，城市经济以现代化的大工业生产为主，而农村经济却以典型的小农经济为主；城市基础设施发达，农村基础设施比较落后；城市人均消费水平远远高于农村。[1]

〔1〕 范恒山，赵凌云．促进中部地区崛起的重大战略问题研究．北京：中国财政经济出版社，2010：285.

表 5－14　中部六城市群城市化水平与东部都市圈城市化对比表

	都市圈	城市化率（%）	常住人口（万人）	建成区面积（万平方公里）	第二产业总产值（亿元）
东部	长三角都市圈	66.03	19991.26	35.44	57216.59
	珠三角都市圈	83.4	5611.83	5.47	24051.80
	京津冀都市圈	60.7	8376.69	18.4	26380.70
中部	长株潭城市群	48.33	4077.61	9.96	12997.03
	武汉城市圈	59.10	3089.0	5.78	7766.91
	中原城市群	50.98	4221.0	5.87	11084.70
	太原都市圈	57.16	1587.6	2.5	3135.58
	皖江城市带	52.82	3058.0	7.6	7772.87
	环鄱阳湖城市群	51.29	2488.0	5.12	4689.82

注：长三角都市圈包括上海、江苏、安徽、浙江等三省一市。

数据来源：《中国城市统计年鉴 2014》《湖北省统计年鉴 2014》《湖南省统计年鉴 2014》《山西省统计年鉴 2014》《河南省统计年鉴 2014》《江西西省统计年鉴 2014》《安徽省统计年鉴 2014》

二、中心城市对区域发展的带动作用不强

全国 653 个城市，东部地区有各类城市 300 个，占全国城市总数的 45%；中部仅 168 个城市。在全国 50 个竞争力最强的城市中，东部有 40 个，中部仅 5 个（除山西太原以外的省会城市）。在地级市及以上城市中城市人口在 400 万以上的城市，东部有 8 个，中部仅有 2 个；城市人口在 200 万～400 万之间的，东部有 22 个，中部仅有 6 个；城市人口在 100 万～200 万的，东部有 34 个，中部仅 24 个。中部六省市区的土地面积为 27.5 万平方公里，其中建成区面积 9770 平方公里，高于全国平均水平。

表 5－15 中东部地区不同规模城市对比以及中部各省地级以上市规模构成

地区（省份）	地级及以上城市个数	城市规模（个）				
		超大（200万以上）	特大（100万～200万）	大（50万～100万）	中（20万～50万）	小（20万以下）
东部地区	97	30	34	24	8	1
中部地区	76	8	24	32	12	0
湖南	13	1	5	5	2	0
湖北	12	2	5	5	1	0
河南	17	1	8	6	2	0
安徽	16	2	7	4	2	0
山西	11	1	1	7	2	0
江西	11	1	3	5	3	0

表 5－16 全国四大区域城市规模比较

	市区面积（平方公里）	建成区面积（平方公里）	建成区比重（%）
东部地区	414267	22027	5.3
中部地区	275195	9770	3.6
西部地区	905149	10569	1.2
东北地区	335412	5489	1.6
全国合计	1930023	47855	2.5

数据来源：《中国城市建设统计年鉴 2014》

中心城市对要素的聚集功能和对周边地区的辐射功能较弱。中国社科院对全国 287 个城市城镇化发展质量进行排名，四个地区中，前 100 名的城市中，东部共有 58 个城市，中部仅有 14 个城市。中部大多数城市都存在基础设施老化，历史欠账多，容纳能力有限，难以适应城市化的快速推进。中部六个省会城市 GDP3.6 万亿，占中部地区 GDP 总量的 27.7%；全社会固定资产投资总额 2.8 万亿元，占中部全社会固定资产投资总额的 24.8%；进出口总额 1044 亿美元，占中部进出口总额的 46.2%。[1]

〔1〕 范恒山，赵凌云．促进中部地区崛起的重大战略问题研究．北京：中国财政经济出版社，2010：282.

表 5－17　中部地区六个中心城市经济规模

城市	人口（万人）	GDP（亿元）	全社会固定资产投资（亿元）	社会消费品零售总额（亿元）	进出口总额（亿美元）
太原	370	2531	1746	1450	106.7
合肥	713	5158	5302	1667	200.9
南昌	518	3668	3434	1305	122.3
郑州	938	6777	5259	2914	464.3
武汉	827	10069	6963	4369	264.3
长沙	671	7825	5436	3162	125.6
小计	4037	36028	28140	14867	1044.1
中部	36356	130163	113616	50717	2262

数据来源：《湖北省统计年鉴 2014》《河南省统计年鉴 2014》《山西省统计年鉴 2014》《湖南省统计年鉴 2014》《江西省统计年鉴 2014》《安徽省统计年鉴 2014》

长三角、珠三角中心城市对周边区域的带动非常明显。长三角龙头城市上海带动了江苏、浙江等数百个城市的经济发展，珠三角中心城市广州、深圳带动珠三角周边几十个城市的快速发展。围绕核心城市，长三角、珠三角还形成了众多的次中心城市，苏州、无锡、杭州、宁波、佛山、东莞等城市成为连接核心城市与广大中小城市的重要节点城市。长三角、珠三角区域内的众多城市也把城市经济发展战略主动与核心城市对接，在基础设施建设、产业发展、制度创新等方面主动与核心城市互融共进。长三角都市圈形成了包含上海、杭州、苏州、宁波等全国性的中心城市，还有大量经济发达的中小城市，是一个由大、中、小城市和市镇组成的完整的、层次丰富的城市群体。长三角都市圈是最早提出经济一体化的区域。沪、苏、浙三省市地域相连，文化相近，经济相融，是一个具有相似地缘文化的区域经济体。城市连绵带的形成既有城市自发形成的动力基础，也是三个省市政府主动协作的结果。已形成了核心城市与周边次中心城市、都市圈中小城市、城镇共同发展的格局。上海作为长三角都市圈的核心，城市自身的极化特征非常明显，对周边要素的聚集作用更大于对周边区域的辐射作用。在长三角16 个城市中，许多城市都以主动接轨上海制定城市发展战略。江苏的苏州和无锡、浙江的杭州和宁波是与上海在制造业、服务业等方面融合得最为密切的城市，近三十年来取得了举世瞩目的成就，这几个城市不仅成为长三角都市圈的重要节点城市，还成为辐射周边的区域中心，是中国城市版图中的明星城市。

中部地区还未形成完善的城市体系。根据2015年的人口数据计算，中部地区的六个中心城市首位度计算，武汉城市首位度最高，为3.2，江西南昌首位度为2.0，山西太原城市首位度为2.6，江西是中部城市群中心城市中首位度最低的。在湖北，首位度最高的城市是武汉，现在还没有形成第二个城区人口超过百万人的城市，武汉与排名第二的城市（襄阳市）之间发展实力差距太大，很难形成互动互补发展的格局。其他五个中部城市群中心城市与周边城市的差距太小，中心城市的地位不突出，导致中心城市带动周边城市发展的优势不明显。与东部地区相比，中部大多数中等城市缺少产业支撑，城市特色缺失。一些由地改市形成的中等城市，市区面积狭小，基础设施严重不足，城市发展模式雷同，功能定位相似，城市之间的协同发展很少，城市周边被广大的农村腹地包围。城市人口快速增长的同时，基础建设、老城区改造、环境治理等方面面临资金的压力，而城市周边广大农村地区农产品产量低、品质不高，耕地以种植业为主，产品层次和结构都存在不够合理的情况。

表5－18　武汉市与襄阳市的经济对比

城市	人口（万人）	生产总值（亿元）	全社会固定资产投资总额（亿元）	社会消费品零售总额（亿元）	地方财政一般预算收入（亿元）	地方财政一般预算内支出（亿元）
武汉	827.31	10069	6963	4369	1730	1123
襄阳	595.457	3382	1697	645	191	365

数据来源：《湖北省统计年鉴2015》

改革开放以来，东部地区凭借政策优势和地缘优势，形成了以香港、上海等沿海开放城市为中心的区域增长极。随着工业体系的建立和完善，构成了城市发展最重要的要素——资金、信息、人流的汇集，也促进东部珠三角、长三角相关城市成为生产要素和资源要素共同集聚的中心，区域整体的协同发展推动了东部区域中心城市的形成和壮大。而中部地区受计划经济体制和观念的影响，在改革开放时期，国家部署改革开放政策里也忽视了对中部的支持，中部位于内陆地区，不沿边、不沿海，生产要素的流动和资源配置未能形成对外开放的节点，也未能与东部沿海城市对接互动，至今也未能形成类似上海、广州、深圳、北京、天津等的中心城市。

表5-19　三大都市圈的中心城市上海、广州、深圳、武汉经济指标对比

城市	人口（万人）	GDP（亿元）	全社会固定资产投资总额（亿元）	社会消费品零售总额（亿元）	地方财政一般预算收入（亿元）	地方财政一般预算内支出（亿元）
上海	1432.3	23066	5644	57490	4109	4529
广州	832.3	16706	4454	29216	1142	1386
深圳	310.5	16002	2501	17928	1731	1691
武汉	827.31	10069	6963	4369	1730	1123

数据来源：《中国城市统计年鉴2014》

三、县域经济发展实力不强

中部小城市较少。与东部相比，中部有小城市71个，东部有小城市122个，中部的中小城市较少，缺少对农村的辐射带动中心。中部地区大多是农业大省，县域人口占各省人口总量的比例高达78%以上，高出全国平均水平7个百分点。

县域经济的发展水平，决定了一个地区的经济发展水平。由于中国城市管理体制的特殊性，城市与农村之间经济联系主要依靠县域经济的发展，带动区域发展的要素都是通过县城向农村地区流动和扩散，县域经济是统筹城乡经济发展的结合部，全国县域经济发展的好坏往往决定了一个地区经济发展的质量。中部6省现有县（市）499个，人口规模占全国县域人口的31%；县域全国县域地区生产总值的21.5%。

2005年，全国百强县中，东部有89个，中部有4个，西部有4个，东北3个；2006年，全国百强县中，东部地区88个，中部地区4个，西部地区3个，东北有5个；2010年，全国2001个县参加评估，其中县级市367个、县1462个、自治县117个、旗49个、自治旗3个、特区2个、林区1个。百强县总数达到126个。在2010年评比的百强县中，中部地区共16个，东部共94个，江苏一个省就达28个，山东27个，浙江有25个，河南8个，辽宁与福建各7个，河北与湖南各4个，陕西3个，广东、江西、内蒙古各2个，上海、安徽、山西、吉林、黑龙江、四川、新疆各1个。中部县域GDP只占东部的51.2%，地方财政一般预算收入仅占东部的30%。

表 5-20　中部地区六省县级市经济指标

	数量（个）	人口（万人）	城镇人口（万人）	土地面积（平方公里）	第一、二产增加值（亿元）	规模以上工业总产值（亿元）	城镇固定资产投资完成额（亿元）
山西	11	408.2	116.2	11408.4	855.92	2028.57	568.44
安徽	5	310.7	38.7	8809.4	405.67	925.70	422.92
江西	11	670.7	160.7	20298	826.06	2180.11	805.12
河南	21	1709	327	26251.4	4478.88	11160.81	3019.79
湖北	24	2016.9	689.9	55765.7	2322.18	4950.93	1627.43
湖南	16	1158.3	199.3	29619.5	1725.89	3380.28	906.06

数据来源：《中国县域统计年鉴》

与东部相比，中部百强县较少，发展实力不强。2010 年评比结果显示，全国百强县 126 个，东部沿海省市共有 100 个，中部地区 5 个省 15 个县（市、区）进入百强县行列，只有湖北还保持“0”百强县的状态。分析百强县的经济发展情况，江苏、山东、浙江入围数量最多，三省入围数占了全国百强县总数的2/3。百强县前十位里，江苏 7 个县级市进入，浙江 5 个县级市进入，福建、广东分别有 1 个市进入。[1] 东部地区百强县县域经济规模大、实力强。江苏省 28 个百强县平均 GDP 总量为 537.1 亿元，地方财政收入平均为 35.1 亿元；山东省 27 个百强县平均 GDP 为 420.5 亿元，地方财政收入平均为 19.7 亿元；浙江 25 个百强县平均 GDP 为 347.5 亿元，地方财政收入平均为 23.5 亿元。东部百强县居民收入较高。浙江城镇居民可支配收入达到 2.5 万元，农民人均纯收入 1.2 万元；江苏城镇居民可支配收入达到 2.0 万元，农民人均收入 0.9 万元；山东城镇居民可支配收入达到 1.8 万元，农民人均收入 0.8 万元。对比东部，中部 15 个百强县经济发展实力，东部百强县的产业发展具备较强的竞争力。围绕特色产业，促进企业集聚发展，培育板块经济，形成具有较强竞争力的产业集群。通过发展“一村（镇）一品”，就近建立专业市场，通过不断提升产品档次，不断壮大支柱产业，逐步构成“小商品大市场高回报”和“小资本大集聚”的区域板块经济。而中

〔1〕 江苏：江阴市、昆山市、张家港市、常熟市、吴江市、太仓市、宜兴市；浙江：慈溪市、绍兴县、义乌市、余姚市；福建：晋江市；广东：增城市（今为广州市增城区）。

部县域经济仍然未能形成竞争力较强的产业支撑，将近500个县域普遍面临县域工业集中度低、规模实力不足、竞争力弱、经济外向度偏低的问题。中部县域地区生产总值只有东部的51.2%，地方财政一般预算收入只有东部的30%。中部县域经济仍然处于工业化初期阶段向中期阶段推进的关键时期，2010年县域经济三次产业结构为18：47：35，第一产业比重偏高，第二产业比重偏低。县域规模以上工业增加值占县域生产总值的比重仅为24.1%，产业层次多以传统制造业、低端服务业为主，产业链条短，精深加工、高附加值、高科技含量产品少，产品竞争力较低。中部除了河南以外，其余5省县域产业大多以资源型产业居多，生产加工型产业集群偏少，资源型产业难以形成产业链，龙头企业的带动能力有限。而中部进入全国百强县最多的河南省，县域优势产业发展较好对推动形成县域经济跨越式发展起到重要的作用，肉制品、方便面、速冻食品、面粉等产品销量居全国第一，食品加工业龙头企业的带动，是促进县域经济发展的关键。

中部地区民营经济实力有限。东部民营经济是推进县域经济发展的主要推动力，浙江省县域经济位居全国第一，主要得益于民营经济的发展壮大。浙江人全民皆商的创业精神和民营情结，使得民营经济在改革开放后成为推动浙江经济从落后走向发达的关键力量，企业家精神也是农村城镇化的关键动力。对比东部，对比浙江，中部民营经济实力远远落后于东部地区。2010年，我国民营企业500强中，东部373家，中部仅68家。2015年，我国民营企业500强中，东部382家，中部仅56家。2008年中部私营企业3.9万家，工业总产值2.4万亿元；东部私营企业达到16.3万家，工业总产值达到8.7万亿元。无论是数量上，还是发展的质量上看，中部的民营经济与东部相比存在特别大的差距。且东部私营企业的发展与东部差距持续扩大。

第三节

湖北小城镇发展概况

一、发展现状

湖北省位于中国中部、长江中游，因位于洞庭湖以北而得名，北接河南，东邻安徽，南连江西与湖南，西与重庆接壤，西北与陕西为邻。根据第六次人口普查数据，2014 年湖北省常住人口 5816 万人，城镇人口 3237. 8 万人，城镇化率达到 55. 7%。而新中国刚成立时，湖北省城镇化率仅为 11. 1%。建国以来，湖北省城镇化率上升了将近 40 个百分点。湖北省土地总面积 18. 5 万平方公里，占全国土地总面积的 1. 9%。2014 年末，湖北省 GDP2. 7 万亿元，人均 GDP4. 4 万元。〔全省共有各类城市和建制镇 818 个，省辖市 12 个，县级市 24 个（含 3 个直管市），县城 40 个，建制镇 742 个。〕按城镇规模分，有特大城市和大城市 6 个，中小城市 40 个，3 万以上建制镇 46 个。2011 年，湖北省最大的城市武汉常住人口首次突破 1000 万大关，2014 年底达到 1060 万人。

2011 年，湖北全省共有建制镇 761 个，位列全国各省市第 7 名。1999 年，湖北省共有建制镇 864 个。建制镇的数量主要受国家设镇标准的变化而变。建制镇的总数量变少，大部分城镇仍然规模偏小。湖北小城镇密度为 41. 4 个/万平方公里。与中部 6 省小城镇密度相比，湖北城镇密度低于其他省份，与东部各省相比更低。[1]

〔1〕 周舟. 湖北省小城镇发展路径研究. 武汉：华中科技大学，2011.

表 5-21　2014 年湖北省建制镇密度

建制镇	行政区面积（平方公里）	建制镇数量（个）	建制镇密度（个/万平方公里）
神农架林区	3216	5	18.7
恩施土家族苗族自治州	24111	48	19.9
武汉市	8494	5	5.9
十堰市	23680	71	30.0
宜昌市	21084	67	31.8
随州市	9636	37	38.4
襄阳市	19724	74	37.5
荆门市	12404	50	40.3
潜江市	2004	10	49.9
咸宁市	9861	52	52.7
黄冈市	17457	99	56.7
黄石市	4586	27	58.9
仙桃市	2538	15	59.1
荆州市	14092	89	63.2
天门市	2622	21	80.1
孝感市	8910	72	80.8
鄂州市	1594	18	112.9

数据来源：《湖北省统计年鉴 2015》

二、小城镇分布

从分布上来看，湖北小城镇大多集中在东部地区，呈现东密西疏的状态。小城镇数量位居第一的是东部黄冈市，共 99 个；其次是荆州市，共 89 个；数量排在第三的是襄樊市，共 74 个。从密度上来看，湖北东部地市小城镇比中、西部地区密，也高于湖北全省建制镇密度的平均水平。密度最高的是鄂州市，建制镇密度达到 112.9 个/万平方公里；其次是孝感市，建制镇密度为 80.8 个/万平方公里；排在第三位的是天门市，建制镇密度为 80.1 个/万平方公里。城镇数量最少是神农架林区，共5个建制镇。建制镇密度最低的是武汉市，共5个建制镇，建制镇密度为5.9/万平方公里。

武汉“1+8”都市圈占全省土地面积的36.5%，319个建制镇分布其中；中部（宜昌、荆州、荆门、襄阳、随州）占全省土地面积的36%，317个建制镇分布其中；西部（十堰、神龙架、恩施）占全省土地面积的27.5%，125个建制镇分布其中。

湖北的小城镇大多分布在沿长江、汉水与交通沿线，呈现东密西疏的分布格局。从东往西沿长江、汉江分布城市依次有武穴市、潜江市、荆门市、宜城市、黄石市、鄂州市、黄冈市、武汉市、汉川市、仙桃市、襄阳市、老河口市、丹江口市、洪湖市、石首市、枝江市、宜都市、宜昌市共18个城市。整个长江和汉江水道所分布的城市几乎占湖北所有城市的一半。湖北地级以上的城市70%集中在沿江地区，武汉、黄石、荆州、宜昌、鄂州5个城市在湖北城镇体系中占有突出的位置。

图5-1 湖北小城镇空间分布图[1]

[1] 周舟．湖北省小城镇发展路径研究．武汉：华中科技大学，2011.

表5－22　2011年湖北省各市、州建制镇数量

地区	副省级城市	省辖地级市	县级市	县
武汉都市圈	武汉市（1个）	黄石、鄂州、孝感、黄冈、咸宁（5个）	仙桃、潜江、天门、大冶、汉川、应城、安陆、麻城、武穴、赤壁（10个）	阳新、孝昌、云梦、大悟、团风、红安、罗田、英山、浠水、蕲春、黄梅、嘉鱼、通城、崇阳、通山（15个）
鄂中南		荆州、荆门（2个）	石首、洪湖、松滋、钟祥（4个）	公安、监利、京山、江陵、沙洋（5个）
鄂西南		宜昌（1个）	宜都、当阳、枝江、恩施、利川（5个）	远安、兴山、秭归、长阳、五峰、建始、巴东、宣恩、咸丰、来凤、鹤峰、神农架（12个）
鄂西北		襄阳、十堰、随州（3个）	老河口、枣阳、宜城、丹江口、广水（5个）	南漳、谷城、保康、郧县、郧西、竹山、竹溪、房县（8个）
合计	1个	11个	24个	县39个，林区1个

表5－23　2014年全国及四大地区建制镇数量与密度情况

地区	土地面积（万平方公里）	建制镇个数（个）	建制镇密度（个/万平方公里）
全国	960	20401	21.3
东部地区	91.6	5877	64.2
中部地区	102.8	5335	51.9
西部地区	686.7	7597	11.1
东北地区	78.8	1592	20.2

注：根据《国家统计年鉴2015》整理而得。

三、湖北小城镇与其他地区对比

从镇域城镇化率来看，湖北低于全国的平均水平，也低于东部地区和东北地区镇域城镇化水平。2011年，湖北省建制镇镇区总人口1261.2万人，建制镇总人口为 4139.9 万人，全省镇域城镇化率为 30.5%。全国镇域城镇化率为 28.5%，东部地区为 31.6%，中部地区为 26.3%，西部地区为 26.0%，东北地区为 29.2%。与中部其他 5 个省相比，湖北镇域的城镇化率与山西的 30.5% 持平，高于河南的 26.3%、湖南的 25.7%、江西的 24.8%、安徽的 22.6%。

从聚集人口规模上来看，小城镇聚集人口数量较少。湖北城镇人口 2964 万人，分布在城市的人口 1646.66 万人，分布在县城的人口有 434.71 万人，而分布在建制镇上的人口有 1261.2 万人。平均每个建制镇聚集 5.58 万人。

湖北省小城镇发展不均衡，绝大多数小城镇是以"数量扩张"为特征的，90% 以上的城镇是撤乡设镇形成的，大多数小城镇的镇区人口不足 2 万人，最小的小城镇的城镇人口仅 1000 余人，小城镇镇区人口平均为 17000 人。与东部相比，湖北省建制镇镇区人口较少，东部建制镇平均镇区人口为 18439 人/镇。

表 5－24　湖北与中部其他各省的建制镇常住人口对比

中部各省	建制镇个数（个）	建制镇常住人口（万人）	镇平均常住人口（万人）
湖　北	742	4139.92	5.58
山　西	564	1687.57	2.99
安　徽	914	4829.03	5.28
江　西	794	2817.65	3.55
河　南	1011	4878.73	4.83
湖　南	1121	4338.82	3.87

数据来源：《建制镇统计年鉴 2012》

表 5－25　湖北与东部、西部、东北部地区建制镇常住人口对比

地　区	建制镇个数（个）	建制镇常住人口（万人）	镇平均常住人口（万人）
湖　北	742	4139.92	5.58
东部地区	5935	34615.24	5.83
西部地区	6999	24817.99	3.55
东北地区	1513	4400.36	2.91

数据来源：《中国统计年鉴 2012》

从产业发展上来看，湖北省小城镇非农产业支撑能力较弱。2013 年，湖北全省乡镇工业企业实现总产值 23227.07 亿元，近五年平均增加 15%；乡镇企业总产值占全省国内生产总值的 9.42%。全省 70% 以上的乡镇企业集聚在小城镇。

而东部地区乡镇企业个数达到 184 万个，集镇工业总产值达到 392234.51 亿元，中部比东部地区分别落后 57% 和 68%。2014 年，全国民营企业 500 强排名中，浙江有 138 家，湖北只有 15 家；湖北个体私营企业从业人口占总人口的 24.83%，全国平均为 18.3%，而浙江高达 35.8%。从县域经济来看，农业产业化龙头企业不多，竞争力不强，一些县仍未根本摆脱“粮食大县、经济小县、财政穷县”的局面。

从集镇综合功能来看，湖北小城镇基础设施和公共服务水平比较落后。从道路、供水、排水、污水处理、医疗与教育等城镇基础设施和公共服务水平上来看，湖北的普及率和水平位于中部地区的中上水平。

表 5-26　湖北建制镇基础设施建设情况与中部其他省对比表

省份	人均道路面积（m^2）	集中供水建制镇数量比重（%）	排水管道长度（公里）	污水处理厂个数（个）	燃气普及率（%）
湖北	10.28	92.9	9025	54	41.90
山西	13.01	98.3	1693	13	15.97
安徽	11.66	85.4	8628	58	43.55
江西	10.21	96.0	4121	25	33.95
河南	11.59	96.4	6494	22	8.42
湖南	9.28	83.8	6182	45	35.08

数据来源：《中国城乡建设统计年鉴 2011》

表 5-27　湖北建制镇教育与医疗保障建设情况与中部其他省对比表

省份	教育			医疗		
	中小学校数(所)	中小学在校生数(万人)	中小学教师数(万人)	医院、卫生院个数(个)	医生数(人)	病床数(个)
湖北	7994	377.63	27.59	1472	89416	111563
山西	7766	225.35	17.81	1169	29083	47046
安徽	14060	548.47	33.04	2620	67336	88095
江西	10653	398.94	23.06	1238	39235	51398
河南	18523	765.56	44.64	1767	87708	144370
湖南	12012	434.23	30.32	1896	79989	110862

数据来源：《中国建制镇统计年鉴 2012》

从规划布局上来看，湖北小城镇规划较为落后。湖北许多小城镇规模小，发展水平较低，政府对城镇规划还不够重视，小城镇完成和实施规划的比例并不高。许多小城镇镇区厂房、民用住宅、娱乐设施、商业设施都相互混杂，道路、供水、排水等设施普遍老化，镇区的乱搭乱建现象比较普遍，城镇风貌、文化和特色都少有显现荆楚文化的内涵。

表5－28　湖北与广东小城镇完成规划的情况对比

地区	编制总体规划的建制镇（个）	占统计的镇比例（%）	当年新、修编的镇（个）	编制总体规划的乡（个）	占统计的乡比例（%）	当年新、修编的乡（个）
湖北	719	95.74	54	165	93.75	22
广东	883	86.48	66	10	71.43	0

数据来源：《中国城乡建设统计年鉴2014》

四、千强镇归“0”的尴尬

有关数据显示，千强镇人口仅占全国小城镇总人口的10%，创造的财政收入占全国小城镇财政总收入的50%，千强镇已经成为我国小城镇发展的典范。国家统计局选择了25个指标来评定千强镇的发展水平、生活质量和发展潜力，从历次评价出来的千强镇的发展情况来看，这些千强镇都具备一些共同特征。首先，这些专业镇综合实力强；其次，非农产业发达，企业多，有数家行业领先的企业；再次，城镇功能比较完备，城镇居民生活质量较高。

2003年，我国1000个综合发展水平较高的小城镇（以下简称“千强镇”）主要分布在浙江、江苏、广东等24个省（区、市）。长江三角洲和珠江三角洲成为我国“千强镇”聚集的地区，其中浙江有268个，江苏266个，广东152个，而湖北只有陈贵镇等3个小城镇名列其中。湖北进入“千强镇”的陈贵镇、仙桃干河、江夏流芳街在本次排名中分别位列第980名、第993名和第998名，位次靠后。从产业上来看，东部的广东、江苏、浙江进入“千强”的小城镇，大多形成了市场地位较强的生产制造业或加工业。而湖北的陈贵镇是依托矿产资源发展起来的采掘业、冶炼业；流芳街依托大学城的聚集，众多在校大学生带动了街道商业的发展。与东部地区相比，湖北3个“千强镇”的经济实力比较薄弱，发展后劲不足，特别是大冶的陈贵镇，随着大冶矿产资源日渐枯竭，陈贵镇的工业企业可持续发展能力较低。2008年国家统计局公布的“千强镇”的名单中，湖北小城镇入围数量由3个变成0个。在2014年的中部六省百强县（市）名单中，湖北仅2个；2011年农民人均纯收入全国前1000位的城镇中，湖北为0个，财政收入前1000位的城镇中，湖北仅有15个。

专　栏

中国服装名城——东莞市虎门镇

一、概况

虎门镇为中国经济“千强镇”之首。虎门镇位于珠三角的核心区域，珠江口东岸，濒江临海，毗邻港澳，是东莞城市副中心。全镇辖区总面积178.5平方公里，常住人口12.8万人，外来人口50万人。广深珠高速公路、107国道纵贯全境。虎门港是国家一类口岸的国际港口，直接对外开放。水路可通航广州、深圳、香港等地。

改革开放30多年来，虎门从一个国内生产总值仅6500多万元的海边小镇，迅速发展成为生产总值达348亿元、富有现代气息的时尚之都。至今，有超过100位党和国家领导人前来虎门调研考察，获得过80多项国家和省级荣誉称号，其中2012年获得了中国城镇综合实力500强第一名，连续三年获得广东镇域经济综合发展力第一名，荣获首批“全国纺织模范产业集群”、首批“中国服装产业示范集群”、“广东摄影之乡”、东莞市镇街领导班子落实科学发展观工作考核综合奖一等奖、市“三重”项目建设单项指标奖等多个荣誉。2012年全镇生产总值348亿元，同比增长6.2%；各项税收总额53亿元，增长15%；镇本级可支配财政收入21亿元，增长3.3%；各项存款余额570亿元，增长12%；进出口总额45.6亿美元，其中出口总额30.7亿美元，分别增长12%和9%。

二、发展历程

1978年4月，一位有远见的港商在虎门投资兴办了一家工厂。这家编号为

"粤字001号"的"太平手袋厂"成为全中国第一家"三来一补企业"——中国关闭已久的大门在虎门向全世界打开。

之后，接连几位外商在虎门办起了与制衣业相关的来料加工厂，并且获得不错的效益。虎门人有意识的引进服装产业链上下游的关联企业，培育完整的服装产业链条，又巨资打造服装专业交易市场。

从1978年率先引进外资，到20世纪90年代初大力实施"服装兴镇"，再到当前"滨海国际商城"建设，虎门基本实现了工业化、信息化、城市化、市场化、国际化。

三、特色产业

虎门服装服饰产业已成为全国名列前茅的产业集群。截至2011年底，虎门有服装服饰生产加工企业2346家，总生产面积274万平方米，从业人员超过20万人，年工业总产值约200亿元。全镇有299家面辅料企业，438家物流、印染、绣花等配套企业，324家咨询、培训、设计、策划等服务机构，形成了集研发、设计、生产、销售、服务于一体的完整产业链，实现全环节生产销售。现有服装服饰市场区域面积约7平方公里，总经营面积232万平方米，有40个专业市场、1.5万经营户，年销售额近500亿元。有服装服饰注册商标5万多个，仅以纯一家就有209个注册商标。有中国驰名商标1个、中国名牌产品3个、广东省著名商标12个，涌现了以纯、松鹰等一批龙头企业。

荆楚矿业第一镇——陈贵镇

一、概况

陈贵镇是湖北省乡镇企业"十强乡镇"之一，位于湖北省大冶市中部，距市区16公里，东与金湖街道办事处相连，南与刘仁八镇交界，西与灵乡镇接壤。陈贵镇的面积为160.4平方千米，总人口6.5万。其境内有武灵铁路通过，与京广线接轨。大金省道在镇内东西贯穿，东接沪蓉高速公路，西接106国道。

二、经济

2006年，陈贵镇完成工农业总产值49.5亿元，规模以上工业产值19.2亿元，综合财政收入达1.5亿元，农民人均纯收入达到4970元。陈贵镇依托于土地资源、矿产资源、旅游资源的优势，在工、农、旅游业的发展都业绩卓著。

三、特色产业

特色产业之一：矿业

陈贵镇拥有丰富的矿产资源，现已探明的矿产资源有铁、金、锰等十余种。

陈贵镇成立了矿业集团有限公司，对矿业实行镇办镇管、股份合作，镇政府控股52%，群众参股48%，兼顾国家、集体、个人三者的利益，这种以“统一规划、统一开采、统一加工、统一销售、股份合作”为主要内容的“陈贵模式”在全国得到广泛的认同和推广。

陈贵镇的矿业以铁矿石的开采为龙头，集加工、精选、冶炼、铸造为一体。固定资产总产值2.4亿元，安排农村劳动力6000余人。

特色产业之二：旅游业

陈贵镇独特的历史冶炼遗产，浑然天成的自然景致，旧时文人骚客留下的书之香、墨之味，建立了陈贵镇独树一帜的旅游体系。

2005年在陈贵镇李德贵湾的花炉山上发现了大型古冶炼炉群，13座古冶炼炉紧密相连，专家初步推断该冶炼炉群是用来炼铜的。这个发现对研究中国古代冶炼史有很深的价值，进一步说明了陈贵镇在世界青铜文化发展史上有重要地位，同时吸引着全国各地的冶炼史爱好者。

陈贵镇的大泉沟有“大冶的九寨沟”的美誉，长约10里，奇峰突兀，山奇谷秀，青山绿水，风景俊秀，以泉水之美闻名于世。是环境优美的生态休闲胜地。

天台山居大冶三台之冠，是黄石四大名山之一，是陈贵镇的东南屏障。天台山群峰叠涌，簇聚如莲，有“仰天莲花”的美誉。主峰莲花峰海拔580米，峰下溪潭互映，松石点缀，春——花满枝头，夏——浓荫清凉，秋——瓜果飘香，冬——玉树琼花，四季之景妙趣天然。

雷山怪石林立，石城、石洞、石池、石浪、石狮等石景千姿百态；另外，松竹成荫，亭台楼阁，还有文人墨客吟咏雷山的锦绣华章，自然与人文相辅相成。

五、小城镇发展的区域环境对比

发展经济学的核心主体斯密定理指出，分工是经济增长的源泉，而分工依赖于市场的大小，市场大小又取决于运输条件。[1] 站在城镇自身的发展角度上来看，区域环境、区域市场、区位条件是城镇发展最重要的区域背景。

中国城市群占全国国土面积 21.3%，却集中了占全国 49% 的总人口、78.8% 的经济总量、76% 的工业总产值、51.4% 的城镇人口、46.7% 的城镇数量、85% 的高等学校在校学生、98% 的外资、68.5% 的固定资产投资、76.5% 的社会消费品零售总额（2007 年）。[2] 从密度上来讲，中国城市群平均人口密度高达 319 人/平方公里，比全国高出 181 人/平方公里，是全国平均值的 2.3 倍；经济密度高达 969 万元/平方公里，比全国高出 708 万元/平方公里，是全国平均水平的 3.6 倍；城市群平均城镇密度为 44.5 个/平方公里，比全国高 24.4 个/平方公里，是全国平均值的 2.2 倍。城市群对区域经济的带动非常显著。以省政府为主体的政府力量在推动中国一些地区城市群的形成。但是国际城市群的发展，以及国内珠三角、长三角城市群、京津冀城市群的发展历程来看，规模大，发展水平较高，区域经济一体化程度较高的城市群，大多是在市场力量的作用下形成的。城市群中往往有一系列的城市经济水平相当的城市在空间上相对集中分布，城市之间的经济往来、信息流动比较频繁，基础设施区域共享程度较高。珠三角、长三角城市群，经过 10 多年的发展，已经形成了大、中、小城市和经济强镇一体化发展，共同繁荣的局面，城镇体系比较完善。

湖北城镇体系出现断层，大、中城市缺乏，区域中心的带动作用较弱。全省 810 多个城镇，武汉城市常住人口超过 1000 万，但是除武汉以外，还没有一个城市常住人口超过一百万的城市。湖北第二大城市襄樊常住人口仅 90 万，第三大城市宜昌常住人口仅 70 万。武汉市非农业人口数是其他 11 个地级市市辖区非农业人口的总和，武汉 GDP 是 11 个地级市市辖区之和的 1.2 倍，武汉财政总收入是 11 个市市辖区的 1.6 倍。除武汉外，其他 5 个大城市（宜昌、襄阳、黄石、

---

〔1〕杨小凯．发展经济学——超边际与边际分析．北京：社会科学文献出版社，2003.
〔2〕方创琳．中国城市群形成发育的新格局及新趋向．地理科学，2011（9）：1025—1034.

荆州、十堰）城区平均人口不到武汉市城区人口的1/7，五个城市平均GDP约为武汉市的24%。[1] 湖北省的城镇体系是省会城市武汉一市独大的格局，二线城市发育不够。从经济首位度来看，武汉市城市GDP首位度达到3.2，在全国24个主要省份城市经济首位度中排名第二。[2] 中部其他五省的城市经济首位度同样存在过高的问题。与东部地区相比，中部中心城市的首位度过高，说明城镇体系还处于集聚阶段。同时也说明，湖北的副中心城市，或者区域性中心城市的经济实力较弱，对周边区域带动能力有限。2014年，武汉的GDP达到10069.48亿元，而GDP超过3000亿元的城市只有宜昌、襄阳，GDP仅为3130亿元左右。从经济综合指标来看，湖北的副省域中心城市宜昌与襄阳与中部周边河南副省域中心城市洛阳相比，GDP仍要少100多亿元。

表5-29 武汉城市圈城镇数量

类别	副省级城市	省辖地级市	县级市	县
武汉城市圈	武汉市（1个）	黄石、鄂州、孝感、黄冈、咸宁（5个）	仙桃、潜江、天门、大冶、汉川、应城、安陆、麻城、武穴、赤壁（10个）	新阳、孝昌、云梦、大悟、团风、红安、罗田、英山、浠水、蕲春、黄梅、嘉鱼、通城、崇阳、通山（15个）

表5-30 2014年湖北省各城市GDP产值

地区分划	城市名	GDP产值	全省GDP总量比例
武汉城市圈	武汉市	10069.48	59.8%
	黄冈市	1477.15	
	孝感市	1354.72	
	黄石市	1218.56	
	咸宁市	964.25	
	鄂州市	686.24	
	仙桃市	552.27	
	潜江市	540.22	
	天门市	401.86	

〔1〕 项继权，袁方成．湖北城镇化的发展及政策选择．城市观察，2013（1）：76—88.

〔2〕 郝华勇．湖北城镇体系发育障碍及优化对策．江汉大学学报（社会科学版），2012（1）：33—37.

续表

地区分划	城市名	GDP 产值	全省 GDP 总量比例
宜荆荆襄随地区	宜昌市	3132.21	33.8%
	襄阳市	3129.26	
	荆州市	1480.49	
	荆门市	1310.59	
	随州市	723.45	
十神恩地区	十堰市	1200.82	6.4%
	恩施土家族苗族自治州	612.01	
	神农架林区	20.24	

而长三角都市圈，则形成了一批经济实力强大的区域性中心城市，包括上海在内共 16 个城市。2014 年，龙头城市上海的 GDP 达到 2.36 万亿元。此外，除舟山岛以外的其他城市的 GDP 均超过 1500 亿元。在珠三角都市圈的 9 个城市中，GDP 占全国 GDP 总量的比例超过 1% 的有 3 个，这 3 个城市 GDP 总量占珠三角都市圈 GDP 总量的比例达到 69.7%，占全国 GDP 的 9.1%。在首都都市圈 10 个城市中，GDP 占全国 GDP 总量的比例超过 1% 的有 2 个，这 2 个城市的 GDP 总量占首都都市圈 GDP 总量的比例为 55.7%，占全国的 5.8%。

表 5-31　2014 年长三角都市圈城市经济信息表

地区	省份	面积（平方公里）	总人口（万人）	GDP（亿元）	城镇化率（%）	财政收入（亿元）
上海	—	6340.5	2415.15	23567.7	88.0	4585.5
南京	江苏省	6597	821.61	8820.8	80.9	903.49
镇江	江苏省	3843	317.14	3252.44	66.6	277.76
常州	江苏省	4385	469.64	4901.87	68.7	433.88
无锡	江苏省	4787.61	650.01	8205.31	74.5	768.01
苏州	江苏省	8488	1060.40	13760.89	74.0	1443.82
扬州	江苏省	6634	447.79	3697.91	61.2	295.19
泰州	江苏省	5797	463.86	3370.89	60.2	277.95
南通	江苏省	8544	729.80	5652.69	61.2	550.00
杭州	浙江省	16596	715.76	9206.2	73.3	1920.11

续表

地区	省份	面积（平方公里）	总人口（万人）	GDP（亿元）	城镇化率（%）	财政收入（亿元）
嘉兴	浙江省	3915	348.14	3352.6	53.3	568.09
湖州	浙江省	5818	263.78	1956.0	52.9	219.08
宁波	浙江省	9816	583.78	7610.3	68.3	1790.89
绍兴	浙江省	8279	443.04	4265.9	58.6	546.34
舟山	浙江省	22200（包括海域）	97.49	1015.3	63.6	148.93
台州	浙江省	9411	597.10	3387.4	55.5	485.29

第四节

湖北省与东部的小城镇发展对比

一、1949—1957 年，处于徘徊发展状态

新中国成立后，我国国民经济开始恢复，城市与工业得到了发展；土地改革的实施，生产力得到解放，农村经济得到迅速地发展。1949 年，我国建制镇只有 2000 个；而到 1954 年，全国共有 136 个设市城市，5400 多个建制镇。全国城镇化水平为 10.6%。而在这个阶段，国家颁布了《关于设置市、镇建制的决定》，对原有的小城镇进行了调整，取消了一批不够标准的乡镇，全国的建制镇降为 4487 个，到 1956 年降到 3672 个。

新中国成立初期，国家通过苏联援建的 156 个国家级重点项目带动重点城市、重点项目带动了重点地区的工业和城镇的发展。这一时期，国家在湖北安排了 7 个重点项目，像武钢、武重、武船、武锅等“武”字头企业都成为带动湖北工业发展的龙头企业，带动了湖北省工业化、城镇化的发展。1952—1957 年，湖北省的城镇化水平从 10.1% 增至 13.1%，6 年间上升了 3 个百分点，全省当时共有 8 城市，71 个县，195 个建制镇。在这个阶段，工业大多集中在沿长江的重点城市，包括武汉、黄石、宜昌、襄阳等大中城市。这个时期，小城镇经济主要是交换农产品、城乡居民购买生活用品的聚集地，城镇规模普遍较小，城镇人口主要是政府机关、企事业工作人员，少量经商人员，城镇人口较少，平均只有几百上千人，小城镇发展缺少活力。而自从国家调整了设市建制镇的标准之后，湖北的小城镇数量也大幅减少，仅为 189 个。[1]

东部小城镇由于多集中在沿海、沿河岸地区，水运方便，资本主义工商业具有一定的基础。东部沿海地区的农业发展水平一直高于内陆地区。在 19 世纪，资本主义萌芽形成的商品经济传统首先在沿海地区形成，广东佛山等名镇在当时

---

〔1〕 中华人民共和国国家统计局. 中国统计年鉴. 北京：中国统计出版社.

就小有规模。而中西部地区长期受小农经济的意识所支配。

二、1958—1978 年，基本处于停滞和萎缩阶段

这个时期，我国经历了“政社合一”“大跃进”“三年自然灾害”“十年动乱”等政治体制变化和自然灾害，原本薄弱的经济几经打击，再加上我国实行单一的计划经济管理体制，小城镇的发展受到一定制约。与此同时，农村片面强调“以粮为纲”，农村的经济主要以种植粮食为主，农村经济发展比较缓慢。而在政社合一的体制下，东部一些地区兴建了一些社队企业，一定程度上促进了小城镇的发展。1979 年，全国建制镇只有 2800 个，比 1956 年减少了 872 个。

这个时期，国家实施了“三线建设”，重点项目和技术人才向内地安排，湖北的宜昌、十堰市都因为重点项目带动下得到了一定程度的发展。但是在国家一波三折的国家政治环境下，湖北全省的城镇化仍然处于停滞不前的状态。建制镇的数量从 1958 年的 195 个下降到 1978 年的 105 个。随着国家调整设镇的标准，以及对农村商业发展的限制，许多小城镇和集市开始退化，更有甚者沦落成村庄。

同期，广东省的小城镇与中部地区基本类似，其数量曾一度降至 1978 年的 120 个。[1] 而苏南一带兴办的社队企业较多，为后来乡镇企业的发展和繁荣奠定了一些基础。

三、1979—2001 年，处于恢复与快速发展期

1978 年以后，随着国家实施改革开放，城市与农村的社会经济都得到了较快发展，而小城镇作为连接城乡之间的纽带，随着 20 世纪八九十年代乡镇企业的兴起也繁荣起来并进入了补偿性发展阶段。而 1980 年，国务院下发了《批转全国城市规划工作会议纪要》，提出要积极发展小城镇，依托小城镇发展经济。

---

〔1〕 朱竑．广东小城镇发展及规划思考．经济地理，2001（3）：332—336.

1984 年，国务院通过《国务院关于农民进集镇落户的通知》并转批了民政部《关于调整建制镇标准的报告》，放宽了建制镇落户的限制，也降低了建镇标准。1995 年，国家体改委等 11 个部委联合下发了《小城镇综合改革试点指导意见》，确定了一批综合改革试点镇，通过下放县级政府管理权限，设立小金库，高配城镇政府党政一把手的行政级别，推动小城镇朝自主权更大的方向发展。1998 年，《中共中央关于农业和农村工作若干重大问题的决定》中又首次提出“小城镇，大战略”问题，确立了小城镇在我国城市化进程中的重要作用。这个时期，全国小城镇进入了史无前例地发展高潮，全国小城镇数量从 1978 年的 2400 个，上升到 2001 年底的 20374 个。这时的城镇化走的是一条以小城镇为主体的城镇化道路，全国建制镇吸纳的流动人口占总人口的比重超过 40%，其中浙江省内建制镇吸纳流动人口占全省的比重高达 74%；广东省内建制镇吸纳流动人口占全省的比重高达 65. 4%；江苏省内建制镇吸纳流动人口占全省的比重高达 60. 5%。

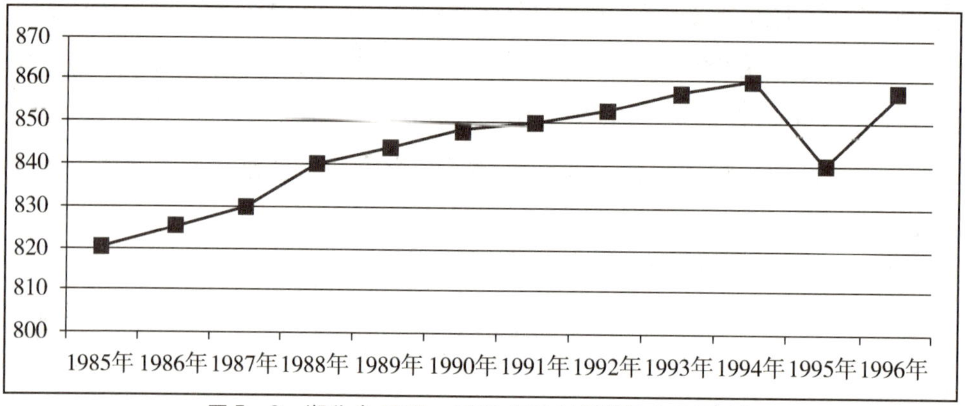

图 5 -2　湖北省 1985—1996 年建制镇数量变化图[1]

这一时期，湖北的小城镇也进入了高速发展时期。1980 年，湖北省的建制镇数量为 215 个；1998 年，湖北省建制镇数量达到 856 个。除建制镇以外，湖北还有乡、集市等农村商业相对集中的聚集点 1767 个。1982 年，湖北的城镇化率为 17. 3%，低于全国平均水平 3. 2 个百分点，在全国各省市中排名第 19 位；而 1990 年上升至 28. 7%，高于全国平均水平 2. 5 个百分点，在全国排名第 12 位；2000 年，湖北城镇化率为 40. 5%，高于全国平均水平 3. 6 个百分点，排名降至

〔1〕 21 世纪湖北省小城镇发展战略.

第13位。[1] 总体来看，湖北的小城镇大多属于依托大中型工矿企业、工商贸易发展起来的工业主导型小城镇和工商贸易型小城镇。小城镇对本地及周边农村区域发挥了重要的行政、文化功能，同时也吸纳了大量人口。

同期，广东的小城镇在国家沿海优先发展战略的带动下发展异常迅速。当时，国家设立了深圳、珠海、汕头、厦门等经济特区，实行了市场经济的改革探索，引进外资，并配套土地、税收等优惠政策。在国际国内各种发展要素往珠三角地区集中的条件下，广东特别是珠三角的经济发展迅猛。在区域经济的带动下，广东的小城镇经济也进入了前所未有的繁荣发展时期，尤其是珠三角的众多小城镇实现了经济发展的崛起，缩小了城乡差距，大大推动了工业化进程，涌现出了为数众多、经济实力特别强的专业镇。1982年，广东省全省只有132个建制镇，到1996年竟达到1554个。1996年，农村经济总收入超过亿元的乡镇达到962个，超过10亿元的乡镇达到99个；财政收入在1000万以上的有259个，其中财政收入在5000万以上的有53个。同时，全省建制镇镇区平均占地面积达2.1平方公里，镇区人口平均达到5700人。这些镇的经济实力，已远远超过湖北省小城镇的经济发展水平。[2]

四、2001年至今，处于调整发展阶段

小城镇是解决当地剩余劳动力非农就业的重要场所，是吸纳流动人口的主站场，解决中国城镇化问题的主要载体。这是20世纪90年代许多学者和决策者发展小城镇的主要出发点。但由于受体制的限制、发展要素聚集能力的限制以及城镇功能较弱的限制，小城镇虽拥有10多年的发展历程，但发展效率仍然不高。这一问题在后续过程中也有显现。国家开始调整城镇化的发展方针，把重点发展小城镇的战略调整为“大、中、小城市和小城镇协调发展”。国家在“十五”“十一五”“十二五”规划中，都提出要促进城镇化健康发展，坚持大中小城市和小城镇协调发展。2003年，全国建制镇达到20226个，城镇人口达到5.24亿

---

〔1〕 马发生．对21世纪湖北省小城镇发展战略的思考．湖北社会科学，2001（3）：36—37；项继权，袁方成．湖北城镇化的发展及政策选择．城市观察，2013（1）：76—88.

〔2〕 赖国扬．广东农村小城镇分布现状与发展战略．调研世界，1999（2）：20—22.

人；2012 年全国建制镇为 19881 个，城镇人口达到 7.12 亿。

国家开始重视城市产业和城市功能的质量转型，国有企业的改制，许多下岗职工面临再就业，同时随着人们收入水平的增长，城市服务业得到快速发展。国家也制定一系列利于农村剩余劳动力进城的政策，湖北成为劳动力输出大省，据湖北的调查，到 2010 年 6 月底，湖北省农民工达 964 万人，前往东部务工的约 430 万，在中部务工的约 455 万，在西部务工的约 77 万。农村许多文化水平较高、较年轻的壮年到了东部沿海、本省大中城市务工，湖北农村经济，特别是集镇功能有所减弱。2002 年，湖北省提出了推动县域经济发展战略，重点加强以县域经济为重点的工业化和城镇化，指出措施仍然向大、中小城市倾斜，小城镇发展比较乏力。2003 年，湖北省出台了《关于深化户籍管理制度改革的意见》，建立城乡统一的户口登记管理制度，初步消除户籍门槛，一定程度上促进了城镇化的发展。2005 年，湖北省政府在仙桃市召开了小城镇建设工作会议，研究部署全省小城镇建设工作。湖北省从现有的 700 多个建制镇中，根据经济实力、城镇人口、地理区位、城镇化率等几项指标评定出 100 多个重点镇，将这 100 多个小城镇分为工业、商贸、交通枢纽、都市周边等 9 种类型进行重点建设和管理。2001—2008 年，湖北省城镇化水平平均以 0.6 个百分点的速度稳步增长。（图 5－3、5－4）。2002 年以来，湖北省县域从事非农产业的人员达 1200 多万人。在这个期间，第一代农民工（主要是 20 世纪 60 年代、70 年代出生的农民工）返乡创业的兴起，湖北的小城镇产业发展进入了一个全新的时期。这个时期，湖北小城镇得到了快速发展，形成了一批具备一定实力，功能相对完备的小城镇，

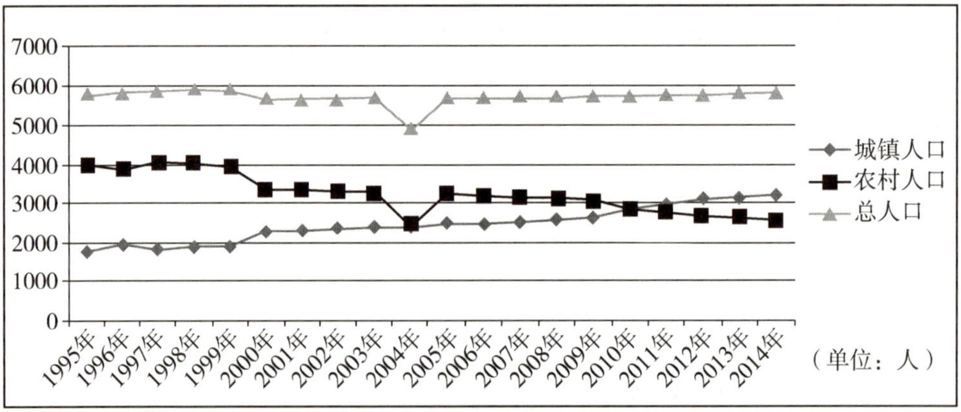

图 5－3　湖北省 1995—2014 年人口变化图

大冶的保安镇、还地桥镇，宜昌的龙泉镇，汉川的马口镇等，初步具备小城市的功能，自来水、排水、电、道路和光缆等设施一应俱全。

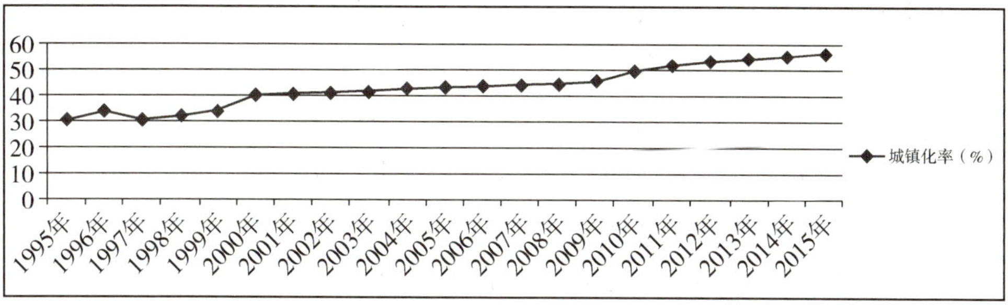

图 5－4　湖北省 1995—2015 年城镇化水平变化图

近 10 年来，广东省的建制镇数量并没有出现大的起伏，但是许多以产业集群式发展的专业镇强大起来。2011 年，广东全省共有建制镇（含街道办）1500 多个，镇域经济总量占全省经济总量的 60% 左右。在全省的建制镇中，被认定为专业镇的有 326 个，覆盖了 20% 以上的建制镇。[1] 这些专业镇 2011 年实现 GDP 总量 1.64 万亿元，占全省 GDP 比重的 31%，成为全省经济发展的重要增长极。专业镇对区域经济的平均经济贡献达 39%。全省工业总产值超 1000 亿元的专业镇达 6 个，超 100 亿元的专业镇达 103 个，规模以上的企业数达 2.5 万家。

湖北省小城镇与广东的小城镇发展差距越来越大。2000 年，湖北的城镇化率为 40.2%，比广东省城镇化率低 14.8%；2005 年，湖北城镇化水平比广东低 17.5%，2014 年，湖北城镇化水平比广东低 12.3%。湖北建制镇数量比广东省少将近 270 个。湖北省镇区集聚的企业总数为 2.5 万家，比广东少 4.6 万个。[2]

〔1〕 周轶昆．广东专业镇发展现状与转型对策．南方农村，2012（3）：53—56.

〔2〕 鲁德银，王习春．农村城镇化进程中与小城镇集聚力协同研究．乡镇经济，2007（2）：38—42.

第五节

湖北小城镇的路径与模式

一、湖北小城镇发展路径

新中国成立以后，湖北的工业建设与城镇建设主要是沿着长江展开，沿江特别是沿水运码头、港口等发展起来的小城镇，人流、货物流、信息流的汇集而繁荣起来交通枢纽型城镇，相比内陆一些小城镇发展得快。20 世纪 70 年代，我国开始实行家庭联产承包责任制，农民生产积极性较高，收入也大幅提高，全省农村掀起了一股建房热，也带动了乡镇砖瓦厂等农村建材产业的发展。20 世纪 80 年代，中国的宏观经济是一种典型的短缺经济，各种日常小商品短缺，在这种市场需求 ·直被压抑的情况下，改革开放的实施，中国农村工业、农村服务业得到了前所未有的发展。在这样的大背景下，中国的小城镇在乡镇企业的带动下迅速发展起来。以小城镇基础建设为重点，通过完善城镇功能吸引大批乡镇企业向小城镇集聚，小城镇的产业功能比较突出，其他生活服务功能也初步建立起来。东部地区的小城镇在改革开放之后，乡镇工业得到了充分地发展，特别是劳动力密集型企业。湖北小城镇也迅速发展起来，同时小城镇面向农村区域的商业、面向集镇区域的医疗、教育等公共服务等功能得到了培育和发展。[1]

1994 年，湖北省发布了《关于加强小城镇建设的决定》，指出了湖北小城镇的建设方针，指出小城镇与工业、第三产业发展紧密结合起来，小城镇要成为一个农村区域的农副产品集散市场、农村剩余劳动力稳定转移的阵地和当地政治、经济、文化的中心。湖北小城镇的发展是自发形成的，规模普遍较小，城镇功能普遍较弱，集聚能力普遍较差。多数小城镇的二三产业及地方特色经济发展落后，缺乏对周边经济带动能力较强的支柱企业，具有创新能力的高新产业更是寥寥无几，所以湖北整体镇域综合发展水平普遍不高。

---

〔1〕 赵长勇．湖北农村小城镇发展研究．武汉：华中农业大学，2004.

1999 年，湖北省委省政府发布了《关于进一步加快全省小城镇建设的意见》，提出小城镇建设应“以促进县（市）域经济发展为基点，以县城（市区）为中心，构建中心镇——般镇—中心村‘一点三级’小城镇规划布局新体系。在长江、汉江、铁路、公路沿线和大中城市周围，形成密集的城镇带、城镇群。”该意见提出，要在全省 25% 的建制镇中形成设施完备、功能齐全、产业发达、经济繁荣、各具特色的明星镇。2005 年 10 月，湖北省在仙桃市召开全省小城镇工作会议，从全省 735 个建制镇中选择了 100 个建制镇进行重点建设和管理的试点工作。从省级政府的角度来抓小城镇的发展，湖北与其他省市相比并不落后，但是湖北的小城镇的发展活力一直未能激发出来，原因主要还在于非农产业的发展后劲不足。但是仍然涌现了一批特色比较鲜明的小城镇，仙桃的彭场镇、大冶的还地桥镇、宜昌的龙泉镇、汉川的马口镇等。彭场镇是依托非织造布制品的产业集群而强大起来的产业名镇，还地桥镇是依托矿产资源发展起来资源型小城镇，龙泉镇是依托稻花香酒业集团发展起来食品工业小镇，马口镇是依托传统纺织业发展起来的工业小镇。

二、湖北小城镇与东部小城镇发展模式的比较

专业镇现象，是珠三角的“块状经济”发展模式，是区别于其他都市圈的一个典型的经济集群现象。专业镇出现在我国 20 世纪 90 年代，是指同类型产业在一定地域上的集聚，并成为支持地方经济发展的主导产业。专业镇的发展和形成，推动了珠三角都市圈内的一体化发展。专业镇的产业企业相互贴近竞争者生存，共享庞大的专业化市场、产业链企业之间长期合作形成的信任默契，让专业镇集群式的产业发展在市场上形成强大的竞争力。

珠三角专业镇的产业集群发展模式，是农村城镇化和农业产业化的有效途径，也是工业经济结构和转型期农村经济与城市经济形成合力分工的有益尝试。珠江三角洲共有 9 个市，包含 404 个乡镇，其中专业镇有 100 多个，几乎占据了广东全省专业镇（326 个）的半壁江山。据 2011 年的数据统计，广东全省专业试点镇地区生产总值 1.5 万亿元，占全广东省本地生产总值的 28.3%。家电产品、服装纺织、食品饮料、建筑材料等专业镇特色经济企业达 6 万余家，聚集形

成了5个产值超1000亿元、76个超100亿元的专业镇产业集群，直接带动就业超过500万人。从几个地级市来看，佛山市专业镇本地生产总值占全佛山市本地生产总值的82%，江门、中山专业镇本地生产总值占全市生产总值达50%，东莞市专业镇产值达1074亿元，占东莞全市生产总值的34%。专业镇经济是珠三角地区推动工业化、城镇化和农业现代化的重要力量，也是广东省重要的经济支柱。

湖北的经济强镇都是在自身拥有的资源条件和产业基础上发展壮大起来的，与周边区域经济的联系度不强，另一方面，也是因为更高级别的市场中心的带动，并没有形成块状经济。而东部地区，早就形成了备受社会关注的“苏南模式”“温州模式”和“珠三角专业镇模式”。

湖北的十大经济强镇，也是产业发展较好的小城镇，但是从经济实力上来讲，湖北小城镇与广东专业镇相比存在较大的差距。湖北十大经济强镇，有5个是在矿产资源和传统的纺织产业的基础上发展起来的，有些镇受资源拥有量的约束呈现出短期的竞争力。钟祥市胡集镇、大悟县丰店镇都因为资源的枯竭而被迫歇业。而一些劳动密集型的工业，特别是产业门槛低、技术含量低、附加值较低的产业，缺乏核心的竞争力，很容易被市场其他产品替代，也容易被模仿和更低成本的同类企业代替。仙桃的彭场镇、汉川的马口镇都面临类似的问题，由于原材料价格的上涨，劳动力成本的提升，彭场镇、马口镇的产业集群优势很容易被周边区域的同类产业所代替。

东部专业镇是产业的集群的载体，也是众多知名企业的集聚地。广东东莞市石碣镇是以电子信息为主的专业镇，全镇共兴办电子企业310多家，其中外资企业180家，12家是海内外上市企业。珠三角专业镇这种块状经济扎根在千家万户，在市场上具有极强生命力，很多专业镇生产出的产品在全中国、全亚洲乃至全世界占据极其重要的位置，实力较强的企业甚至成为行业技术更新、市场价格变化的航向标。专业镇内部形成了比较细分的产业链，专业镇一般还拥有大型的专业市场，时刻为行业提供市场最新的供求信息。专业镇的产、供、销于一体的产业集群发展模式——大型企业带动周边无数个细分零部件厂商的形成，最大程度地减少中间环节（包括交通运输）的成本，产品价格低廉，占领市场有较大的优势。但是湖北一些产业发展较好的镇，规模企业，受市场波动作用较大。例如洪湖市瞿家湾镇曾经依靠蓝天集团得到较快地发展，但是2002年，随着蓝天集团的倒闭，瞿家湾镇的经济也受到重创。宜昌龙泉镇也是仅仅依靠稻花香酒业集团而发展起来的小城镇。[1]

三、湖北小城镇与东部小城镇发展动力的比较

产业的发展是推动小城镇实现快速发展的根本动力。众多的企业聚集，产生了源源不断的财税收入，为推动优化提升集镇生活、生产环境，建设道路、供水、通讯等基础设施提供资金保障。东部地区块状经济、产业集群的发展为小城镇建设积累了充足的资金，东部小城镇各种功能配套比较完善。湖北小城镇企业的数量及从业人数在中部六省中处于中间的位置，但是企业的利税却位于倒数第一。湖北小城镇企业数量多，但是规模小，盈利能力较差。但是发展得比较好的小城镇都是工业比较发达的小城镇，这类小城镇数量并不多。产业带动小城镇发展的动力不足，是湖北许多小城镇发展面临的共性问题。

集聚的外来人口，是推动小城镇的发展的重要动力。产业的带动不仅让小城镇获取建设基础设施、完善城镇功能的资金，也让小城镇源源不断地聚集外来人口，推动小城镇的商业功能、公共服务功能达到更高的供需水平。旺盛的人气是小城镇各种功能不断完善、提升的基础。广东许多小城镇由于产业发展较好，聚集了大量的外来人口，企业效益较好，当地城镇居民和农村居民收入较高，对城镇的公共服务设施、商业服务业、休闲娱乐等功能的需求较高，刺激了城镇功能的完善也朝着中小城市的标准看齐。商业、餐饮、娱乐等生活性服务业，以及金融、财务、物流等生产性服务业都得到一定程度的发展。广东东莞虎门镇已经形成研发、设计、生产、销售、服务于一体的产业链条，小城镇形成国际商城、咨询、培训、设计、策划等三产服务设施与结构，虎门镇具备了促进产业发展与居民生活的一切城市应该具备的功能。虎门镇城镇人口 62 万，外来人口达到 50 万人，众多的人口已经成为推动城镇面貌不断改进、城镇功能不断完善的主要动力。而湖北的城镇人口普遍偏少，是城镇发展动力不足的主要方面。一方面，城镇产业发展不足以吸引较多的人口往城镇集聚；另一方面，湖北小城镇大多是围

---

〔1〕 周舟. 湖北省小城镇发展路径研究. 武汉：华中科技大学，2011.

绕政府企事业、周边农村居住区发展起来的，城镇对公共设施、商业氛围的营建意识不浓，建筑密度过低，沿街分布的建筑很多以住宅为主，商业设施配备不足。城镇建成区内，重新规划建设又面临巨大的拆迁成本，比较分散的城镇形态统一谋划配置基础设施又面临投资过高的困境。

制度创新也是小城镇获得超常规发展的关键动力。东部小城镇之所以在改革开放之后得到突飞猛进的发展，与东部地区不断推出制度创新是分不开的。浙江的块状经济得益于浙江省政府，包括各地级市、县级市、小城镇出台支持乡镇企业发展的一系列政策措施。进入 21 世纪，在各地都在探索如何让小城镇释放活力获得第二次发展浪潮的时候，浙江省率先提出了在全省 27 个小城镇中进行将小城镇培育成小城市的探索，通过扩权、放权等方式，让小城镇获得包括审批、规划、监察等相关县级政府才拥有的权限。让许多小城镇在制度创新中寻求更多、更好的发展机遇。广东许多专业镇的转型升级同样离不开政府的扶持。广东众多专业镇长期处于生产和组装的产业链条的底端，大多数企业属于劳动密集型企业，很少拥有自己的核心技术和知识产权，在资金、技术、人员素质、管理水平等方面严重不足，产品开发设计能力薄弱、产品更新换代缓慢，企业自身转型升级的内动力不足。珠三角专业镇的发展与繁荣离不开中央及地方政府的推动。首先，国家对中小企业发展的支持政策，包括专门设立的中小企业创新基金，对以中小企业为主的专业镇具有推动作用；其次，广东省专门开展了“专业镇技术创新试点工作”，建立创新平台，设立企业创新资金，引导和支持专业镇各类企业积极进行转型升级的尝试；最后，专业镇的发展离不开市、县、镇政府的直接扶持。特别是包括省级政府在内的地方政府，在推动专业镇发展方面功不可没。湖北省也一直把推进城镇化作为一项很重要的任务来抓，但是由于湖北小城镇的产业基础比较薄弱，制度创新的普适性和针对性不够，制定出的推动小城镇发展的理念和措施，很难在各（区）县、小城镇得到落实。

四、湖北小城镇发展面临的共性问题

城镇化总体水平低，发展速度滞后。湖北省城镇化整体水平刚达到全国平均水平，城镇人口更多地集中在武汉、宜昌、襄阳等大中城市，小城镇吸纳的城镇人口相当有限，小城镇的城镇化水平较低。近 10 年，湖北小城镇的城镇人口增长也比较缓慢。[1] 沿江城镇带是湖北城镇比较密集的地区，但是从经济社会发展状况来看，湖北沿江城镇的经济社会发展仍然处于分散、相对割裂的状态，并没有形成规模化、协同的发展格局，许多城镇自身并没有强大起来，对沿江周边小城镇的带动作用非常有限。而广大的内陆地区的小城镇，大部分是资源型，绝大部分是农业资源型小城镇，非农产业发展比较缓慢，以农产品加工为主的产业也是一直停留在出售资源和初级产品的状态，缺乏对产品的深加工，产品的附加值低，城镇产业在行业的竞争力低。[2]

小城镇聚集发展要素的能力有限，人才比较匮乏。湖北小城镇不缺企业，缺的是产业规模和效益，缺乏市场竞争力，严重缺乏高素质的管理人才、技术人才和营销人才。湖北人才资源是中部地区最丰富的省份，但是湖北小城镇许多企业却很难吸引有技术、有经验的技术工人。一方面是企业规模太小，企业生命力不够强大很难吸引人才到企业来工作；另一方面，小城镇的功能不够完善，居住生活环境与城市差距较大，也是人才不愿意选择小城镇就业的主要原因。湖北的许多小城镇是在数量扩张的基础上发展起来的，730 多个建制镇，有的集镇人口仅几百人，平均规模不到 8000 人，城镇的聚集效应不大，基础设施投入的成本也相对较高，许多城镇的基础设施比较落后。[3] 发展要素难以积聚，导致企业创新能力欠缺，产品的市场生存能力较弱。这是湖北许多小城镇发展中过程面临的一个突出问题——陷入缺少人才、缺技术、缺市场与市场竞争力较低、企业利润较低的恶性循环。

小城镇发展对农村经济的带动作用有限。湖北大部分地区都是国家商品粮基地，但是现代农业基础较差，农业产业的收益较低。由于小城镇是联系农村与城市的重要节点，在带动农村经济发展中也是重要的力量。湖北小城镇对农村地区的产业带动能力有限，第一产业基数大，效率低，导致湖北许多农产品的附加值低，农产品的市场价值并没有得到很好地发挥。当地小城镇对周边农村剩余劳动力的吸纳能力有限，导致农村大部分青壮年外出打工，农村地区空心化严重，农

---

〔1〕 项继权，袁方成．湖北城镇化的发展及政策选择．城市观察，2013（1）：76—88.

〔2〕 张志军，董晓君，田凤霞．农村资源型小城镇可持续发展研究——以湖北磨市镇为例．农业经济，2007（3）：8—9.

〔3〕 胡泽勇．湖北小城镇发展战略中的农民市民化问题．城市发展研究，2007（1）：146—148.

村经济实现创新发展的主体缺失，是湖北广大农村经济发展疲软的重要原因。2011 年，湖北近半数的劳动力依然集中在农业，农业和农村人口就业与转移压力大。

小城镇规划与建设理念比较落后。湖北很多小城镇形态是沿着交通主干道发展发展起来的，小城镇企业厂房和民用住宅分散杂乱，工业区、商业区、生活区混杂，规划比较滞后。小城镇内建筑普遍密度较低，用地结构松散，马路城镇的形态特征比较明显。城镇建设过程中，忽视了城镇建筑风貌的地方特色，建筑密度、建筑形态普遍没有经过认真的规划和设计。许多小城镇把有限的财力投入产业集中区的发展当中，投入招商引资的工作当中，投入争取上级项目的各项支出当中，小城镇整体建设的水平比较落后，许多小城镇缺少统筹规划的引导。导致城镇的建设零星分散，综合开发率低，小城镇形象风貌品位不高，城镇普遍缺少富有具有象征性的标志性地段、标志性建筑物和街景。

第六节

湖北小城镇发展的机遇与挑战

一、中部崛起的战略机遇

历史上素有“得中原者得天下”的说法。中部地区是中华名族的主要发祥地，自然资源和人文资源都很丰富。中部地区是全国重要的交通枢纽，是全国的客货流集散中心和中转中心。“十一五”以来，国家也为湖北的城镇发展提供了政策条件。2008 年，国务院批准湖北省武汉城市圈建设“两型社会综合配套改革实验区”，为湖北省提供了机制体制创新的实验平台。2009 年国务院批复了《武汉市城市总体规划 2010—2020》，明确了武汉市的“中部地区中心城市 ”的定位。同时，也提出了将武汉东湖国家自主创新区成为与北京中关村并列的国家级自主创新区。2010 年，国家批准实施中部崛起战略规划。

中原崛起战略的实施，正是国家在推行全国区域经济协调发展的背景下提出的。中部崛起战略是全国四大区域发展战略中最后一个提出的国家级战略宏图，对推动中部六省的整体发展将起到重要的作用。改革开放以来，国家通过实施非均衡发展战略，让东部沿海地区率先发展，东部地区经济取得了举世瞩目的成就。国家相继实施的经济特区、上海浦东新区、天津滨海新区等区域发展带动作用，推进西部大开发，振兴东北地区老工业基地，最后又提出中部崛起的发展战略。在其他三个板块发展战略提出之后，三个板块的经济都得到了较快地发展。特别是东部地区在改革开放国家首次提出先行发展的区域板块，发展异常迅速，形成了以珠三角、长三角为主题的城市密集区。其他几个区域快速发展，中部发展却比较缓慢。而中部崛起战略的提出，让中部发展缓慢的局面得到了根本地扭转。2012 年，以湖北为首的中部六省，经济增长速度进入全国经济增长速度最快的省市行列。

中部崛起对全国经济安全和国家安全有着重要的意义。国际国内政治环境处在变化当中，国家的经济也需要一定的经济纵深和战略腹地。中部地区地处内陆，具有广阔的腹地，早在抗战期间及新中国成立后重要的经济备战基地。粮食历来是国家经济安全的重要基础，而中部一直是全国的“粮仓”，在保障国家粮食安全方面具有不可替代的意义，曾一度成为我国经济社会发展的战略保障重地。在中部崛起战略中，同样把中部定位成国家的粮食生产基地、能源原材料基地、现代装备制造机高新技术产业基地、综合交通运输枢纽等，这些战略定位仍然是把中部作为保障国家经济安全和国家安全的腹地。

中部崛起会促进中部各省经济快速发展，缩小与东部地区的发展差距，促进全国经济实现持续增长。改革开放以来，东部地区经济发展取得了巨大的成就，也造成区域之间发展不平衡矛盾加深的问题，东部与中部、西部的经济差距越来越大，2000 年，东部 GDP 比中西部和东北地区 GDP 总计还多 4833 亿元；而到 2014 年，东部 GDP 比其他三个地区的 GDP 总和多 1.59 万亿元。进入 21 世纪，全球性产业开始进入第二轮的地域转移，在这一轮的产业转移中，东部地区的劳动密集型产业和资源密集型产业正在向知识密集型和技术密集型转变，原来的产业也在寻求资源更丰富、劳动力更充足、原材料更低廉，生产成本更低的地区转移。除东部以外的其他三个地区，中部是人口和城镇相对比较稠密的地区，各种资源较为丰富，生态环境优越，基础设施相对完善，是承接东部地区转移的较理想之地。在这一轮产业转移的过程中，中部崛起战略的实施对促进东部地区产业优先选择中部地区具有推动作用。随着中部崛起战略的实施，中部各省的经济得到较快地发展，对于提升我国经济持续发展，提升区域经济一体化发展水平，提高国际竞争力具有重大意义。[1]

二、湖北省在中部的比较优势

湖北自古就有“九省通衢”之称，是全国重要的交通枢纽之一。湖北是我国中部的人口大省，省会城市武汉更是中部的区域中心城市。湖北省在全国的发展大局中具有重要地位，是国家整体发展战略中承东启西、联系南北的“枢纽”。以武汉为中心，往四周延伸 1200 公里以内的区域，共有包含北京、上海、

〔1〕 范恒山，赵凌云．促进中部地区崛起的重大战略问题研究．北京：中国财政经济出版社，2010.

广州、成都等70多个大中城市，全国10亿人口在这个区域内聚集，全国80%的经济总量在集中在这个区域。良好的区位优势和交通枢纽地位，让湖北成为中部六省发展物流产业具备先天优势。湖北武汉已成为全国邮电通信网的中心枢纽之一，是全国最大的邮件集散地和移动通信汇接之一。在中部六省中，湖北经济社会发展能力较强。在六个专项评价指标中，除基础设施发展能力和开放程度之外，湖北的经济绩效、政府效率、商业与金融效率、科技与人力资源等四项指标均位于中部六省第一位。[1]

湖北省会城市武汉是中部地区最大的中心城市，已经具备了相对完善的城市功能。武汉位于长江中心地段，周围众多湖泊围绕，拥有极其丰富的水资源。在城市竞争力的评价报告中，湖北武汉也排在中部地区5个省会城市的前面，大型工业特别是重化工业有着雄厚的基础，农产品资源丰富，对社会经济的承载能力有极大的拓展空间。从产业安全的角度，中国除了要继续稳定沿海地区珠三角、长三角、京津冀产业带以外，还要在中部地区选择1～2个功能相对完备、产业配套完整、上下游产品衔接良好、经济总产出在国家整体份额中具有举足轻重地位的产业及群体。武汉处于中部另外两大工业群（郑州工业群、长沙工业群）的中间地带，国家“一五”规划后的诸多建设项目基本都是按照这一轴线布点安排。而随着武汉城市功能的不断完善，科技、金融、咨询等城市现代服务业的提升，为区域之间现代新型工业的协调发展能够提供相应的服务功能具备较强的优势。目前，武汉已经成为中西部地区最大的商品和信息集散中心。国家的城市体系规划方案中，也把中国北部的北京、南部的广州、东部的上海、西部的重庆、中部的武汉等5个区域性中心城市作为全国城市体系中的核心节点，足以看出武汉在全国区域性重点城市中的战略意义。与中部其他5个省会城市相比，武汉无论从资源条件、区位条件、产业条件还是对外开放条件来看，都更具备承担中部率先崛起的能力和基础。[2]

湖北是中部六省科技、人才最为密集的地区。湖北省是国家中部崛起战略的支点、中心，全国交通航运枢纽。科教文化实力位居全国前列，高等院校数量位居全国第三，国家211工程大学数量位居全国第五。湖北省的高校数量位于中部六省首位，武汉就有35所高等院校，高校在校大学生数和研究生人数分别位于

---

〔1〕 陈继林，汪可，陶志翔．知识资本与中部崛起．北京：民族出版社，2005：10.
〔2〕 史炜．武汉在中部地区崛起中的机遇与策略研究．经济研究参考，2006（1）：2—33.

全国第二和第三位。拥有两院院士 45 名，专业技术人员 45 万人，科研机构近 700 家，科研力量居全国大城市前列。湖北高校还与一些地区和企业建立了几百个技术与应用研发联合体。“武汉·中国光谷”还与北京中关村国家级高科技示范区形成联合研发基地，扶持培育了众多的创新型企业和创新型人才。

三、小城镇发展面临的主要挑战

湖北小城镇发展的整体实力不强，动力不足，在区域经济中难以担当带动农村经济发展的重任。城镇化水平较高，经济社会发展较好的小城镇主要分布在武汉周边的城市，但是这些城镇并没有形成具有区域特色的发展模式，城镇一体化程度较低，块状经济还未形成，江汉平原 1000 多万人，也没有形成集聚能力较强的大中城市，荆州所辖的各县市仍是 10 余万人口的小城市。而鄂西山区尤其是恩施地区、鄂东北大别山区城镇化水平相比东部地区更低，小城镇发展缓慢，财力不足，难以支撑小城镇配套设施的改造升级，各种要素无法聚集，小城镇发展的动力不足。特别鄂西山区城市集聚发展不够，难以辐射带动广大山区发展，恩施自治州与周边山区一直受交通的制约，中心城市功能发展不足。另外，小城镇的市场化程度不高，小城镇的市场体系还不完善，生产要素还不能得到充分地流动，制约着小城镇经济释放活力。湖北省小城镇普遍存在着人口异地城镇化和半城镇化的现象。小城镇劳动力务工形式以外出和在本镇兼工业和农业的形式为主，青壮年一般选择外出打工为主，中老年人则选择务农和镇内务工。半城镇化造成的小城镇消费能力不足，消费能力最强的青壮年常年在外，小城镇的商业、服务业大多在春节期间比较繁荣，而平常的时段都相对萧条。

湖北是我国的粮食产业基地，也是我国城乡二元结构比较突出的地区。湖北是传统的农业区，城市与农村的差距比较大。湖北是农业大省，农业也逐渐在从传统单一种植业转向综合性农业结构，但是农业生产方式还比较落后。农村农业机械化方面与东部地区相比，存在较大的差距。2008 年，湖北亩均农业机械总动力为 0.4 千瓦，浙江亩均农业机械总动力为 0.8 千瓦，湖北只有浙江的 50%。从农产品加工水平来看，湖北每年只有 60% 左右的农产品通过加工之后进入市场，而江苏、浙江等省 80% 以上的农产品在加工之后进入市场。湖北虽然是种粮大省，但是小城镇的产业，特别是以加工业为主的小城镇产业类型，与周边农业的关联性不强。[1] 城乡居民收入差距较大，2012 年，湖北城镇居民收入人均可支配收入 20839 元，农民人均纯收入仅 7852 元，无论是城镇居民还是农村居民，都低于全国平均水平。2015 年，湖北城镇居民收入人均可支配收入 27051 元，农民人均纯收入仅 11844 元，无论是城镇居民还是农村居民，都低于全国平均水平。省内区域之间城乡收入差距也比较明显，2015 年，武汉市城镇居民人均可支配收入达 36436 元，农民人均纯收入 17722 元，分别比全省平均水平高 30% 以上；而恩施州城镇居民人均可支配收入只有 22198 元，农民人均纯收入 7969 元，均不到全省平均水平的 85%。

湖北小城镇产业企业以内生推力为主，外向型经济还未形成。东部地区特别是广东小城镇的产业之所以形成了集群化发展，很大程度上得益于改革开放之后“三来一补”政策的推动，引导广东许多专业镇形成了依靠国际市场的资金、技术、原料，推动形成根植于本地、小城镇与农村遍地开花的产业集群。湖北小城镇的产业依托的市场，主要是围绕本地市场发展起来，最近几年随着东部产业的转移，对外经济的联系也有所提高，但是经济的体量，产业链的规模，以及要素市场的发育距离块状经济、产业集群化的发展水平还有相当的差距。湖北省 12 个地级以上城市的综合实力对比中，武汉市作为特大城市，其总体发展水平在湖北雄踞榜首，一市独大。武汉市的人口与劳动力子系统、经济规模、居民收入和消费水平、科技、教育与文化等子系统与其他城市相比均遥遥领先，广大的落后农村地区更是无法与之相比。地级市和县级市之间，综合实力表现出明显的层次性，城市与农村小城镇之间更是表现出严重的发展不平衡。大中小城市的非均衡发展使湖北过分依赖大城市与城市工业化，导致城镇化落后于工业化，农业产业化和市场化又落后于城镇化，使大城市与农村小城镇分别成为“长腿”和“短腿”。城市之间、区域之间的经济综合实力差距过大，也造成城市产业协作上存在客观的难度。

小城镇发展要素面临短缺。由于我国实行的是五级城镇管理体制，小城镇位于管理体制的最末端，无论是资金、人力、土地等发展要素，在资源的配置上都面临着获取最少资源的现状。湖北小城镇几乎都面临着人才外流、城镇建设资金

[1] 于澄．湖北省新型城镇化的制度支撑研究．武汉：华中科技大学，2011．

短缺、土地利用指标紧缺的困境。小城镇外出务工的人口已占劳动力人口的40.2%，大量的人口外流对当地产业的发展造成了较大的影响，湖北许多小城镇企业面临招工难的问题。小城镇建设资金严重短缺，投入机制不健全。湖北小城镇普遍基础设施薄弱，生产、生活区混杂，道路狭窄，水、电、通讯等基本的生产、生活设施近些年有了较大地改善，与东部一些发达的地区相比，湖北小城镇的生产要素仍然处于满足当地居民生活的水平。湖北小城镇的建设资金主要来源于湖北省直机关各部门资金的整合，主要靠政府拨付财政资金，社会资金较少。有限的财政资金用于城镇建设的部分少之又少，导致许多小城镇功能较弱，对区域经济社会发展的拉动力、整合力不强。国家实行最严厉的土地管理制度，建设用地的供求是以国家下达指标的计划指令方式为主的，由于下达到各省、市的指标非常有限，大部分土地指标都集中在市以上的土地价格较高的区域，下达到小城镇的建设用地指标极其有限。另外，小城镇普遍面临社会保障不健全的问题，一定程度上也制约了小城镇的发展。多数小城镇就业、养老、医疗等社会保障制度明显滞后，是造成农民不愿进小城镇的主要原因。

第六章

东中西部小城镇的比较与借鉴

自2005年起，我国大陆通常分为四大经济区域，即东部、中部、西部和东北地区。东部地区包括北京、天津、河北、上海、江苏、浙江、福建、山东、广东、海南等10个省（市）；中部地区包括山西、安徽、江西、河南、湖北、湖南6省；西部地区包括四川、重庆、贵州、云南、西藏、陕西、甘肃、青海、宁夏、新疆、广西、内蒙古等12个省（区、市）；东北包括辽宁、黑龙江、吉林3省。

我国地域宽广，四大区域的发展条件也存在着较大差别，也决定了其小城镇在发展环境、发展模式和发展水平等方面也有所不同。小城镇的发展要按照各自的经济发展水平、资源禀赋以及创新能力，选择各自的成长路径。受资料所限，本章主要着眼于东中西三大区域的比较。

第一节

小城镇发展环境比较

东中西部小城镇所处的区域背景不同，小城镇经济社会的发展历程也有本质的区别。改革开放以来的三十多年里，东中西部小城镇经济发展差距越来越大。

一、东部小城镇的发展环境

相对来讲，东部地区是我国经济较发达地区，也是我国小城镇高度密集地区，东部地区乡镇企业和个体企业的崛起不仅缓解了当地农村剩余劳动力的就业问题，还吸纳了大量的外来务工者，加速了我国的经济发展和城镇化进程，东部地区小城镇可以称得上是我国小城镇的排头兵。

从国家提出支持东部沿海发展的战略来讲，东部获得优先发展的机遇主要集中在改革开放到20世纪90年代。1980年5月，国家陆续在深圳、珠海、汕头和厦门成立经济特区，以东部沿海地区为主的区域成为我国实施市场经济的主要阵地，寄希望于东部沿海地区发挥比较优势，通过沿海经济快速发展来带动内地的发展。无论从立法，还是国土开发与利用方面，都允许东部地区更好地集聚要素促进经济的发展，深圳第一宗国有土地的拍卖也开启了东部盘活土地市场的大门。一切有利于经济发展的优惠政策，资金和项目都向东部倾斜。在产业的带动下，东部地区小城镇产业也快速发展起来。特别是20世纪80年代中后期开始，东部承接了大量国际产业转移的大部分低附加值的加工产业，东部凭借国家的优惠政策，实施的低成本发展战略，东部沿海地区形成了“世界工厂”的生产基地。

首先，从整体来看，东部地区的小城镇经济发展水平较内陆地区要相对发达，具有工业产业GDP比重大、民营经济比重大、中小企业多等特点。从表6-1来看，2011年东部地区镇域范围内的工业企业数量约占所有企业的7.03%，其从业人数占所有从业人数的60.10%，远高于我国其他地区和平均水平。在市场经济和城镇化进程中，民营经济和中小企业既是促进实体经济发展的中坚力量，也是促进竞争、活跃市场的主力。东部地区小城镇在人均GDP，城乡居民收入、利用外资额以及产业结构等指标上都明显优于中西部地区。

表6-1　2011年全国各区域乡镇地域内工业企业情况表

区域名称	工业企业数（万家）	工业企业占比（%）	工业企业从业人数（万人）	工业企业从业人数占比（%）
东部地区	20.66	7.03	3319.16	60.10
中部地区	3.79	2.02	639.71	28.89
西部地区	2.74	2.58	447.53	28.13
东北地区	2.09	7.39	222.22	45.56
全国	29.28	4.75	4628.62	47.15

数据来源：《中国统计年鉴2011》

分析原因可以发现，东部地区小城镇在区位、政策、交通、科技等都具有一定优势。东部发达地区是我国交通最便利的地区，聚集了我国的主要港口以及许多国家铁路干线和高速公路，这无疑给小城镇创造了良好的区位条件。继而，随着东部沿海地区的率先开放，不少省市级开发区甚至国家级开发区或保税区入驻到这些区位较好的城镇，给城镇带来了快速发展所需要的前沿信息、资料、技术和人才等。此外，许多东部发达地区的小城镇靠近大城市，而大城市往往把新设的大专院校、科研机构以及某些高新技术产业研发部门布置在周边一些环境优美的城镇，这些拥有科研机构的小城镇在发展高新技术产业方面有着明显的优势。这些优势都助推了东部地区小城镇的经济发展和城镇化进程。

其次，东部地区的人口教育程度较高，社会福利较为优越。经济的率先发展，也带动了教育和社会福利的进步。在全国范围内，东部发达地区小城镇人口的平均受教育程度较高，其人口构成和人口素质等方面和内陆地区城镇相比具有一定的优势。相对于其他区域，东部地区的文化和公共服务事业都发展较快，养老保险和医疗保险率也比较高，这些都是促进社会经济持续稳定发展的重要保障。

最后，东部地区具有优越的自然条件和丰富的生物资源。近海的优势，使得东部地区的很多小城镇拥有广阔的大陆架海域和众多的河流湖泊，再加上地跨温带、亚热带和热带，是我国水产资源丰富和众多经济作物适宜生长的地区，其农副产品在种类、数量和质量上都具有一定优势，有利于农业加工业和现代化产业的形成和发展，从而使得产业链能够得到延伸。

同时，生物资源丰富而矿产资源贫乏，这本身就相对于其他重工业地区能减少环境污染。再加上随着人们环保意识的增强和经济的快速发展，一些东部地区的小城镇也开始注重产业和技术升级，淘汰一些“高耗能、高污染”的行业。不过，东部地区的环境污染也并非不严重，仍然是下一步小城镇发展过程中亟待解决的难题。

尽管东部地区的小城镇凭借上述优势已经取得了较快发展，但在过去那种粗放式的发展下，水、电、原材料以及资本要素价格也大幅度上涨，加之目前人民币升值等国际金融形势的变化，东部地区在改革开放初期形成的低成本优势正在消失，“世界工厂”的低附加值、劳动密集型产业正面临着倒闭、洗牌的危机。这些问题对于东部地区小城镇的可持续发展来说，是将来必须清除的障碍。

二、中部小城镇的发展环境

中部六省，地处我国内陆腹地，是我国最大的商品粮基地，重要的能源原材料基地和交通要地，是东部产业转移、西部战略资源输出的基地，是东部沿海地区劳动力重要输出基地，在我国经济发展中起着承东启西、接南进北的作用，在全国区域经济发展中扮演着十分重要的角色。其总面积达 102. 77 平方公里，占全国总面积的 10. 7%；2014 年的总人口占全国的 26. 5%，其中城镇人口约为 16941 万人，约占全国城镇总人口的 24. 1%；2014 年共有小城镇 4671 个，占全国总数的 26. 46%。城镇化水平由 2006 年的 39. 0% 提高到 2014 年的 49. 8%，增长了约 10. 8 个百分点。

中部地区自建国初期就获得国家的支持，形成了工业的基础，“一五”时期及“三五”期间，国家通过苏联援建的 156 个重点项目和重工业项目支持中部一些省市的发展，奠定了这些省市的工业基础。但是在“二五”“四五”期间，由于自然灾害、国际国内的政治环境的影响，整个国民经济处于停滞的状态，国家对中部的支持并没有起到促进中部经济繁荣的效果。但是在改革开放以来，中部

表6-2　中部地区基础数据（2014年）

省份	面积（万平方公里）	排名	总人口（万人）	排名	城镇人口（万人）	排名	城镇化率（%）	排名	人均GDP（美元）	排名
山西	15.63	5	3648	6	1962.3	6	53.79	2	5731.33	4
安徽	13.97	6	6083	3	2989.8	4	49.15	5	5625.92	6
江西	16.7	3	4542	5	2281.0	5	50.22	3	5666.61	5
河南	16.7	3	9436	1	4265.1	1	45.20	6	6058.51	3
湖北	18.59	2	5816	4	3237.8	3	55.67	1	7704.84	1
湖南	21.18	1	6737	2	3320.0	2	49.28	4	6581.30	2
合计	102.77	—	36262	—	18056.0	—	49.79	—	5324.73	—

在体制环境中一直处于未被重视的地位，直到进入21世纪，中部的发展也上升为国家战略。国家重点支持中部发展的时期是计划经济时期，受这个时期的影响，中部在改革开放以来，受传统计划经济的束缚较强，制度改革步伐比较缓慢。思想观念相对封闭，国有企业改革慢，市场经济体系建设过程比较缓慢。相对东部地区而言，中部地区的资本、技术、人才的引进效率不高。中部整个区域的市场经济活力不足，也影响了中部小城镇经济的发展活力。[1] 除此之外，中部地区还存在着几个主要问题：一是“三农”问题突出；二是城市化进程缓慢；三是支柱产业结构趋同，产业结构调整缓慢，第三产业发展落后于全国平均水平。

尽管中部地区发展曾经相对落后，但它同时具有很大的发展潜力。目前，我国中部地区六省城镇化率都超过45%，人均GDP超过4000美元，按照国际经济发展的一般趋势，中部地区已经进入了工业化、城镇化更加快速发展的时期，但也将面临着经济结构调整、自身体制与机制更新等问题和矛盾。处理得当，将会出现较长的经济高速增长时期，反之则会出现经济震荡、徘徊不前，甚至倒退。

总体来看，中部六省都是农业大省，农业的突出问题是人多地少，农村劳动力的挤出效应明显，是我国经济发展的结构性矛盾和体制性矛盾尖锐交错的地区，也是三农问题、有效需求不足问题、城镇化滞后问题相对集中的地区。因

〔1〕孙贺先．中东部地区产业互动发展研究——以浙赣的产业互动为例．南昌：南昌大学，2008.

此，国家实施中部崛起战略，最关键的就是要解决“三农”问题，快速合理地推进工业化和城镇化。而小城镇在我国中部地区的工业化和城镇化进程中起着十分重要的作用：其一，小城镇建设有利于乡镇企业和民营中小企业的集聚，促进农村工业化和区域经济发展；其二，有利于扩展农村生产和消费市场，增加社会有效需求；其三，有利于改善基础设施和生活环境，促进人们生活质量的提高和城乡协调发展。因此，必须清醒认识到中部小城镇建设中存在的问题。[1]

第一，遍地开花、规模偏小、盲目发展。拿湖北省来说，2014 年其建制镇数量由 1979 年 105 个增加到 751 个，以实际居住人口口径计算，城镇化水平由 1980 年不足 20% 提高到 56% 。新增城镇主要是由整县（乡）建市（镇）而形成的，明显存在着“小城（镇）区大农村”的特征。这种遍地开花、规模偏小的小城镇建设，不仅浪费土地资源而且影响产业集聚和产业竞争力，同时也使得水、电、路和环卫等配套基础设施相对落后，金融、信息、技术等方面的服务水平低，生产要素市场发育不足，又反过来限制了小城镇功能的提高和对劳动力的吸纳。

第二，产业支撑乏力。产业发展对于地区经济发展来说具有强有力的支撑作用，但中部地区的民营经济和乡镇企业发展明显逊于江浙和东南沿海地区。2015 年，全国民营企业 500 强排名中，浙江有 138 家，湖北只有 16 家；湖北私营企业集团 109 个，只是江苏的 74% ，浙江的 32% ，山东的 52% ；湖北个体私营企业从业人口占总人口的 5.53% ，全国平均为 6.3% ，浙江高达 14.6% 。此外，农业产业化龙头企业不多，竞争力不强，一些地方仍未根本摆脱“粮食大县、经济小县、财政穷县”的局面。产业选择不合理，使人均资本短缺与农村剩余劳动力过多的矛盾日益突出，加剧了工业化、城市化与劳动就业增长之间的矛盾，也使城镇对劳动力缺乏应有的吸纳能力。2012 年，东、中、西部三大地区人均 GDP 分别为 9190 美元、5147 美元和 4978 美元，而人均资本量则分别为 4699.8 元、2233.3 元和 2391.1 元，中部地区人均资本量最少，比西部低 7.2% ，不及东部的一半，而中部地区农村剩余劳动力占全国 60% 左右，资本短缺与劳动力过剩的矛盾十分突出。

第三，城镇建设脱离发展能力。城镇建设盲目追大求洋，脱离发展能力。这

---

〔1〕 阳小华. 中部地区小城镇建设的战略选择. 江汉论坛，2005（4）：16—18.

种现象在我国许多地方小城镇建设中都存在，中部地区尤甚。城镇化要健康发展，首先要解决产业发展、就业、环境、社会保障等问题，即中心目标是满足人的生产、生活和发展需要。盲目拆旧建新、摊大饼，一味地兴建基础设施，并不符合小城镇的发展规律。建设过于超前而经济发展水平却相对滞后，不仅使巨额投入没有带来相应的回报，更是提高了农民进城创业的“门槛”，限制农村人口向城镇转移，与城镇化的重要目标相背离。

第四，城乡二元管理体制阻碍发展。我国城乡二元分割的管理体制不仅阻碍着城乡人口的自由流动，也影响着土地、社会保障等其他要素的流动，使得农民在城镇化过程中在土地权益、就业、子女入学教育、医疗、养老等方面的利益受损。在中部地区，这些严重阻碍了小城镇的发展。

三、西部小城镇的发展环境

积极发展小城镇是弥补西部地区城市数量过少，加快其城镇化进程的重要途径。小城镇发展对西部地区的经济社会发展起着重要的推动作用，而西部地区的大环境也影响着小城镇的发展。

总体来看，在我国的区域经济版图上，西部地区的经济是表现得相对较为落后的一个区域，其经济基础较为薄弱，长期投入不足，基础设施落后，无论是国内生产总值还是人均国内生产总值，西部地区均为全国最低。同时其人口的素质也相对落后，农村剩余劳动力的压力很大。这些都影响了西部地区小城镇的发展壮大。

首先，西部地区在经济上有着“先天不足”。这其中既有自然地理环境的影响，也有历史原因。从地理位置上来看，西部地区的很多乡镇位于高原、高山和高寒地区，交通十分不便。尽管国家近年来投资建设了一批铁路、国道等交通主干线，但乡镇与交通主干道相连接的县、乡级公路还较少，等级较低，严重阻碍着与外界的信息交流和商品流通。这种自然阻隔使小城镇的发展较为缓慢。

自然阻隔之下，传统农业也是深植于西部地区。因此，西部地区的小城镇大多是在传统农业基础上发展起来的，而且基本上沿袭了传统的农村集市模式。在这种模式的经济发展中，自给自足的自然经济占据了重要地位，市场经济很难发育并成长起来。在大多数西部地区，社会分工薄弱，农民自耕而食，手工业和农产品的加工仅仅作为农业的副业与其结合在一起。同时，与自然经济一脉相存的传统观念，使得新技术和新观念往往被拒之门外，也使小城镇的发展过于传统。

沿袭计划经济体制下的行政区划也制约着小城镇的发展。改革开放后，国家撤消了“人民公社”，恢复了乡镇建制，而行政区划和乡镇建制基本上还是建国初期的格局。后来虽然局部作了一些调整，但由于认识原因和地方财力的限制，西部省区只重点考虑了中心城市和县城镇的建设，而未充分考虑区域内城镇结构中等级规模的合理性及体系的完整性，因而形成城镇结构内核心城市的缺少和次级城市的缺位，造成了中心城市经济辐射能力的降低，影响了中心城市对小城镇发展的带动力。〔1〕

早期，西部地区的工业布局和结构基本上是在计划经济时期形成的，主要集中在中心城市。“三线”建设期间，部分工业企业内迁至西部建立和发展起了一批工矿型小城镇，但由于现代产业与传统落后农业并存的“二元结构”造成了城乡市场的分割，并没有有力地推动西部地区的经济发展，反而在一定程度上延缓了小城镇的建设与发展。

其次，人力资源质素差，农村剩余劳动力压力大。在社会经济发展中，人力是举足轻重的资源要素，而人力资源质素差是致使西部地区经济落后的一个主要原因。地理位置带来的自然阻隔，一定程度上使得社会封闭现象严重，进而导致了人的观念的落后，也限制了人的素质的提高，主要表现在文化、科学技术和管理水平不高等方面。再加上，西部地区大部分耕地处于山区、高原，海拔较高，水土光热条件较之东部和中部地区相对较差，因而单位耕地面积上所能容纳的农村劳动力和人口远逊于东部地区。这些都使得西部地区农村剩余劳动力相对富足，而质素不高的剩余劳动力和较低的城镇人口吸纳能力，使得农村剩余劳动力的转移倍加艰难，严重制约了小城镇的快速健康发展。

再次，城乡二元体制下行政、金融、财政体制及户籍管理和土地制度也阻碍着小城镇的发展。与其他区域一样，城乡分割的户籍管理制度最限制农村人口向小城镇的正常迁移和流动。居住、教育、社保等限制更是影响了农民进城落户的积极性。另外，城乡二元土地管理制度，也限制了城乡土地要素的流动，造成了

---

〔1〕 樊卫滨．西部小城镇发展滞后的原因和加快其发展的战略．开发研究，2003（2）：47—49.

城乡的严重分割。这既不利于城镇基础设施建设、第三产业的发展，也不利于小城镇集聚、扩散功能的有效发挥。

在行政体制上，西部小城镇所存在的共性问题：一是机构臃肿，人员严重超编；二是经济管理权限不能满足经济容量不断扩张的要求，在项目审批、城镇管理上自主权不大；三是缺乏必要的协调和执法职能。各部间分工不清晰，职能交叉，大大降低了管理的效率，妨碍并直接影响到小城镇的发展。

在财政方面，西部小城镇所面临的普遍现象是功能不全。有的地方上级财政控制太紧，又财力有限；有的地方目前仍存在“统收统支”现象，影响了小城镇培植财源的积极性。这种财政功能的不完善，资金多头管理，部门随意摊派集资，致使税费收入政策难以落实，小城镇的资金也无法形成综合财力。

在金融、投资体制上，资金严重短缺，投资主体过于分散，已成为制约西部小城镇发展的重要原因。长期以来，由于国家在小城镇建设上缺少专项资金，而且在城市化建设上较为向大、中城市倾斜，致使小城镇建设前期投资不足，基础设施规模过小，造成后期规模扩张后改建资金的浪费，严重影响小城镇的健康发展。

最后，环境承载力的下降制约着小城镇的发展。随着人口增长、社会经济发展，在西部小城镇同样出现了“人地关系”日益紧张的现象。在这种状况下，人们往往在追逐社会经济效益的同时忽略了环境效益，致使当地环境承载力下降，在某种意义上又抬升了小城镇的发展成本，甚至制约了小城镇的发展空间。

工业发展和矿产资源的开发在这方面表现尤为明显。先前因矿业开发而成长起来的小城镇，在市场经济的利益驱使下，大多存在无序、过度开发的现象，加大了对自然资源和自然环境的破坏程度，也影响了小城镇的正常发展。而随之发展起来的加工业，尽管不直接取材于资源环境，但往往会对周围环境造成环境污染。这种粗暴对待生态环境的方式所带来的最终后果是束缚小城镇发展的数量和规模。

西部地区小城镇的发展主要存在以下问题：其一，城镇化整体水平依然较低。据甘肃省统计局城调队的资料显示，至 2014 年世界城镇化平均水平已达到 54%，我国城镇化率为 54.7%，同期西部地区城镇化水平为 44.8%，甘肃为 41.68%。西部城镇化的水平较低，还突出表现为中心城市较少。1985—1997 年间，我国新增城市 344 个，其中东部增加 187 个，占 54.4%，中部 114 个，占

33.1%，而西部地区新增43个，只占12.5%。城市密度东部地区每万平方公里2.21座，中部0.88座，西部仅有0.22座。同时，西部城镇等级体系的缺陷也较明显，很多地区的中心城市到小城镇之间存在次级城市的断层。区域城镇体系内部结构的不完整，制约了中心城市对小城镇辐射功能的发挥。

其二，现有小城镇数量少，规模小，功能差。2014年，全国共有建制镇20401个，其中东部地区（含东北三省）9278个，中部6070个，西部仅有5093个。此外，西部的市辖镇、县辖镇总数也都远远少于东部地区（含东北三省）。西部现有小城镇也都普遍存在着城镇人口过少，镇区规模偏小，经济集聚功能和社会服务功能较差的现象。许多小城镇人口仅1000余人，镇区面积不足1平方公里。集中于小城镇的乡镇企业规模也比较小，大多数企业的产品技术含量还不高，原材料消耗大，劳动生产率和吸收劳动力的能力低。由于功能不健全，小城镇对周边农村的辐射带动能力低。小城镇的起点比较低，基础设施薄弱，特别是由于筹资渠道单一，小城镇的道路、供电、供水等基础设施建设举步维艰，难以适应乡镇企业和居民的生产、生活要求，也使小城镇的发展后劲严重不足，仅处于起步阶段。

其三，小城镇布局分散，优势和特色发挥不充分。西部地区地域广阔，自然环境恶劣，地形地貌复杂，使有限的小城镇在地域空间内大多呈散状分布，小城镇之间及小城镇与中心城市之间相距较远，无法实现城镇之间资源共享、基础共建、效益共增、环境共保的目标。受基础设施落后影响，现有小城镇的区位优势也还不明显，交通、通信等设施目前都还处于建设阶段，因此资源优势和产业特色还不能得到充分地体现。资金、技术、人才都比较缺乏，不能有效地实现中心城市、小城镇、广大农村腹地三者的协调发展。

四、产业发展历程的比较

从小城镇的形成历史来看，我国的小城镇是在商品经济的发展下涌现的，古代的小城镇也是区域商品交换的场所演变形成的。大多数小城镇是从集、市、圩、场的基础上发展起来的，一部分小城镇逐渐发展成为小、中、大城市。

东部地区的小城镇的演变历程为后期的产业发展奠定了一定的基础。在农耕社会，东部地区由于拥有良好的水热条件、农业耕作条件，很早就是我国的鱼米之乡、富庶之地。除了水产品鱼虾之外，粮食稻米也成为重要的市场交换产品，还有支撑锦缎盛产的桑蚕业种植传统，让东部沿海地区的手工业形成的基础比中部地区要早。东部小城镇利用其沿海、沿大江大湖的区位条件，早期的贸易也在东部各小城镇中发展起来。东部小城镇从形成之始，就注重非农产业、贸易的发展。有些镇是在靠近码头的村庄、集市上发展起来的，形成了专门经营纺织品、染料和茶叶的小城镇。

产业集群已经成为东部广东、浙江、江苏等小城镇发展现阶段产业发展的主要形式，在全国千强镇中，前 50 位的专业镇几乎都是各种产业类型的专业镇。特别是广东，专业镇成为推动工业化、城镇化和农业现代化的重要力量，专业镇也成为广东全省的经济支柱。2001 年，广东省专业镇仅 21 个，GDP 总额 441 亿元，占全省 GDP 的比重为 3.7%；而 2011 年，省级专业镇已达到 326 个，实现 GDP 总额 1.5 万亿元，占全省 GDP 比重的 28.3%。一些专业镇甚至成为世界某类产品的主要生产地。比如中山市的狮岭镇，皮具专业市场成为广州市四大批发市场之一；小榄镇一些五金产品成为行业标准；大涌镇成为中国最大的红木家具生产基地；在农业、高新技术产业中，被誉为“金柚之乡”的梅州石扇镇、“中国花卉第一镇”的顺德陈村镇、东莞石龙电子信息产业专业镇、江门市江海电子材料专业镇、珠海三灶生物制药专业镇等等。

东部广泛发达的小城镇经济带动了东部农村经济的全面繁荣，农民积极参与到非农产业的发展中，现代农业也得到了很好地发展，农村面貌得到了很好地改善。从东部小城镇的发展也可以看到，小城镇作为城乡结合的“节点”对区域经济的带动作用是非常明显的。特别是现在的宏观经济背景下，中部地区小城镇的生态条件、资源条件、劳动力条件，与东部相比还存在较大的优势。在国家新型城镇化、中部崛起战略的指导下，中部小城镇将发挥优势，成为中部带领广大农村经济实现繁荣发展的重要载体。

中部地区的小城镇主要是在围绕农产品交换的集聚点上形成的，非农产业基础比较薄弱。中部地区的农耕传统较久远，早期的集市也是围绕人们日常生活所需的农产品、农业生产资料的交换为主的。也有早期的酒、油等食品加工业也开始出现。与东部小城镇发展历程相比，中部的小城镇是围绕农业产品交换为基础的，农耕色彩较浓，产品交换辐射区域主要集中在集镇周边农村地区，集镇相对封闭；东部地区的小城镇比较注重与外界市场的联系，小城镇相对开放，集市交换的产品附加值相对高一些，推进了手工业、加工业的发展。东部小城镇的发源，推动了以手工作坊为主的手工业、初级加工业的发展。

五、要素集聚的比较

到2014年，我国共有2.7亿农民工，其中59.96%的农民工流向东部沿海地区，流向中部的农民工占21.15%，流向西部地区的农民工约占19%。从农民工分布的城市等级来看，8.1%的农民工在直辖市务工，22.4%的农民工在省会城市务工，34.2%的农民工在地级市务工，34.9%的农民工在小城镇务工，在其他地区（乡、农村地区）务工的占0.4%。[1] 虽然大中城市农民工务工的主要载体，但是东部地区县域经济和小城镇的发展，县城、小城镇也聚集了越来越多的农民工，相比而言，中部地区农民工更多的向地级市等大中城市为主。与东部地区小城镇相比，中部地区吸纳外来农民工的能力较弱。

改革开放以来，东部成为外来投资最为集中的地区。1978年，中国实施改革开放，打开了中国与世界经济联系的通道。特别是国家在东部沿海深圳、珠海等地设置开发区特别优惠政策以来，外资源源不断地投入东部沿海地区，东部地区实施的“三来一补”的工业发展策略，使得东部工业很快发展起来。东部沿海地区的一些小城镇，因为具备加工业、手工业等非农产业的基础，很快在外资投入的背景发展起来。外资投入中爱国华侨的投资非常可观，爱国华侨的投资主要也是选择在东部沿海地区。外资投入的选择，都是以高回报的区域为首选地。东部沿海地区大多有很好的港口资源，以珠三角地区为例，地区紧邻香港、澳门，作为亚太地区的金融中心和世界贸易中心，香港拥有资金、技术、信息和国际市场营销网络的优势；澳门是亚太地区重要的旅游业集散地。珠三角是我国最大的侨乡之一，拥有分布在全世界120多个国家和地区的港澳台、海外侨胞1000多万人。在资金、技术和人才等方面。他们对珠三角的发展作出了巨大贡献。珠三角地区以“三来一补”“大进大出”的加工贸易起步，大量吸引境外投资，迅

---

[1] 国家统计局. 2014年全国农民工监测调查报告，2015-4-29.

速成为我国国际化或外向化程度最高的地区。2011 年，广东珠三角净出口总额达 5066.05 亿美元，进口额和出口额分别占全国的 24.4% 和 26.7%。

六、文化理念的比较

在农耕时代，东部地区的自然环境不如中部地区。东部沿海地区经常遭受台风袭击，经济发展和生活居住环境往往遭受大自然的袭击，沿海地区的人们富有顽强的生存本领，也比较富有创新精神，也具有开放与包容的心态。同时，由于所处的沿海区域的地缘优势，东部地区从很早就通过航海远行到周边的南洋、日本等地从事贸易活动。改革开放以来，东部地区这种特殊的地域文化，促进了当地人从事非农产业的积极性，当地普遍具有敢为人先、求真务实、经商致富的市场经济经营理念。

而在农耕时期，中部地区靠近黄河、长江流域，土地肥沃，水热条件较好，耕种条件优良，过去一直是小农经济占主导地位的地区。这种小农经济基础上形成的区域文化，是以儒家文化为核心并融入其他中原文化形成的综合体，主要表现在注重人情、重农轻商、自我封闭的性格特征。在计划经济时期，这种文化特征对动员大家舍小家顾国家，加快国家资本和集体资本积累起到了精神支撑作用；而在市场经济时期，这种文化特征显示除了不思进取、固步自封、保守和落后的一面，这种文化心理对市场经济的竞争有一定的不适应性。改革开放以来，中部地区的文化心理受到了较大的冲击，但是广大中部地区仍然存在保守和缺乏创新的现象，“小富即安，小富即满”的小农意识仍然存在。中部地区普遍存在缺少带头致富的冲动，又不能积极面对外来投资者，有些地方还存在带有保护性质的抵触情绪和排外情绪。一定程度上，中部地区这种普遍的文化理念也是导致中部经济发展缓慢和区域经济落后于东部沿海地区的深层原因。

第二节

中东部小城镇发展水平比较

一、我国小城镇发展基本情况

城市与乡村是性质不同的两种经济社会实体，特别是在中国城乡二元经济结构之下，城市与乡村在空间上具有比较明确的行政管理界线。人类社会不断发展，是工业化和城镇化不断向高级阶段发展演变的过程。城镇化是人口从农村不断向城镇转移的过程，在城镇化过程中，越来越多的农村会逐渐向城市转换。农村向城市转换，存在一个中间状态，中间状态包括小城镇和城乡交界带。小城镇形象地被喻为“农村之首，城市之尾”。

改革开放以来，我国的小城镇迅速发展。1982 年全国建制镇 2660 个，其中东部 916 个，中部有 998 个，西部 746 个，全国东中西分布相对均衡；而到 2014 年，全国建制镇数量增长到 20401 个，其中东部 8617 个，中部 6070 个，西部 5093 个，分别是 1982 年的 9.4 倍、6.1 倍、6.8 倍。乡（苏木、民族乡、民族苏木）12282 个，村庄 270.2 万个。

2014 年末，全国村镇户籍总人口 9.52 亿，其中建制镇建成区人口 1.56 亿，占村镇总人口的 16.4%；乡建城区 0.33 亿人，占村镇总人口的 3.48%；村庄人口 7.63 亿，占村镇总人口的 80.12%。全国建制镇建成区面积 3.795 万平方公里，平均每个镇建成区占地 2.15 平方公里，人口密度 4937 人/平方公里（含暂住人口）；乡建成区 0.722 万平方公里，平均每个乡建成区占地 0.61 平方公里，人口密度 4428 人/平方公里（含暂住人口）。

2012 年建制镇人口 1.47 亿建成区面积 371.4 万公顷；2013 年建制镇人口 1.52 亿建成区面积 369.0 万公顷；2014 年人口 1.56 亿建成区面积 379.5 万公顷。

从建制镇的数量上来看，中国的小城镇个数从 1990 年到 2006 年一直处于直线上升的过程，而 2006 年之后，全国许多省市，开始大范围开展乡镇合并，小城镇个数不断减少。从 20 世纪 90 年代开始，全国范围内页实施了大范围的撤乡

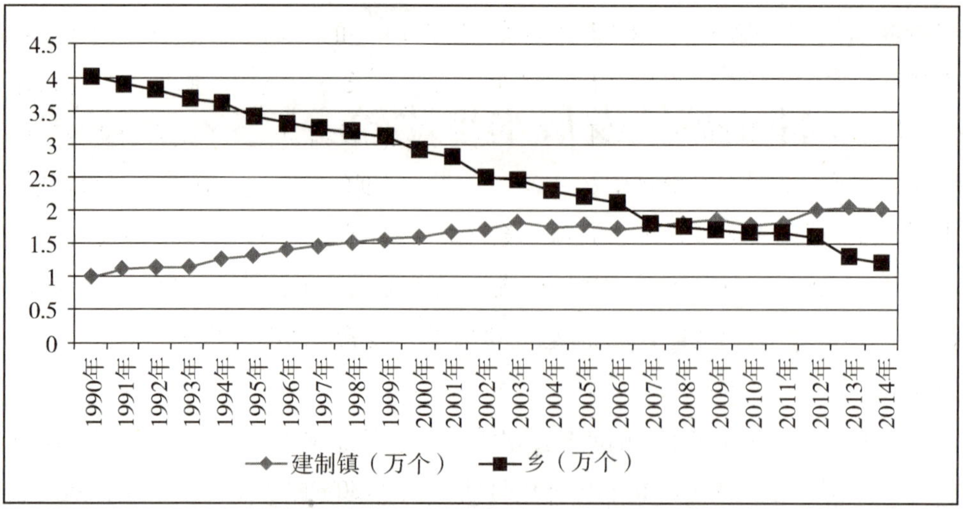

图6－1　1990—2014 年全国建制镇、乡的数量变化

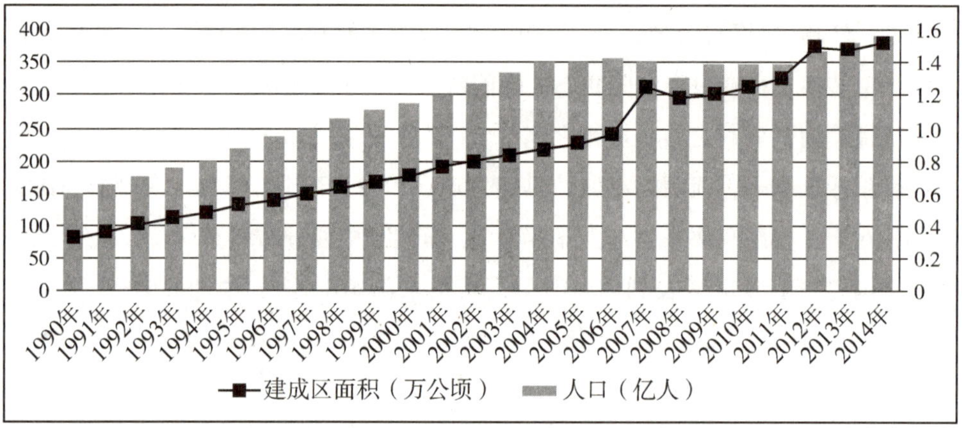

图6－2　1990—2011 年全国村庄个数变化图

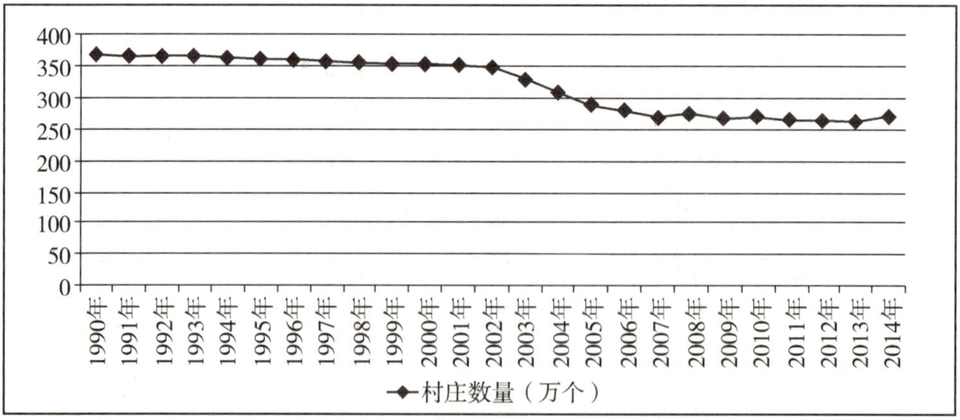

图6－3　1990—2011 年全国建制镇人口与建成区数量变化图

建镇，乡个数从1990年的4.02万个减少到2014年的1.23万个。如果把小城镇数量追溯到建国时期，可以看出中国小城镇的成长主要是国家制度安排下形成的，建国到改革开放的三十多年内，中国小城镇的发展演变主要是政府主导下的结果，小城镇数量的突变往往是因为一些国家制度的确定。而在改革开放以后，中国经济的运行逐渐从计划经济向市场经济转变，小城镇的成长主要依靠市场经济的作用，但是在计划经济体制下形成的户籍制度影响了农村剩余劳动力向大、中城市转移，乡镇企业的兴起加快了小城镇集聚要素的进程，许多人陆续向小城镇聚集，促进了中国小城镇的繁荣发展。

全国小城镇发展并不均衡。从数量上看，东部建制镇数量最多，全国20401个建制镇，其中东部8617个，中部6070个，西部5093个，东北621个；从建成区面积来看，东部建制镇面积最大为167万公顷，中部104万公顷，西部82万公顷，几大区域中东部沿海地区建成区面积明显高于全国平均水平；从经济社会发展水平来看，东部与中西部地区小城镇经济发展水平差距也较大，据《中国县域统计年鉴（乡镇篇）2014》统计数据，在公共财政收入上东部城镇为8226亿元，中部城镇为2602亿元，西部城镇为2159亿元，东部地区近中部地区3倍，西部地区4倍。在社会消费品零售总额上东部地区为53109亿元，中部地区为21985亿元，西部地区为16254亿元。东部地区为中部地区2.4倍，为西部地区3.3倍。

二、东、中部地区小城镇发展条件对比

近10年来，随着经济社会水平的不断提高，全国小城镇基础设施的建设水平也得到了很大的提高。从道路、供水、排水、污水处理、燃气等基础设施普及率来看，小城镇的覆盖水平在近10年得到很大程度的提高，特别是东部地区小城镇的覆盖率平均达到73.6%，远远高于中部60.4%的平均水平，更高于西部地区33.8%的平均水平。其中，截至2011年底，全国小城镇镇域道路总长度达27.4万公里，平均镇域道路里程达到13.9公里，人均道路面积11.7平方米。从区域分布上来看，东部小城镇镇域道路总长度为14.13万公里，平均镇域道路里程达到22.98公里，人均道路面积13.97平方米；中部小城镇镇域道路总长度为

4.16 万公里，平均镇域道路里程达到 8.14 公里，人均道路面积 10.02 平方米。全国集中供水的建制镇达到 1.57 万个，占全部建制镇总量的 92.3%，全国集中供水覆盖率达到 93.7%。东部集中供水覆盖率达到 95.90%，中部集中供水的建制镇覆盖率达到 91.24%。全国建制镇拥有污水处理厂 2961 个、污水处理装置 8667 个，全国建制镇污水处理能力达到 1338.71 万立方米。东部地区污水处理厂、污水处理装置分别达到 1666 个和 5215 个，中部地区污水处理厂、污水处理装置分别达到 217 个和 945 个。建制镇排水管道总长度 12.2 万公里，全国镇均排水管道长度 6.2 公里，东部镇均 15.80 公里，中部镇均 7.74 公里。（见表 6－3）

表 6－3　全国小城镇基础设施建设对比

项目		东部	东北	中部	西部	全国
道路	平均总长度（公里）	165210	21105	80169	61014	327498
	镇均总长度（公里）	31.08	14.69	17.16	9.79	18.55
供水	集中供水覆盖率（%）	95.90	86.99	91.24	95.09	93.7
排水	排水管道总长度（公里）	83967	5269	36143	25213	150592
	排水管道平均长度（公里）	15.80	3.67	7.74	4.05	9.11
污水处理	污水处理厂（个）	1666	84	217	994	2961
	污水处理装置（个）	5215	440	945	2067	8667
	污水处理能力（万立方米/日）	1851.07	43.18	181.10	269.70	2345.05

数据来源：《中国城乡建设统计年鉴（2014 年）》

从公共服务的投入水平上看，东部地区也远远领先于中部地区。从学校、医院、农业技术推广等软环境建设方面来看，东部地区小城镇的配套水平远远高于中部地区。（见表 6－4）全国建制镇小学教师 357.9 万人、中学校 3.7 万个、中学教师 300 万人、幼儿园 14.5 万个，医院 3.9 万个，全国建制镇农技推广服务机构 4.9 万个。从区域分布上来看，东部地区城镇小学教师数量达 136.4 万人、中学校 1.3 万个、中学教师数 120.6 万人、幼儿园 3.8 万个、农技推广服务机构 1.7 万个，中部地区城镇小学教师 92.2 万人、中学校 1.1 万个、中学教师 77.4 万人、幼儿园 6.5 万个、农技推广服务机构 1.4 万个。

表 6－4 中东部城镇软环境建设对比

项目		中部	东部	全国
小学校	数量（万个）	6	4.9	17.6
	比重（%）	34.2	27.8	100
小学教师	数量（万人）	92.2	136.4	357.9
	比重（%）	25.8	38.1	100
中学校	数量（万个）	1.1	1.3	3.7
	比重（%）	29.7	35.1	100
中学教师	数量（万人）	77.4	120.6	300
	比重（%）	25.8	40.2	100
幼儿园	数量（万个）	6.5	3.8	14.5
	比重（%）	44.8	26.2	100
农技推广服务机构	数量（万个）	1.4	1.7	4.9
	比重（%）	28.6	34.7	100
医院	数量（万个）	1	1.3	3.9
	比重（%）	25.6	33.3	100
医生	数量（万人）	39.3	53.8	139.2
	比重（%）	28.2	38.6	100

无论是从促进城镇经济社会发展的各项基础设施来看，还是从公共服务投入水平上来看，东部地区小城镇也处于较领先的水平。任何地区都一样，小城镇经济社会发展水平与城镇发展环境的构建是相辅相成的，经济社会发展到一定的水平，逃离了“吃饭”财政的困境，才能有足够的投入改善城镇面貌，提高城镇基础设施和公共服务水平，城镇发展环境地构建又能促进经济社会向更高水平发展。东部地区小城镇经济社会发展水平普遍高于中部地区，城镇发展环境也远远高于中部地区，从发展基础和发展潜力来看，东部地区小城镇的竞争力都要强于中部地区。

三、东、中部的千强镇发展对比

千强镇是指综合发展指数前 1000 名的建制镇。2003 年开始，国家统计局通过包括发展水平、生活质量和发展潜力三个方面的25个相关指标进行综合评定，在全国1.9万个建制镇中选出全国综合发展指数前1000名。

从2006年国家统计局公布的“千强镇”名单中，东部共有937个，占全国千强镇的93.7%；中部6个省只有29个，仅占全国千强镇的2.90%。在东部各省中，千强镇最多的是江苏省，共有275个，占千强镇总数的27.5%；其次是浙江省，共有266个，占千强镇总数的26.6%；再次是广东省，共有121个，占千强镇总数的12.1%。在中部6省的千强镇中，河南有9个，湖南有9个，山西有7个，江西有2个，安徽有2个，湖北0个。从分布密度上来看，东部平均每万平方公里有10.2个千强镇，其中上海的千强镇分布密度最高，平均1万平方公里分布133个千强镇，其次是江苏，平均1万平方公里分布26.8个千强镇，广东千强镇分布密度排在第六位。中部地区平均1万平方公里还不到1个，最高的河南，平均1万平方公里只有0.5个千强镇。城镇所在的区域经济发展质量的好坏决定了小城镇经济社会发展的水平，上海、江苏、浙江、广东，是我国经济最为发达的省市地区。千强镇人口仅占全国小城镇人口总数的10%，但是千强镇财政收入却占全国小城镇财政总收入的50%，居民储蓄存款余额占全国的45%。

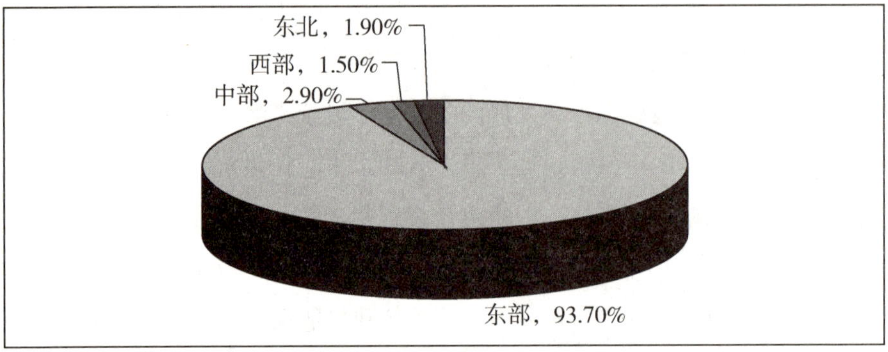

图6-4　2006年各地区千强县数量占全国比重

从发展水平上来看，东部地区的千强镇发展水平远远高于中部、西部地区千强镇。从千强镇的排名来看，前260位的千强镇都是东部地区的小城镇，其中排名第一的是广东省东莞市虎门镇，排名第二的是江苏省昆山市玉山镇，在千强镇排名前五的镇中，有3个位于广东省。江苏、浙江、上海、广东四省市拥有千强镇的74.6%，东部财政收入最高的虎门镇达到9.76亿元，而最低的江苏省姜堰市姜堰镇只有20078万元。

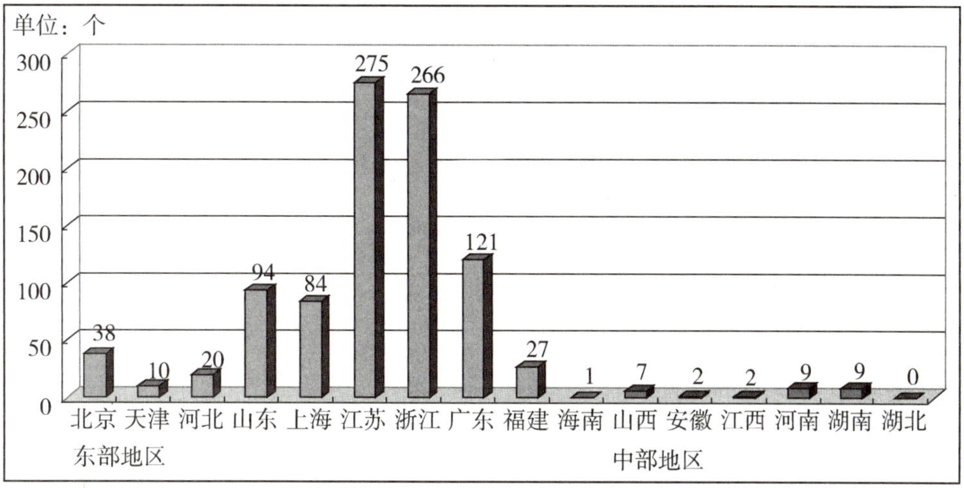

图 6 –5　2006 年东、中部地区各省千强镇数量对比图

从千强镇产业发展水平来看，千强镇大多以第二产业、第三产业为主导产业。有 74 个千强镇是以农业为主导产业的，这些专业镇大多分布在江苏、浙江一带，主要是发展以现代农业为主。大多数千强镇的主导产业以第二产业为主，全国共有 458 个专业镇以第二产业为主，东部地区 437 个、中部地区 18 个、西部地区 3 个。

第三节

东部小城镇的发展模式

什么是发展模式？著名社会学家费孝通先生指出是“在一定地区，一定历史条件，具有特色的经济发展的路子”。我国幅员辽阔，不管是否在同一历史条件下，不同的区域都会有着不同的现实状况，这也决定了不同区域的小城镇都会拥有适合自身的发展模式。尽管发展模式不尽相同，但它们之间却也可以各取所长、互补长短，以兹获取更好的发展。因此，它们之间的对比与借鉴也倍加重要。

东部地区的小城镇作为我国小城镇队伍中的排头兵，其发展模式在全国范围内也起着一定的示范和带动作用。总体来看，东部地区小城镇的发展模式主要有珠江三角洲模式、苏南模式、温州模式三种。[1] 之所以根据地域来命名，是因为它们极具鲜明的地区特点和时代特征。其中，珠江三角洲模式是以发展外向型经济为主，苏南模式是以发展乡镇集体经济为主，而温州模式是以发展民营经济为主。

综合东部地区小城镇的发展，除此三种模式之外，也还存在着其他模式诸如江浙模式、福建模式等，不过在它们身上多少都能看到这三种模式的影子，因此本节着重讨论此三种模式。

一、珠三角模式

改革开放后，珠江三角洲在从计划经济向市场经济转轨的过程中，利用国家赋予的优惠政策，以其独特的地理区位、土地和劳动力等优势，与外来资源相结合，创造了由政府主导的外向型工业化经济发展模式。制造业的发达与基础设施

〔1〕赵西君，刘科伟．基于东部小城镇发展模式下的西部小城镇开发模式探讨．开发研究，2004（6）：14—16.

的完善是珠三角地区现代化的显著特征。

小城镇，这是谈到珠江三角洲的发展时不可或缺的一点。它所扮演的角色对于整个珠三角的发展来说举足轻重。那么，珠三角的小城镇到底是怎样发展的呢？

珠三角模式是人们对广东省珠江流域中以广州、深圳等地为中心的14个市县，自改革开放以来向市场经济转轨过程中社会经济发展道路的概括和总结。

尽管都属于珠三角，但具体到每个地方，其小城镇的发展模式也存有差异：有“以下促上、遍地开花”的东莞模式、有“以上带下、一镇一品”的中山模式、有“中间突破、带动两头”的顺德模式、有“六轮齐转、各显神通”的南海模式。

具体来看，东莞模式是典型的外向型发展模式，即利用临近香港的区位优势，通过发展“三来一补”经济，大力改善基础设施，“以商招商”，吸引了香港众多的中小企业，进而成为新的电子通讯设备制造的世界工厂；顺德模式是通过实行“公有制经济为主、工业为主和大型骨干企业为主”的发展战略，在原有县属国有企业和社队企业基础上，采用负债经营的方式“借鸡生蛋”，带来民营经济的快速发展，进而使顺德成为全国家电制造基地；中山模式以混合经济为基础，推进乡镇企业和外资共同发展；南海模式则通过中小企业快速发展和私营经济不断壮大，扶持非公有制经济发展。[1]

从小城镇发展的动力性质来看，这四种模式既有内生型又有外生型，也有内外兼顾型。从整个珠三角地区来看，珠三角内圈层地区小城镇多为外源型发展模式；珠三角西部地区多为内源型发展模式；珠三角欠发达地区的小城镇多为传统型发展模式。[2] 因此，也有人将珠三角地区小城镇的发展称为“组合型城镇”。

综合来看，“珠三角模式”有四大特点：一是通过发展外向型经济，带动基础设施和投资环境的改善，为城镇建设奠定基础；二是大幅度调整农村经济结构，促进乡镇工业的迅速发展，加大二、三产业在经济总量中的比重，将大部分农村劳动力转入二、三产业就业；三是区域条件以及人文基础较为优越的小城镇迅速发展起来，形成了具有特色的地域专业分工和产业集聚带；四是内外市场联

---

〔1〕 李志刚，李郇．新时期珠三角城镇空间拓展的模式与动力机制分析．规划师，2008（12）：44—48.

〔2〕 金鑫，陈文广．组合型城镇——珠三角小城镇的发展新思路浅探．转型与重构——2011中国城市规划年会论文集．南京：东南大学出版社，2011：9.

动，向国内外市场拓展。

这种模式带了外来人口的剧增和空间的迅速拓展。更值得一提的是，它催生了专业镇。这也是珠三角地区小城镇发展的一大特色。

专业镇现象，出现在我国20世纪90年代，是指同类型产业在一定地域上的集聚，并成为支持地方经济发展的主导产业的现象。广东省科学技术厅把专业镇定义为：以镇（区）为基本单元，产业相对集中，具有一定经济规模，产、供、销一条龙，科、工、贸一体化，营销网络覆盖面广的镇级经济实体。[1]

珠江三角洲地区共辖9个市，包含404个乡镇，其中专业镇达100多个，有农业专业镇，也有工业专业镇和第三产业专业镇。一些专业镇甚至成为世界某类产品的主要生产地，如中山市狮岭镇的皮具专业市场是广州市四大批发市场之一；小榄镇的五金产品成为行业标准；大涌镇成为中国最大的红木家具生产基地；梅州石扇镇被誉为“金柚之乡”、顺德陈村镇成为“中国花卉第一镇”、东莞石龙电子信息产业专业镇、江门市江海电子材料专业镇、珠海三灶生物制药专业镇等等。[2]

可以说，专业镇已经成为珠三角地区的重要经济支柱，最有特色、最具活力的经济增长点，同时也是推动工业化、城镇化和农业现代化的重要力量。

但“珠三角模式”在发展过程中也带来了一系列问题。珠三角专业镇按照产业结构可分三类：一是传统劳动密集型专业镇，这类专业镇比重最大；二是承接国际产业转移的技术密集型专业镇；三是以传统的农副产品加工为主的专业镇。它们的共同特点是，发展起点低、技术含量较低、行业技术门槛不高、自身创新能力较弱，即使第二类技术密集型专业镇，也是核心技术在外商手中，专业镇只充当区域性生产者的角色，在产业价值链中居于制造、装配环节，缺乏自有品牌和自主知识产权。

从长远来看，这种粗放型的经济发展方式是不可能满足可持续发展的要求的。粗放式的发展不仅致使资源逐步紧缺、环境压力进一步加大，还使得人才培养和技术提升等科技创新不被足够重视，这些都成为影响珠三角经济和专业镇进一步发展的瓶颈。

随着改革开放的深化和改革大势所趋，不管是珠三角的整体经济发展还是专

---

〔1〕沈静．珠三角专业镇的发展与创新系统构建．广州：中山大学出版社，2011：10.

〔2〕何庭宏．广东专业镇发展现状分析与升级对策．北京：北京交通大学，2008.

业镇的发展，加快转型升级，变粗放为集约，对经济结构进行有效调整，抓紧完善自主创新体系，持续提升核心竞争力，更好地实现“三化”（工业化、城镇化和农业现代化）同步推进。

二、“苏南模式”

“苏南模式”，通常是指江苏省苏州、无锡和常州（而今泛指江苏长江以南五市）等地区乡镇发展的方式。由费孝通在20世纪80年代初率先提出。发展至今，“苏南模式”并非一成不变，它的内涵不断得以创新、丰富和完善。人们常用新、旧苏南模式来区分。

旧苏南模式最初的特点可以概括为集体经济通过发展乡镇企业实现非农化发展。后来，随着不断发展，人们将其内涵概括为：“三为主、两协调、一共同。”“三为主”即为以集体经济为主（苏南大部分乡镇企业的创业资本源自社区范围内的集体投入，其所有制的基本属性便是以社区政府为代表的集体经济）、以乡镇企业为主（包括村办企业）、经济运行机制以市场导向为主（苏南乡镇企业是由镇、村两级党政组织直接策划与创办的，并根据市场导向进行商品生产）。[1]“两协调”，即农业与工业协调发展、经济与社会协调发展。“一共同”，即农民共同富裕。[2] 也即是以乡镇企业发展为动力、农工相辅的形式来转移本地区剩余劳动力从而促进城镇化的发展。

在这一模式下，苏南地区的乡镇企业得以迅猛发展，促使了传统农业的分工分化，带动了农业剩余劳动力的转移和农村小城镇建设，加快了农村从自给半自给经济向开放型、大规模的商品经济的转化。

然而，从本质上讲，“旧苏南模式”是在计划经济向市场经济转轨的过程中形成，具有明显的过渡性质，因此其本身也有着难以克服的弊端。在这种模式下，大部分企业产权模糊，政企不分，企业布局分散，结构不合理，浪费资源，客观上造成企业抵御外来竞争的能力参差不齐，同时由于企业经营管理者的主观

〔1〕 于晓菲．“苏南模式”的制度变迁、创新对中国西部经济发展的启示．发展，2009（12）：71—72.

〔2〕 董晓宇．“苏南模式”的理论和实践30年回顾．现代经济探讨，2008（8）：19—24.

因素影响，加上客观上竞争的加剧，技术投入不足，工艺设备落后，社会负担较重。[1]

为了克服这些弊端，苏南也一直在不断地进行改革探索，也就有了“新苏南模式”。其基本内涵是：以率先全面建成小康社会、率先基本实现现代化为目标，以园区经济为载体，以打造现代国际制造业基地为引擎，坚持快速发展、科学发展、协调发展，在工业化、城市化、信息化、国际化互动并进的过程中，实现城乡经济和社会一体化。[2]

不过，从动力学的角度来看，在“新苏南模式”具体的形成过程中仍然存在两种动力机制。一种是以苏州、昆山为代表的外生式的发展，即通过建立工业园区，以强势政府和有效政府为基础，以招商引资为手段，以土地换资金，以空间求发展。这也体现了苏南地区从珠江三角洲模式那里吸取而来的“三外（外资、外贸、外经）齐上，以外养内”的战略。另一种是以江阴为代表的内生式民营经济发展，即在原有基础上，深化产权制度和经营机制变革，进行资本运营。[3] 这又有“温州模式”的影子。

随着“新苏南模式”的全面运行，苏南地区的园区经济发展强劲，产业集聚效应凸显，对外开放程度有了大幅提高，扭转了集体经济独大的局面，使得个私经济、民营企业和中外合资企业得到了极大的发展，形成了多种形式并存的混合经济，极大地推动了工业化和城镇化的进程。

尽管“新苏南模式”在“旧苏南模式”的基础上，再借鉴珠江三角洲模式和温州模式得到了更好的完善，但仍旧存在着需要解决的问题：经济高度外向化会加大经济风险、经济结构亟待调整和提升、土地资源环境的约束日益加剧、城乡差距和贫富差距仍在加大等等。这些问题，需要在我国当前的改革大环境下，通过继续创新和探索来进一步解决。

---

〔1〕龚秀萍，孙海清．“苏南模式”的产生背景及其对中国的启示．经济研究导刊，2009（36）：56—57.

〔2〕董晓宇．“苏南模式”的理论和实践30年回顾，现代经济探讨，2008（8）：19—24.

〔3〕龚秀萍，孙海清．“苏南模式”的产生背景及其对中国的启示．经济研究导刊，2009（36）.

三、“温州模式”

费孝通先生在 1986 年发表的《温州行》一文中，认为“温州模式”即“家庭工业加专业市场”，并指出“温州农村经济发展的基本特点是以商代工的小商品、大市场”。于是，“小商品，大市场”便成为“温州模式”的一种颇具影响的经典表述。[1] 更加具体的多被引用的表述有：“温州模式”是指在中国的经济体制改革和经济发展进程中通过需求诱致型和大胆超前的局部经济体制改革所形成的一种区域经济社会发展模式。[2]

综合已有研究来看，“温州模式”的特点可概括为利用民营化和市场化来推动工业化和城镇化。其一，温州的民营经济基础较好。时至 2014 年，温州地区的民营企业几乎占了本地区经济总量的 80%，而正是这种以个体私营经济为主体的民营企业吸纳了大批农村劳动力，推动了二、三产业发展，促进了农村人口向城镇的流动。其二，民营经济的发展也使得温州农村的工业相对集聚。尽管这种集聚在布局上仍然是呈分散的块状，但也极大地降低了城镇化的成本。其三，制度的改革创新是小城镇发展的内生动力。温州地区无论是企业制度、市场制度还是产业组织都在不断地变化，以适应不断发展的经济社会环境。

总体来看，温州模式是以市场为导向调整产业结构，以民营经济为龙头，实施“小商品，大市场”的产业集聚战略，而逐步实现城镇化的。[3] 1978 年，温州只有 18 个建制镇；2002 年增加到 125 个，占全市乡镇的 46%，2012 年有 119 个，占全市乡镇（289 个）的 41%。

但在这一模式下，以低成本为主要竞争优势、一般处于产业链低端且缺乏品牌意识的民营企业，所打造出来的是以劳动密集型的轻工业为主的产业结构。因此，对技术进步、产业升级、环境保护、人才素质提高等也不够重视。因此，面对入世、国内外国际化竞争日益明显、市场秩序日益规范、资源环境承载力下降等一系列变化，温州人遭遇了重大压力。近年来，温州人炒房、炒地皮、民间贷

〔1〕 方立明，奚从清．温州模式：内涵、特征与价值．浙江大学学报，2005（3）：174—178.
〔2〕 史晋川．浙江的现代化进程与发展模式．浙江社会科学，1999（3）：14—18.
〔3〕 张拴虎．中国区域发展模式的演化比较分析．广州：华南师范大学，2004.

表 6-5　三种发展模式的比较

内容	珠三角模式	苏南模式	温州模式
起始条件	1. 区位条件好，临近香港，便于引入港资和外资 2. 土地资源相对廉价 3. 工业化起步早	1. 农业基础良好 2. 水陆交通便利，紧靠上海等大中城市 3. 中国近代民族资本主义工商业发祥地 4. 良好的人文环境和居民素质 5. 有集体经济的传统、经验、资金和人才	1. 人均耕地很少，农业发展条件差 2. 交通不便，远离大中城市和区域中心 3. 缺少国家以及上级政府的扶持 4. 农村集体经济薄弱 5. 区位条件相对封闭，孤立的经济环境利于探险尝试
发展特征	1. 专业镇的出现和壮大 2. 外来人口剧增 3. 空间拓展迅速；	1. 以乡镇集体企业为起始点 2. 农村政府主导的乡镇企业发展 3. “大”而偏“重”的产业结构	1. 以家庭生产为初始的私营企业 2. “小商品、大市场” 3. 高度发达的产业集群；
当前问题	1. 资源约束不断强化 2. 人地矛盾愈演愈劣 3. 受限于财权事权不匹配的市镇体制 4. 产品低端化，产业附加值较低	1. 宏微观环境的变化 2. 资源约束不断强化 3. “模糊产权”问题的显现	1. 分散经营阻碍企业扩张 2. 企业管理受到家族体制制约 3. 人格化交易问题 4. 产业结构水平较低
发展态势	1. 企业技术含量增加，规模扩大，向大工业区集中 2. 关注国际国内两个市场 3. 承接邻近大城市产业转移和吸引跨国公司的生产机构落户	1. 发展外向型经济 2. 调整企业规模和组织结构 3. 推进产权制度改革 4. 乡镇企业“城镇化”	1. 企业改制，明晰产权 2. 民营企业质量和规模的提高，引入外资，提高对外开放程度 3. 企业治理水平正在提升 4. 区域经济向现代市场经济靠拢

款等引发的温州金融危机，也都是在这一重大压力下温州人所采取的投机行为。从这一点也可以看出，民营企业和民营经济要健康发展并逐步壮大，必须加以规范和有序引导，要壮大实体经济而不是依赖虚拟经济。要实现这种引导，必须继续从体制、制度创新上入手。

为了有效应对新的经济发展环境给出的挑战，温州于2006年提出了“以民引外、民外合璧”战略，为“温州模式”赋予了新内涵。依托高度发达的民营企业和民营经济，通过吸引外资企业、推动民营企业与外资企业合作，进一步做大做强民营企业和民营经济，打造温州经济发展的“双引擎”，逐步形成民营企业和外资企业比翼齐飞的经济发展格局，实现产业结构提升、企业层次提升、竞争能力提升和发展后劲提升，切实把经济社会发展转入全面协调可持续发展的轨道。[1] 除此之外，由于小城镇的过快发展，使得温州的城镇体系结构也存在不合理之处，普遍存在“村村像城镇，镇镇像农村”的低水平建设问题。在新型城镇化的要求下，“温州模式”在小城镇规划和建设方面也正进行完善，而不是仅着眼于经济发展。

“温州模式”的不断转型和提升，这是温州突破自身的发展瓶颈，以实现更好的、可持续发展的需要，也是适应我国整体改革的必然要求。它将为中西部地区的发展带来更加鲜活的经验。

---

〔1〕中国社会科学院“温州民营经济嫁接外资发展研究”课题成果.2005.

第四节

对中西部小城镇的启示

对于东部地区小城镇来说，发展并没有参考书，它们只能“摸着石头过河”，不断探索实践和改革创新。它们在实践中所形成的模式，对于中西部地区的小城镇来说，就是最鲜活的经验和教材，但不能完全照搬，只能“取其精华，去其糟粕”。

一、如何获取发展动力？

可以说，乡镇工业化是小城镇发展的最主要动力。纵观改革开放以来，东部地区小城镇的发展，无一不是从乡镇工业发展壮大开始的。

20 世纪 90 年代初，苏南地区的乡镇工业在整个经济中已占据“半壁江山”，到 1997 年更是达到“三分天下有其二”的局势。20 世纪 90 年代中期，珠江三角洲的乡镇工业也已占到地区工业总产值的一半。乡镇工业的发展，不仅可以提供大量的就业岗位，还可以吸纳大批农村剩余劳动力，推动农村经济发展，为小城镇建设创造资金，推动小城镇的建设。

此外，对于小城镇发展来讲，农村剩余劳动力的转化也是不可或缺的动力。无论是苏南地区、珠江三角洲地区还是温州，历来人口稠密，耕地紧缺，农村剩余劳动力比重很高。改革开放以后，农村剩余劳动力已经大部分实现了向第二、第三产业的转移。例如，在珠江三角洲，实际从事农业的劳动力比重由 1979 年的 82% 降至 1990 年 55.9%，1995 年进一步降至 25%。农村剩余劳动力的产业转化，及其在地域上的集聚，促进了小城镇数量的增加和规模的急剧扩大。[1]

然而，如何获取这些动力呢？从东部地区小城镇的发展来看，获取方式是不

〔1〕 张敏，顾朝林．农村城市化：“苏南模式”与“珠江模式”比较研究．经济地理，2002（4）：482—486.

尽相同的，有外生型、内生型动力机制，还有自下而上、自上而下之分。

从乡镇工业化的角度来看，在早期，“珠三角模式”依托外来资金和优惠政策，是“自外”和“自上”的；“苏南模式”是依托集体资金积累和地方政府介入，是“自内”和“自下”的，而“温州模式”是依托“民富”而逐步成长起来的，是“自内”和“自上”的。而在后期，三者都有“自外”趋势。

一方面，乡镇工业化的主体都由单一走向多元。“珠三角模式”初期的主体是大量的“三来一补”企业，后来逐渐增加了三资企业和私营企业的成分；“苏南模式”的主体最初是乡镇集体企业，但后来逐步为私营、民营和三资企业所替代；“温州模式”早期的主体是以家庭生产为主的私营企业，但后来也逐步开始引入外资。这也意味着乡镇的工业经济在逐步地向混合经济发展。

另一方面，在对外开放的程度和市场定位方面，“珠江模式”的乡村工业化主要建立在与香港的密切联系之上，企业的资金、原料、样品大多由港商提供，加工出来的产品又经由香港进入国际市场；近年来伴随着广州和深圳高新技术产业的扩散，开始引入一些大型跨国公司的生产部门，乡村工业的外部联系格局出现了一些新的变化；“苏南模式”开始主要同周边大城市的国营企业建立生产协作关系，产品以面向国内消费市场为主；20 世纪 90 年代以后，与港台地区和欧美国家的联系逐步加强，产品开始打入海外市场；“温州模式”一开始是“小商品，大市场”，这里的大市场主要还是国内，但随着外资企业的进入，大市场也扩大到了国际市场。

从农村剩余劳动力转移的角度来分析，“珠三角模式”主要以外来人口的异地转化为主。起初，外来人口主要从事低层次的非农劳动，属于城镇的边缘人群，本质上属于“离乡不离土”；“苏南模式”主要表现为本地农民的就近转化，呈现出“离土不离乡”的特征，而随着城镇化的推进，农民进城定居后又表现出了“离土又离乡”的特征；“温州模式”和“苏南模式”在此方面比较相似。

对于中西部地区的小城镇来讲，在促进乡镇工业化和农村剩余劳动力转移时，应当根据自己的实际情况，综合选取适当的获得动力的方式。

二、对中部小城镇的启示

总的来看，中部地区小城镇发展存在的主要问题是：工业基础比较薄弱，大部分以农业为主，建设相对滞后，后劲不足。但是，中部地区人口密集、物产丰富、劳动力密集、资源丰富、运输便利、市场广阔，具有发展制造业的基础条件，这些也是小城镇发展的优势。

培养并积蓄发展动力，这是中部地区小城镇成长的首要任务。因此，要积极促进乡镇工业化发展，促进农村劳动力的转移。一方面可通过大中城市的辐射及带动作用发展自身工业与外来投资工业；另一方面可通过承接发达地区产业转移来带动。同时，注重产业结构调整，提高二、三产业比重，向高效益、高附加值、高科技含量转化。吸取东部小城镇发展的教训，尽量避免“块状经济”，促进小城镇的均衡发展。

要让小城镇在区域经济社会中发挥更好的作用，就要立足发挥小城镇的自身优势。城镇密集地区大多为平原地区，工业基础好，交通条件优越，城镇多分布在大中城市周边，更有利于城乡统筹发展。要加快构筑基础设施网络，引导城乡建设、产业布局和生产要素的自由流动，进一步引导城镇群体和城镇中心的建设，以形成相对集聚的区域经济增长形态。在以传统的重工业城市为中心的地区，由于工业大多是“二线建设”，遗留下来的传统工业历史包袱较重，发展活力不足，经济外向度不高，空间形态上呈现较为明显的核心边缘结构，要高度重视经济结构的调整以及与中心城市的交通联系，加强城镇发展轴的培育，继续强化城市的辐射与带动作用。在平原地区的传统农牧业区，工业发展薄弱，以传统的农牧业为主，城镇化水平较低，中心城市或城镇关联度不强；要着力加快经济结构调整，推进工业化进程，现阶段重点是做强中心城市与县域中心，增强城市经济的辐射带动能力。在交通闭塞的山区，工业化程度较低，城镇化水平也处于中部最低的位置，要走以发展中等城市为重点的集中型城镇化发展道路，采取以“以点为主、点轴结合”的空间开发模式，实行“内聚外迁”的城市发展与人口政策加快人口空间集中化进程。[1]

具体来看，在发展类型上，中部地区的小城镇可以选择以下三种[2]：

一是承接产业转移型小城镇。近年来，东部地区生产成本的不断增加，已经

---

〔1〕游宏滔，王世兰，汤铭潭．不同地区、类型小城镇发展的动力机制初探．小城镇建设，2008(1)：13—17+37.

〔2〕中国城市科学研究会．中国小城镇和村庄建设发展报告（2010年）．北京：中国城市出版社，2012.

为其产业结构转型升级提出迫切要求，而转移的最近地域承载就是中部地区。中部地区具有工业基础、管理经验、劳动力价格低廉的优势，中部地区的丰富自然资源和低廉的劳动力价格、土地价格优势，都可以成为承接东部产业结构调整的有力条件。中部大中城市的发展规模已经不能过多地允许承接产业转移。因此，这为在大中城市周边建设适合承接城市产业要素转移的小城镇提供了有利的机会。

二是流通型小城镇。中部地区的小城镇将成为东西部要素交流的交换中枢。建设现代化的物流体系，是加强小城镇功能的有力措施。在此基础上不断形成商品的集散地，便成为小城镇成长的核心产业支撑，并发挥小城镇对周边地区各种资源和要素的聚集作用，促进地区经济增长和小城镇的规模扩张。

三是产业创新型小城镇。中部地区小城镇通过承接产业转型，利用国际市场的资本转移，进行产业创新，建设创新型小城镇。在产业和技术创新基础上，培育小城镇新的经济增长点。因此，在未来的中部地区小城镇发展过程中，应当把加快产业结构转换、增强城镇经济和社会功能作为主要任务。

三、对西部小城镇的启示

西部地区土地、草场、矿产、能源等资源十分丰富，开发潜能巨大，是我国重要的资源储备基地，对我国经济发展起着支撑和推动作用。它的重工业起步较早，经过多年的建设，已建成有色金属、能源、石油化工、机械等工业基地和一些经济密集区，拥有一批在国内经济中占有一定地位的大型企业和重要产品。但西部地区也有着经济基础薄弱、自然生态条件较差等“天生不足”，其总体经济发展水平明显落后于东部沿海地区。因此，西部地区小城镇在借鉴东部小城镇的发展经验时，更应该注意“取其精华、去其糟粕”，不可一味地照搬。此外，西部地区包含省份较多，而且发展十分不均衡。因此，小城镇的发展更需要注重因地制宜，在借鉴东部小城镇发展模式的基础上，通过探索走出属于自己的发展模式。

自西部大开发战略实施以来，西部地区的社会经济也取得了较快发展，城镇化的进程也有所加快，但资源环境承载力也有所减弱，这些都将制约着西部小城镇的发展。其一，西部自然生态系统本身就相对脆弱，如果西部小城镇发展突破环境承载能力，就有可能使得生态环境更加恶化。其二，作为西部农村富余劳动力转移的重要区域，大量农村人口涌人小城镇以及无序发展的小城镇与相对有限的环境承载力之间客观上存在的矛盾与冲突如果处理不好必将影响小城镇的发展。

当前，西部地区小城镇存在的问题仍然比较多。一是城镇规模小而散，基础设施配套差；二是小城镇的企业规模小，经济发展缺乏产业基础支持；三是管理体制不适应，不少小城镇尚缺乏必要的管理配套政策和机制；四是配套政策滞后，如土地、税收、户籍、住房政策等。

总之，城镇化的过程，同样是人类不断开发利用自然资源的过程，这种开发利用的合理与否，与生态环境密切相关。这就这样，西部小城镇才可能健康地发展。

西部地区的小城镇要获得更好、更健康的发展，不仅要科学合理地处理人地关系，而且要不断提升原有小城镇功能。第一，突出小城镇的“承接—辐射”作用。小城镇一方面承接城市的要素辐射，辐射给周边的农村地区；另一方面聚集周边地区农村经济要素，形成合力以支撑城市发展。第二，发挥小城镇的“集聚”效应。小城镇加强基础设施建设，培育农村地区新兴产业和绿色产业，加快生态环境脆弱地区生态移民转移和农村剩余劳动力转移。第三，应建立和健全完善的配套条件和启动机制，如基础设施建设、市场体系建设、要素市场培育、劳动力素质提高等。因地制宜建设适宜于本区域发展的小城镇规模与类型。通过重点城镇、创新城镇与重点轴线的不断连接、延伸，逐步积累的发展方式，加快增长极类型小城镇的不断成长。

通过以上分析，对于西部地区的小城镇来讲，要充分发挥其自身优势，可以有以下几种模式。一是劳动密集型的矿产资源开发模式。西部地区在那些运输不便或资源性的商品生产中，乡镇企业才有一定的生存空间，并且西部农村中存在着大量的富余劳动力，这种开发模式既能充分发挥出西部自然资源的优势，又能吸纳过剩的农业人口到小城镇就业，从而可以迅速地完成本地城镇化。这种开发模式应注意的是：一方面，由于西部地区生态环境脆弱，因此不能盲目、无节制地过度开发资源；另一方面，在开发过程中要注意产业结构的升级和高附加值要素的培育。[1]

二是集体经济股份制开发模式。在壮大市场经济的同时，使集体经济逐步摆脱单纯依靠政府的方式，推行集体股份制经济模式，以有利于调动大家的积极性，并且能在当前中小企业贷款艰难的情况下发挥个体作用积累资金，开办企业。

三是旅游生态开发模式。西部地区自然风光独特，民俗风情浓厚，且拥有极富历史价值的自然景观和人文景观，旅游资源丰富。旅游业被公认为是唯一无污染的绿色产业和劳动密集型产业，具有投资少、见效快等特点，因此，对其开发既符合西部大开发的生态建设目标要求，又可以解决西部开发资金短缺的问题，同时也能充分利用丰富的劳动力资源，实现充分就业的经济社会发展目标。所以，西部小城镇要充分利用好这种得天独厚的条件，着力发展自己的旅游业，形成自己的特色旅游产品，积极开拓旅游市场，最终形成西部小城镇一种独特的发展模式。

四是集群创导的开发模式。西部小城镇地区虽然存在着一些中小企业，但大都分散经营或是从事互不相干的产品制造，这就造成了彼此之间基础设施不能共用，信息不能共享，市场不能共创的自我封闭的局面，因此成本巨大，效益极低。而集群创导主要是在产业集群理论的指导下，根据各个地区的实际情况，创建一批适合本地发展的产业链上相同或相近的企业，使其专业化、规模化。这会使企业无论是在原料采购、信息获取、市场开拓、销售等环节上大大的降低生产成本，还会形成外部规模经济效益。这种发展模式的形成最终会使这些企业能拉动地方经济增长，推动农村工业化与城镇化的进程，增强区域竞争力。

---

〔1〕赵西君，刘科伟．基于东部小城镇发展模式下的西部小城镇开发模式探讨．开发研究，2004（6）：14—16.

第七章

中东部小城镇发展战略

第一节

产业优化发展

一、东部小城镇产业优化发展战略

东部小城镇产业发展的困境是如何改变产业门类的发展起点低、技术含量低、创新能力较弱的问题。广东许多产业实现集群式发展的专业镇，也面临产业链位势低、产品市场饱和、产业升级缺乏人才和技术支撑的困境。珠三角专业镇大多是劳动密集型中小企业，规模以下企业大约占到2/3，生产方式和组织管理机制相对落后。2014 年，近 75 万高校毕业生在广东就业，但是 80% 的毕业生都集中在珠三角大中城市，58% 的研究生，近一半的本科、大专生选择在广州和深圳两地就业。专业人才的总量、结构和素质都已不能适应专业镇经济发展的需要，特别是在制造、加工、建筑、电子信息以及现代服务业领域，人才短缺已成为专业镇转型升级的瓶颈。

增强产业的自我创新能力，从产业链的生产制造端往自主研发、销售等环节提升，丰富产业结构，形成集研发、生产、销售、服务于一体的产业体系，是东部许多小城镇需要重点考虑的战略内容。而产业的升级除了企业自身要在具体的产品设计、市场营销、流程控制等方面加强研发力度以外，还需要政府在政策、城镇面貌建设、公共服务等方面进行倾斜，支持企业的自主创新、创造研发平台、吸引优质人才，推动产业的创新发展。

东部专业镇的发展已取得一定的进展。中央及地方政府在产业转型升级方面做出了一些成绩。国家对中小企业发展专门设立了中小企业创新基金，通过奖励、补贴的形式鼓励企业研发，实现创新式发展；广东省政府开展“专业镇技术创新试点工作”，建立创新平台，设立企业创新资金，引导和支持专业镇各类企业积极进行转型升级的尝试。

但是东部专业镇面临转型升级需要迫切解决的问题是如何吸引更多的优质人才、优质企业的聚集。近几十年来，专业镇在发展过程中，一直在追求产业发展，重视经济指标的增长，而遗忘和丢失了本地的历史文化，对地方民俗文化也少有挖掘和发扬，致使很多专业镇缺少文化底蕴，城镇历史风貌没能得到很好的保护和传承。重复生产、低水平扩张，让许多专业镇的城镇面貌黯然失色，拥挤的街道、沉闷而低劣的建筑形态，还有较差的治安环境。这些特点成为众多专业镇共同的问题。

一方面，小城镇要制定引导产业创新发展的各项政策。优化配置土地资源，拓展现代产业发展空间。通过提高建设用地容积率、单位面积土地产出水平等方式，提高企业节约集约用地的水平，为引进技术含量高、资金密集型企业创造条件。搭建创新公共服务平台，提高优势产业创新能力。鼓励企业对传统优势产业进行改造、就地转型或异地转移。政府通过设立专项财政资金、资助行业协会经费、举办会展等形式，帮助企业利用各方资源、开拓视野、树立转型升级的信心，在指导企业开展技术创新上继续发挥作用。优化产业结构，积极培育先进制造业、高端服务业和战略新兴产业。改变产业过度依赖第二产业、服务业普遍滞后的结构现状，在完善产业技术改造的同时，更要在调整产业结构上做文章，重点做好现代生产性服务业的培育。

另一方面，要创造优质人才聚集的城镇环境。人才是专业镇实现转型升级最关键的要素，是产业转型升级的创新基础。城镇应将宜居、宜业的城镇环境作为城镇发展的核心目标，立足本身的资源禀赋、区位条件，与珠三角都市圈龙头城市形成差异化的城镇风貌。留住人，集聚人气，提高本地区的城镇化水平，形成基础设施完备、公共服务体系健全、科教文卫社会事业完善的城镇功能。规划和建设具有时代特色的城市空间，构建城镇主题文化。一个富有时代特色的魅力城镇，能提升当地居民的归属感和自豪感；一个城镇有了文化，就能够从杂乱无章的信息中彰显出一种品质。既有时代风貌，又有民族特色的城市空间环境，是吸引人才和投资的核心要素。从城镇中心（步行街、市民广场、商业中心）改建、新居住区建造、城市市容环境（绿地广场、滨水地区）改善、基础设施的完善四大方面，构建富有当地特色的城市空间，形成与当地文化气质相符合的城镇风貌。

二、中部小城镇产业培育战略

中部小城镇要实现发展壮大，必须发挥比较优势，发展适宜的各类产业。抓住国家实行中部崛起的战略机遇，发挥“三基地，一市场”的比较优势。中部地区可以把培育农业产业集群、汽车产业集群、物流产业集群作为产业集群式发展的主导方向。通过产业集群的发展带动中部众多小城镇的整体发展。着重生态农业产业集群的培育，利用中部加强粮食生产基地建设的时机，完善农村道路和水利设施建设，增强农业减灾抗灾能力，增强小城镇农业的产出水平。依托已有的大型企业集团，加大国有资本的有效运营，形成区域经济的优势行业和协作体系，围绕湖北省内一些重要的经济开发区、高新技术开发区，通过企业集聚形成具有创新能力的区域产业集群。推进民营经济、轻工业类型的工业化进程，巩固中部能源原材料工业的基础，充分发挥煤炭和水力资源优势强化中部对东部发展提供动力之源的地位，提高小城镇企业的自主创新能力，加大政府资金对企业创新的支持力度，实现创新发展，利用现有的重工业产业基础提升工业的核心竞争力。

推进信息产业的进一步发展，让一些具备产业基础、发展实力的小城镇进入“智慧城镇”的发展轨道，用信息化促进小城镇产业经济的发展繁荣。发挥中部承东启西、接南连北的区位优势，推动市场化的建设。中部小城镇都拥有广阔的农村腹地，有些具备交通和区位优势，拥有流通产业发展基础的小城镇可以优化农产品流通体系，建立具有区域辐射能力的农产品集散中心。[1]

湖北不同类型的小城镇，应根据自身的条件选择不同的发展模式。对位于湖北省江汉平原的农业资源型小城镇而言，发挥生态农业的潜力，提高农产品的深加工，发展农产品流通业应成为小城镇发展经济的主导方向。政府通过设立相应的资助与补贴，推动“龙头企业 + 种植基地 + 农户”的生产格局，带动农民增收和农业的规模化经营，提升农产品的附加值和应对市场变化的能力。位于湖北省东部和中部的资源型城镇应积极调整产业结构，丰富产业类型，引导矿产产业的转型升级。位于湖北西部山区和长江流域的观光旅游型小城镇，应依托当地的特色风光和旅游市场影响力大的风景名胜区，发扬特色古镇的文化魅力，充分挖掘与神农架风景区、三峡风景区对接的潜力，完善景点之间的通达度和服务，充分融入区域性、全国性旅游经典线路中。位于武汉城市圈内具有交通优势的工业型城镇，应充分发挥企业聚集、政府财力相对充沛的优势，建立产业优化发展的

---

〔1〕 范恒山，赵凌云. 促进中部地区崛起重大战略问题研究. 北京：中国财政经济出版社，2010；李本和. 促进中部崛起与区域经济协调发展. 北京：人民出版社，2009.

体制机制，鼓励产业的优化升级，实现创新发展和集群式发展。对特色、优势不明显的一般型城镇，应在政府财力允许的情况下，加大公共服务和社会保障的整合力度，尽可能实现集聚化发展，在做强城镇风貌和特色上做文章，形成当地聚集外出务工人口的聚集地和优质公共服务资源的聚集地，通过人口的聚集发展壮大形成农村的区域中心。[1]

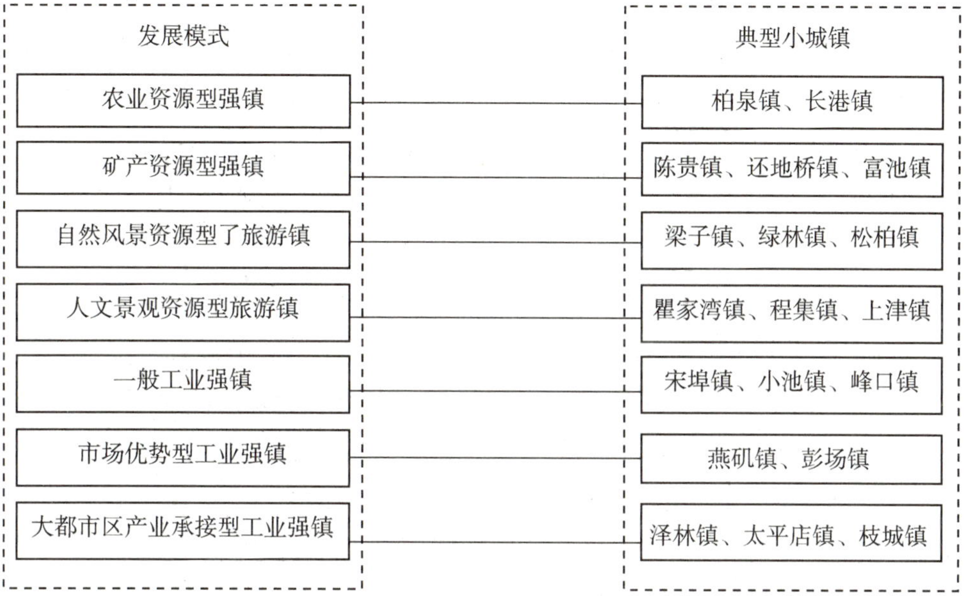

图 7－1　湖北城镇发展模式图

三、东、中部小城镇产业的借鉴与互动

东部一些镇的产业处在从初级加工向精深加工和制造的阶段，加工业从代加工（OEM）到代设计（ODM）再到自创名牌（OBM）的转变，从只扮演生产制造的“世界工厂”向扮演设计、研发、销售等的“世界市场”转变，实现规模经济从量向质的转变。东部产业在转型升级过程中，一些资源型、劳动密集型、处于产业链条低端的产业，将越来越不适应东部高地价、人力资本攀升的现状，

〔1〕 周舟. 湖北省小城镇发展路径研究. 武汉：华中科技大学，2011.

会逐渐向内陆一些地区转移。而中部地区的资源、劳动力、交通通达性好等比较优势和后发优势，对东部寻求转移的产业，无疑是一个强大的吸引力所在。尤其是中部地区正处于第二产业快速发展的工业化阶段，在承接东部地区产业转移的过程中，还能带动本区域的产业朝集群化方向发展。中部与东部地区在自然资源、资金与技术方面存在互补性，产业互动存在先天的优势条件，中部的欠发达的现状为东部产业转移提供空间、丰富的人力和优质的资源。东、中部产业的互动有利于重组市场资源，优化生产力地域空间布局，获得专业化分工与合作，实现东部带动中部地区共同发展，缩小东部与中部地区之间的差距，提高中部地区城镇与农村居民的收入水平，实现共同富裕。

中部与东部的产业互动，不是东部向中部“输血”，而是双向互动。这种互动是建立在市场机制的基础之上的自主流动，产业的转移建立在企业自身实现利润最大化的动力基础之上，在比较效益的驱动下，东部地区产业有序而理性地向中部地区流动。东、中部的产业互动以健全合作机制为纽带，优势互补、互利共赢是东中部产业转移的动力和目标。

创造协调发展的平台机制，促进东中部产业互动发展。建立政府与市场双轮驱动的方式，推动地区、城、乡、企业间四位一体的联合互动。建立中部与东部行政首长联席会议制度，建立推动产业互动的职能部门协调和落实促进产业互动发展的政策。通过市场化力量，发起并定期举办中东部产业互动发展论坛，专门针对中东部产业互动发展过程中难点与问题展开讨论，为政府制定相关政策提供智力支持。促进中部地区与东部沿海地区区域一体化发展，加强中部地区与东部沿海核心城市之间在港口、铁路、机场、管道等方面的建设。抓住东部珠三角、长三角与中部内陆地区逐步实现纵深发展的机遇，推动中部地区与珠三角、长三角都市圈经济的融合发展，支持安徽与长三角、江西与珠三角、河南与京津冀、湖北与珠三角和长三角的对接发展，建立并完善区域专业化分工与合作的模式。

小城镇产业空间的集聚受小城镇区域文化和价值观念的影响较深。社会文化背景、价值观念往往通过市场、企业、家庭、社区，甚至包括宗教等组织的传播而深入人心，成为影响小城镇企业文化的主要因素。中部地区要改变“官本位”“等靠要”等较落后的管理和发展理念，加强社会管理和优化公共服务。中部地区要把政府的主要职能转向以市场主体服务和营造良好的发展环境中，优化政府组织机构，理顺职责分工，提高行政效率。学习借鉴东部政府比较务实的管理方式，构建行为规范、运转协调、公正透明的行政管理体制作为政府管理制度建设的重要内容。

四、构建产业健康发展的支撑体系

小城镇的产业发展具有双重作用，一是小城镇自身成长与发展的需求，产业的发展对小城镇带动就业起着重要的支撑作用；二是小城镇产业发展对带动农村经济的全面繁荣同样发挥关键作用。东部与中部地区在产业发展上，还是有着不同的侧重点。无论是中部还是东部，小城镇需要立足自身的优势与特色，在国家产业布局的基础上，地方政府应致力于建立支撑体系，包括引进人才、技术、资金的政策体系，优化土地供给的要素保障体系，促进小城镇产业的发展和繁荣。

中部地区肩负着全国大部分地区的“吃饭”重任，着重建设粮食生产基地，不仅是中部发展自身优势，发展产业的要求，也是中部地区肩负的时代使命。解决全国的“吃饭”问题很重要，而解决中部地区的三农问题是一个更加重要的使命。三农的核心问题是解决农民的持续增收。中部地区种粮农户的收入增长机制，农业投入的长效机制，建立粮食产业化龙头企业的培育等，是中部地区粮食产业基地建设需要统筹考虑的几个问题。

积极探索适合小城镇特点的社会保障制度。提高小城镇对人才、资金和产业的吸引力，合理优越的社会保障制度至关重要。东、中部小城镇的社保制度，相比城市而言仍然处在较低的水平。制定提高进入城镇就业的农民工创业、就业扶持政策，提高小城镇吸引农业人口、外来务工人口进入小城镇的积极性。中部地区成为中国外出务工人口最多的地区，要把外出打工的农民工变为留在家乡创业、就业的重要成员。通过就业奖励、劳动培训补贴、减免税收、提供小额贷款等政策工具，鼓励外出农民工返乡创业，通过“全民创业”带动产业培育壮大中部小城镇的市场主体。

在中部崛起的战略背景下，要建立中部的利益协调机制，促进中部区域各省之间，小城镇与大中小城市之间的产业融合。构建区域利益共享机制，在市场经济自我调节的基础上建立地区之间的财政转移支付制度，调动区域之间、不同等级城镇之间实现经济协调发展的积极性。中部地区要实现产业的跨越式发展，必须走专业化、特色化道路，发展具有比较优势的产业类型。发挥不同地区、不同产业层次的产业，实现区域融合发展，不仅会增强区域之间的交流与合作，还能实现中部地区产业整体竞争力的提升。特别是对于以发展观光旅游为主的小城镇，应主动融入中部大区域背景下的经典旅游线路中。积极发展专业化的市场中介服务机构和各类行业协会等自律性组织，消除在城乡资本、人才与劳动力、商品、土地等在管理、运行、交流等过程中的体制性障碍，提高中部地区与国内外发达地区的市场开放程度。

依托中部丰富的教育资源、劳动力资源的优势，建立创新发展的动力和机制，推动产业向高产出、高技术含量、高附加值的方向发展。通过“政府拨款、金融低息贷款、企业自筹、社会筹资”等多种方式，支持和鼓励社会各界对科技的投入，一些具备发展高新产业的小城镇，应通过宣传和推广，形成尊重知识、尊重人才的社会风气，发挥武汉、长沙、合肥、郑州、南昌、太原等城市高校和科研院所密集的优势，整合教育和科技资源，挖掘知识与科技创造生产力的潜力。

第二节

融入区域发展格局

一、融入中部崛起的区域战略发展格局

中部地区地域范围大，城镇之间经济社会发展差距比较大，中部崛起的战略重心是通过政策与市场化的力量，打造区域增长极，以此来带动整个区域的发展。中部6个省会城市分别形成了“一个中心增长极，五个次增长极”，成为引领中部各城市、小城镇发展的核心区域，这6个核心区域也逐渐发挥出对周边城市、小城镇的引领、辐射和带动效应。但是这6个核心区域的共同问题是经济实力无法与东部珠三角、长三角城市群相提并论，每个核心区在带动周边发展的辐射半径也比较小，中部地区许多小城镇很难接收到增长极的经济辐射。一些具有特色旅游资源和特色矿产资源的小城镇，往往能在市场的推动下融入到区域核心增长极中，而一些没有优势资源的小城镇，没有核心区域的产业辐射作用，发展都比较缓慢。

“一极五次极”实现联合发展。国家实施中部崛起一个重要的战略思想是促进中部增长极之间的融合互动式发展，6个增长极在融合互动过程中，也会带动6个重要经济区之间区域的经济发展，特别能让一些中小城市和小城镇参与到增长极的融合互动之中。中部“一极五次极”是指以武汉为中心，以黄石、鄂州、孝感、黄冈、咸宁、仙桃、潜江和天门8个城市为腹地的武汉“1+8”城市圈。五个次中心分别是指以郑州为中心的，以洛阳、开封、平顶山等22个城市为腹地的中原城市群；以长沙、株洲、湘潭为中心，以岳阳、常德、益阳等7个城市为腹地的“3+7”泛长株潭经济圈；以合肥为中心，以六安、巢湖、马鞍山等10个城市为腹地的泛皖江经济圈；以南昌为中心，以九江、景德镇、鹰潭等5个城市为腹地的环鄱阳湖经济圈；以太原为中心，以忻州、吕梁、晋中等4个城市为腹地的太原经济圈。武汉城市圈是中部6个城市增长极中唯一一个具有全国性影响和战略地位的增长极，其他5个次增长极与核心增长极之间实现融合发

展，推动中部6个城市之间形成集群化发展的格局。2012年，湖北、湖南、江西三省签署合作协议，确立构建以武汉、长沙、南昌为核心，涵盖武汉城市圈、长株潭城市群和环鄱阳湖区域30个城市的长江中游最大城市集群——“中三角”区域，覆盖国土面积21.8万平方公里，人口总量9000多万，经济总量2.8万亿元。“中三角”的区域合作，是从政府层面推动中部区域实现融合发展的重要举措，但是中三角的发展和壮大却需要市场力量的推动，需要打破分属三个不同省份的城市圈之间行政界线的限制，建设城镇之间要素自由流动的通道，构建促进要素自由流动的机制。

中部的崛起还需要借助融入东部地区的发展格局，中部6个核心城市增长极要积极与东部长三角、珠三角实现对接。把中部联系东部地区的京广、京九以及沿长江、沿陇海、沪昆等“两纵三横”经济带联动发展战略，作为中部联系东部的战略通道，实现中部核心增长极与东部重要都市圈的发展互动。京广、京九线是连接我国北方与南方地区的重要交通干线，通过两个南北走向两大经济带的联接，把中部的6个增长极与东部珠三角、长三角、京津冀3个经济区连接起来，形成中部与全国几大经济区互动发展的格局。推动中部6个核心城市产业发展、发展要素、市场与东部地区核心城市之间的共同繁荣。

中东部小城镇的发展，也要积极融入中部崛起的战略格局中，主要是挖掘自身的优势，寻找与中部6个核心城市增长极、中东部的产业互动的途径，通过制定符合发展趋势的产业支持政策，促进小城镇经济社会的全面发展。小城镇是核心城市增长极中很重要的组成部分，受大城市的影响，小城镇往往需要分担着城市的功能，有的成为大都市主城的资源供给载体，有的小城镇成为核心城市的后花园，有的小城镇成为核心城市的“卫星城”。小城镇的发展与强大，可以承担核心城市的部分功能，也成为大城市辐射农村腹地的中转站。

二、主动融入区域核心城市圈的发展格局

美国区域发展与区域规划专家J. 弗里德曼提出，经济社会活动的空间聚集会在区域中形成一定的核心区，核心区周围还会形成一个受核心区影响的边缘区，核心与边缘之间存在着一种扩散和交流的基本关系，组成一个完整的空间系

统。对于中部各省的城镇体系来讲，整个区域从互不关联、孤立发展变成彼此联系、发展不平衡，向发展成为相互关联，融合发展的区域系统，需要核心与周边腹地城市的互动，小城镇是带动农村腹地的重要结点，对促进核心城市与广大农村腹地经济发展起着重要的纽带联系的作用。

小城镇与城市能形成互补发展的格局。核心城市在发展资金、技术密集型产业方面存在先天的优势条件，小城镇在发展劳动密集型产业更具备优势。对中部地区而言，劳动力丰富、资金短缺是许多城市和小城镇面临的共同难题，小城镇经济的发展能够融入到核心城市圈中，既能缓解核心城市劳动力成本、土地资源紧张、原料价格上涨等矛盾，也能带动小城镇产业的发展和城乡居民收入的提高，在核心城市与小城镇实现互动发展的过程中，带动城市圈消费市场的扩大。核心城市是整个地区城镇体系的中心和龙头，生产的空间规模比较大，科技、流通、金融和信息的综合服务功能强，各类生产、生活设施比较完善；而区域内小城镇数量较多，城乡腹地广阔，发展成本低，接近农村区域，便于城市与乡村实现各类发展要素的流动。

中部6省的城镇体系中，普遍形成了以省会城市为核心的城市圈，但是城市圈内部能与核心城市相呼应的中等城市比较缺乏，支撑整个城镇体系健康发展的中坚力量缺乏，导致许多小城镇与核心城市之间的联系出现断层。中等城市的发育和成长，需要一个自然、缓慢的过程，要是等着中等城市发展壮大之后通过辐射带动小城镇的发展则需要漫长的时间，小城镇应根据自身的资源、区位和市场优势，尽早融入到核心城市的产业和功能分工的格局中，实现与核心城市的经济社会发展的共同进步。

湖北小城镇应主动融入武汉“1+8”城市圈的发展中。湖北城镇体系的构建，应以武汉为中心，联合宜昌、荆州，形成长江中上游和江汉平原于一体的城市网络，区域内小城镇积极融入到这个城市网络格局中，发挥核心城市带动，次级城市联动，小城镇与城市网络各节点城镇互动的城镇体系。推动整个区域城镇实现特色突出、联动发展、协调配合的发展模式，在全省统筹城乡的发展战略推动下，朝着区域市场一体化、区域基础设施一体化、产业布局一体化等方向突破。

三、与县域经济发展互动

县域经济是城市经济网络的重要基础，也是统筹城乡经济发展互动的关键环节。中国的百强县、千强镇都主要分布在东部地区，百强县与千强镇都具有较强的空间相关性，百强县所辖的千强镇也较多。要理清百强县与千强镇之间，前者是后者发展的主因和主要成果，可能还需要通过一系列的数学模型才能论证相互影响的强度，但是两者之间经济最能直接发生联系，互相促进，互相影响，却是看得见的事实。对一个省来说，县域经济往往是构成省域经济发展的基础，县域经济发展的好坏也决定全省经济发展的强弱。中部6省县域人口占中部总人口的比重达到80%，县域国土面积占中部地区总面积的90%以上，县域经济发展决定整个区域经济发展的水平。

湖北省是一个县域经济不够发达的省份，总体表现在县域经济总量小，政府财政能力小，产业特色不明确，经济效益不高等问题。与中部其他5省情况相似，湖北县域经济成份中，农业比重偏高，产业集聚效应并没有普遍形成。与武汉城市圈、次中心城市相比，湖北县域经济也没有形成相应的比较优势。县域经济的竞争力不足，影响了农村经济的发展和农民收入的增长。东部地区县域经济已经融入到珠三角、长三角城市群中，县域经济与城市经济实现了融合发展。中部地区城市群还处于初期发展阶段，县域生产总值占中部地区生产总值总量的半壁江山，县域经济发展的好坏直接影响全省经济发展的水平。湖北县域经济目前更多的是以粗放型工业加工为主，一方面，县域农业特色产品种类多，产量也较大，但是经营效率不高，农产品链条短，农业的资源优势并没有转化为市场优势；另一个方面，县域工业发展以中小企业为主，产业链条短、技术含量低、经济效益也不高，特别是三产服务业普遍较差，县域经济缺乏活力是湖北省县域经济发展较慢的主要原因。

县域经济要实现组团式发展，打破行政界线的限制，避免产业同质、同构的恶性竞争。县域经济的发展融入到城市圈的区域合作中，有利于发挥中部地区丰富的资源、廉价的劳动力和低成本的交易成本等优势，有利于挖掘中部地区的比较优势，有利于中部地区与东部地区实现各种要素的流动和对接。与东部县域经济发展思路与模式不同，中部县域经济的战略选择应避免东部地区选择的以外向型经济为主的模式，在全球经济形势下滑的国际环境下，强化区域市场的培育与建设，发展以消费为主的内生型经济，走内涵集约的发展道路，是中部县域经济战略选择的重要方向。组团式发展的核心是形成极点城市带动效应，湖北县域经济的组团式发展，要充分发挥武汉市协调县域经济组团发展的引领作用，尤其是发挥武汉带动全省经济社会发展要素的流动功能，通过武汉的极化效应带动县域经济发展，带动中小城市发展。

小城镇经济发展要主动融入到县域经济格局中。县域经济可以有效地带动农村经济的发展，湖北县域经济不发达，主要是湖北经济类型属于欠发达的农业型县域经济，由于非农产业的不发达，导致县域经济与小城镇经济之间的互动比较困难。小城镇融入到县域经济发展格局中，首先要选择具备产业发展基础的工业型小城镇、旅游型小城镇，发挥资源优势，与县域经济的服务业形成互动，从而相互促进实现经济社会的全面发展。另外，对产业不够发达的县域和小城镇来讲，要集中力量建设城关镇、重点镇，选择基础好、区位条件优、发展潜力大的建制镇作为基础设施和服务配套的重点扶持对象。通过对点的集中投入，发挥重要城镇融入县域经济的发展能力。

四、小城镇与新农村的互动

中部地区的农村发展与城市发展是同等重要的战略，农村的经济的发展也是一个长期的目标。实现农村与城市的同步发展，重点还在于发展农村，发展的难点也是农村，突破口也是农村。小城镇作为联系城市和农村发展的节点和纽带，对发展农村经济更是起着重要的作用。中部地区农村的生产经营还属于一家一户的小农生产方式，绝大多数农民依靠传统的种植方式务农，很难实现增收，更难实现富裕。中部农村的发展，首先要建立农民收入增长的长效机制，最核心的问题还是要把剩余劳动力从农业生产经营中转移出来，关键还需要借助城乡一体化发展的思路，才能有效破解“三农”问题，消除城乡二元结构矛盾。相对于农村而言，城镇是提供农产品交易的集中地，是提供优越公共服务和社会服务的场所。城镇是非农产业的主要生长地，对带动当地非农就业，通过产业化带动农业实现规模经营和产业化，起着聚集市场供求信息、技术、咨询等现代服务的重要作用。

长期以来，中国农村发展的路径是促进农村向城市的方向发展，有些镇位于城市内或位于城市郊区，经济发展地好，会被上级城市改成街道纳入城市管理体制；那些远离城市的农村，如果经济发展得不错，也会用就地城镇化的模式来发展农村，把农村建成如同城市一样的形态，农民从平房住到公寓楼，进工厂上班，农村小区、农村公园也会建设地比较齐全，农民的社会保障也会向城市居民看齐，更有甚者，在远离城市的农村也会按照城市居委会的形式管理农村，原本在当地有工作、有住所、有土地，就在当地居住的农民，会撤销掉农村户口改成城市居民；而那些远离城市，农村经济不发达的地区，农村又基本成为提供劳动力、原材料、粮食和消费市场的腹地，当地青壮年绝大部分外出务工，导致许多农村呈现农业停滞、农村衰落的境况，农村的风貌和文化，逐渐失去活力和灵气。城乡之间的不平衡、不协调，影响中国农村经济发展，城市发展导致中国的农村正在消失，有数据显示，近 20 年来，中国农村减少 106 万个。实际上，中国的城镇化，不仅仅是农村人口向城镇转移的单一过程，更是人口、产业、经济、文化以及社会形态发展的过程，是整个社会形态由传统的乡村社会向现代的城市社会转型的过程。在这个转型的过程中，一方面需要城市面貌更加现代，城市生活方式和文化得到更好的传承；另一方面，也需要农村地域的自然景观、产品产业结构、生产生活方式、社会组织体系向着更完善的方向改进。需要城市更加宜居、宜业，更加生态，同样也需要农村经济实现繁荣发展，农民的收入长效增长，农民的生活水平大幅提高，中国的农村文化得到持续久远的传承。

第三节

中部小城镇差异化发展战略

一、差异化战略是中部小城镇发展的未来出路

我国各地农村小城镇的发展普遍存在着路径依赖、路径选择和路径创新的问题。改革开放以来，东部地区小城镇一直在不断探索制度创新，湖北小城镇却在历史和文化的影响下缺乏制度变迁的导向，不能突破过去的政策与制度路径，导致湖北小城镇普遍缺乏原始积累，农村经济改革停滞或步伐相当缓慢。路径依赖让一些善于进行制度改革的地区获得了不断向更优化的环境发展的动力，而湖北小城镇却始终没有抓住机遇实现不断改革的路径依赖，导致湖北的路径依赖是沿袭小农经济的传统发展路径。在今后的发展过程中，突破原有的发展模式，寻找差异化发展的路径，是中部小城镇未来需要面对的战略选择。[1] 差异化战略最早由哈佛大学商学院教授迈克尔·波特提出的，他提出了三类成功的战略思想：总成本领先战略、差异化战略、专一化战略。差异化战略是产品在市场中通过垄断的思想，通过提供与同类竞争者相比更独特性的东西，有效降低价格竞争的压力。在差异化战略中，市场对产品价格的需求弹性较小，消费者对价格反映不敏感，厂商对产品形成一定的价格支配能力。差异化战略的实施，核心还在于挖掘本地的优势资源，形成其他地区无法与之媲美的比较优势，从而形成类似产品垄断效应的价格优势。

中部的区域性中心城市不多，在现有的发展路径下，培育超大城市并不现实，而培育有特色的中小城市，却可以成为城市和小城镇发展的主要方向。中部地区没有形成数量较多的区域性中心城市，既有产业发展不发达的原因，也有历史文化的原因。充分发挥中小城市的发展活力，也是区别于东部城市发展的一个路径，中部特别是湖北许多中小城市都具有特色鲜明、环境优美、适宜居住的特

〔1〕 胡金林．湖北农村小城镇发展的路径依赖与路径创新．农业经济，2006（9）：39—41.

点，中部地区通达东西南北的区位优势，带动旅游业、流通业的发展，形成以中小城市为重要节点的区域性结点城市。把襄阳、黄石、宜昌、荆州和十堰等具备一定发展实力的中等城市发展成为中部的综合性、多元化功能于一体的富有特色的中心城市。[1] 发挥县域经济“一县带一镇”的建设模式，发挥县城对周边小城镇经济发展的带动作用。小城镇的发展机遇是在释放中小城市发展活力的制度改革过程中，完善全省100个重点镇的试点引领作用，形成特色鲜明、功能完备的小城镇体系，通过重点镇的带动，带动其他600多个小城镇的发展，形成梯度推进的战略格局。

差异化发展战略的核心是发挥本地区别于其他地区的优势资源，形成行业竞争力较强的产业门类。湖北应充分发挥农业资源优势，区位优势，交通通达度较高的枢纽地位，发挥科教、人才的知识资本优势，挖掘中部广阔的市场优势，推进特色农业产业化经营，加快中部地区老工业基地振兴和资源型城市转型。推进以武汉为中心的全国性商贸流通体系建设，开发建设一批具有国际影响力、带动性强、效益较好的旅游产业，加强技术创新服务体系建设，推进科技成果转化，促进中部企业向着高技术产业集群的方向发展。中部小城镇建设应充分利用中部的资源禀赋和产业特色，扬长避短，优化利用特色资源，培育壮大特色产业，挖掘开发人文资源，精心打造城市品牌和人文景观，建设资源优化利用、产业支撑有力、生态持续发展、城镇内涵丰富的活力小城镇。[2]

二、创造条件吸引外出务工人员返乡

按照产业梯度转移理论，一个地区在产业发展到一定的阶段，一些低层次的产业因为当地劳动力成本的急剧上升就不再具备竞争优势，这些产业会逐渐向小城镇和农村社区转移，在转移的过程中，会带动转移地经济的发展。中部地区资源比东部丰富，劳动力价格也较东部便宜，从发展产业发展成本上来讲，中部地区具备一定的比较优势。在现在的形式下，承接东部地区的产业转移，创造条件吸引外出务工人员返乡创业，回乡创业不仅能够促进农业现代化发展，带动当地

〔1〕 赵长勇．湖北农村小城镇发展研究．武汉：华中农业大学，2004.

〔2〕 阳小华．中部地区小城镇建设的战略选择．江汉论坛，2005（4）：16—18.

就业，还能推动当地工业化进程，是中部许多小城镇需要关注的战略方向。[1]

抓住湖北数量多、素质高的人力资源优势，通过改进城镇面貌和公共服务的配备水平，吸引外出务工人员返乡创业，吸引高素质人才逐渐向小城镇集聚。劳动力是发展要素的重要组成部分，落后地区实现跨越式发展，首先需要人才发挥对先进技术的引进和成果向社会效益的转化，推动产业向高附加值的方向发展。利用中部老工业基地的优势，推动国家和地方共同出资的形式支持和鼓励中部地区老工业基地发展职业教育，创新教育理念，总结老工业基地的技术、管理和组织形式的先进经验，把过剩的劣势转化为人力、技术和经验的优势，为小城镇产业发展输送知识资本。

“十二五”期间，我国进入“刘易斯拐点”即将显现的发展阶段，东部地区劳动力价格出现不同程度的上涨，20 世纪 90 年代东部形成的劳动力似乎能无限供给的格局不存在，在全球经济以劳动力价格异常便宜形成的强大的竞争优势正在削弱，对东部地区来讲，这个阶段是经历阵痛的阶段。而对中部这些劳动力输出地来说，也是一个发展的机遇，就中部地区而言，目前仍然存在一支庞大的剩余劳动力大军，他们许多已在 40 岁以上，文化程度不超过初中，但是却是一支在东部沿海地区工作 10 余年的“熟练工人”，外出务工已不是他们最理想的选择，创造条件吸引他们就地就业、创业，却是一个明智之举。实际上，在 2000 年前后，中国不同的地区已经出现了外出务工人员返乡的“创业潮”，2000 年后，中西部地区回乡创业人数是1990 年以前的31 倍。[2] 部分农民工利用打工获得的资本、技术和管理经验，回乡创办实业，发展新的产业。“创业潮”推动了中国一些农村地区的发展，成为这些地区带动农业和农村经济的重要力量。[3]

小城镇建设需要产业的发展和要素的聚集，“创业潮”正好适应这种要求，与大城市相比，小城镇在户籍管理制度和有关政策出台方面更加灵活，可以很好地吸引回乡务工人员往城镇聚集。越来越多的外出务工人员回到家乡创业，为家乡带回知识和资金，推动了城镇和农村经济的发展，返乡创业大多集聚在城镇当中，以城镇为依托，带动小城镇和周边农村地区产业的发展，一定程度上促进了当地农业、工业和商业的发展。小城镇政府要积极探索促进民营经济发展的硬件

---

〔1〕 张清泉．二元经济结构条件下的中国农民工研究．北京：经济科学出版社，2008：10.

〔2〕 韩俊．我国农民工回乡创业面临的困难及对策．经济纵横，2008（11）：3—8.

〔3〕 王西玉，崔传义，赵阳．打工与回乡：就业转变和农村发展．管理世界，2003（7）：99—109.

设施和软环境。通过与湖北武汉高校、大型企业合作建立地方小型企业辅导与服务中心，贯彻多予少取放活的政策机制，为打工者回乡创业提供良好的政策环境，积极推进乡镇企业的健康发展，实行因地制宜、合理引导、完善发福、改善发展环境的方针，引导乡镇企业朝着现代产权制度和现代企业制度转变，推动乡镇企业从“传统工业”向“现代工业”转换。[1] 逐步建立县城和中心城镇在民营企业工业集中区、商品流通、专业批发市场等相关设施的建设。深化财政体制、农村税费及相关的改革，杜绝乱收费、乱摊派、乱罚款的“三乱”行为，保护企业和企业家的合法权益，对回乡发展经济的带头人和优秀个体及相关企业给予表彰，及时总结他们的创业经验，发挥他们对本地创业的示范作用。设立相应的税费减免行业目录，设立小额贷款等鼓励机制，实现返乡创业企业与大型企业同样享受当地政策激励，加大政府对返乡创业的政策扶持面，提升返乡创业者对本地经济发展的信心与积极性。

三、打造成环境优美的旅游目的地

通过旅游业也能带动当地城镇化的发展。从发达国家来看，旅游业往往能对当地带来巨大的人流、物流、资金流和信息流，旅游业的发展带动当地非农就业的发展，从而推进当地城镇化的进程。美国的奥兰多、拉斯维加斯、汤姆斯通镇，墨西哥的坎昆，都是在旅游业的带动下发展成为本国著名的旅游城市。[2]

立足丰富的旅游资源和区位优势，中部应形成以旅游业引领相关服务业的发展。以长江三峡、黄河瀑布、黄山、庐山、衡山、嵩山少林寺、武当山等名山大川、世界遗产、革命圣地为核心，推动旅游产业的发展壮大，打造精品旅游线路，以旅游业为龙头带动相关服务业的加速发展。中部特别是湖北一些自然风光较好、历史久远的小城镇，应积极主动融入中部旅游业发展的大环境中去，通过旅游业的带动城镇经济的繁荣和农民收入的提高。从多数资源型小城镇来说，旅游业是带动服务业发展最合适的产业类型。中部小城镇都面临城镇人口规模较少，小城镇服务业发展缺乏人气，发展活力不足的困境。而旅游业带动外来人口

---

〔1〕 张清泉．二元经济结构条件下的中国农民工研究．北京：经济科学出版社，2008.
〔2〕 曾博伟．中国旅游小城镇发展研究．北京：中国民族大学，2010.

的涌入，拓展了小城镇服务的对象，游客增加带来的服务需求增加，为小城镇发展服务业提供了外部资源，能有效推动城镇服务业的发展。除了能带动城镇服务业的发展以外，旅游业还能带动乡村经济的发展。许多旅游型小城镇依托当地著名的自然景观和文化沉淀吸引游客前往，游客除了游览景点以外，还会对当地的乡村风貌和风土人情感兴趣，从而带动乡村旅游的发展，只有乡村旅游发展起来的小城镇才有可能成为带动当地农民收入增长的旅游型城镇。实际上，在四川三圣花乡的农家乐，正是景点与乡村旅游互动的结果，这些地方无论是旅游旺季还是淡季，乡村餐饮业成为当地的一个特色，吸引了游客和当地人经常前往，大量退休老人定期前往休闲游玩。

针对不同的客源市场采取不同的发展策略，对于都市区周边的旅游型小城镇，要结合自然景观发展参与性、体验式的旅游类型，比如武汉周边的梁子镇；而对于远离大都市的风景名胜区内的小城镇，要发挥当地的资源优势，构建养生、疗养型的旅游项目，吸引游客前往度假，延长在本地旅游的停留时间，比如大洪山风景区内的绿林镇、神农架风景区内的木鱼镇和松柏镇以及三峡风景区内的三斗坪镇。旅游小城镇的发展受益主要通过游客前往旅游带动消费，吸引游客也成为旅游小城镇招商引资的重要内容。改善城镇整体环境，提升景点和乡村风貌的吸引力，是旅游小城镇必须应对的问题。采取政府主导与市场配置相结合的方式，推动当地旅游业的发展。发挥市场对资源配置的基础性作用，政府完善旅游业发展的长期规划和近期安排，积极完善镇村容貌的改造，吸引社会投资提升旅游接待的硬件水平。加强对自然景观、人文景观的保护，注重小城镇建筑风格和农村田园风光的协调，挖掘民俗文化，培养小城镇和乡村居民对游客的服务意识，增强城镇的亲和力，重视交通设施和管理水平的提升。

四、发展农产品生产与流通专业镇

中部地区具备发展流通产业的区位和交通条件。中部一直是中国水陆交通枢纽，是我国重要的交通干线和中转换装中心。应充分发挥中部承东启西、贯通南北的区位优势，更应挖掘中部紧靠东部长三角区域中心上海、毗邻南部珠三角和港澳的市场资源，发挥中部特别是湖北承接东部各种人才、产品和信息向中西转移的桥梁和纽带的作用。中部既是连接东西部物流、商流、资金流、信息流、人才流的重要节点，也是贯通全国物流产业通道的重要结点。抓住中部建设全国流通中心的机遇，一些交通通达度好、区位优势明显的小城镇应积极融入流通产业构建的大战略中去，配合大中城市的配送中心，结合本地资源产品的优势，发展某类专业产品的专业市场，共同培育流通产业集群。

结合中部物流产业相关流通行业的全局规划和区域规划，具备发展物流产业的小城镇，应抓紧制定整体的规划方案，挖掘所处的区位优势和市场基础，确定具备发展潜力的物流产业类型。

第四节

探索小城镇体制改革

一、推动行政体制改革，增强小城镇管理权限

无论是东部的小城镇，还是中部的小城镇，都面临着“责大权小”的问题。以往，小城镇一直被认为是服务农村、农业、农民为主的一级政府，并没有突出城市管理、社会服务等方面的职能，在农业文明占主导的时代，这种理念也许并不错，但是城镇化超过 50%，整个社会迈入城市社会的历史阶段，小城镇的职能也要向城市职能转变，公共服务能力、城市管理需要提升。

从长远来看，小城镇的发展应向小城市的目标看齐。小城镇只有实现自主成长，才能实现这个目标，发展较优质的教育和医疗等公共服务水平，构建良好的生态环境，形成对周边农村具有一定集聚能力的中心。要发挥镇级政府建设和管理小城镇的积极性，就必须推动向小城镇下放管理权限的进程。突破体制约束，适度放权，充分调动当地小城镇的积极性，同时让小城镇具备投入城镇基础设施和公共服务的能力，是从国家到省、市和县政府需要关注和调整的方向。赋予小城镇政府一定的行政自主权，特别是应加强小城镇在环境和资源保护、城乡建设和监察方面的权限，推动小城镇朝着行政权力相对完整，权责对等的基层政府管理体制。

增加镇级政府管理权限，提高综合服务能力。随着城镇化的进一步推进，越来越多的人将进入小城镇就业、生活，迫切需要小城镇政府提升综合服务能力。小城镇政府的服务范围从“三农”要逐渐向经济、社会、文化和生态等各个领域转变，带动小城镇向城市功能的提升和转变，推动小城镇形成便利、舒适的小城镇风貌和生活环境。通过完善小城镇的功能，带动城镇和农村居民共享更优越的基础设施和更优质的公共服务，推进城乡一体化发展的进程，缩小城乡差距。可参考浙江省把具备一定条件的小城镇培育成小城市的目标推动小城镇的体制改

革，按照现代小城市的标准来规划、建设和管理小城镇。[1]

二、推动土地制度改革，增强小城镇优化配置土地资源的能力

促进发展要素的双向流动，推动农村集体建设用地进入市场。鼓励农村集体经济组织发展商业，在符合规划的前提下，允许适当比例的农村集体建设用地发展商业，享受相关权益。特别是对于城镇规划区范围内的农村集体土地，可鼓励村集体参与城镇开发，并参与城镇开发所获收益的分配。

改变以往计划土地指标下达方式，对一些经济发展势头较好的小城镇，应单独切块直接下达到强镇中，增强小城镇发展经济的要素供给能力。创新土地使用机制，鼓励具备一定条件的小城镇建立镇级土地储备机制，盘活城镇建设用地，提升城镇建设用地的商业价值。

小城镇要积极探索盘活存量建设用地的模式，在有条件的地区稳妥推行“三旧”改造试点。我国中东部许多小城镇都呈现出低效利用土地的状况，普遍存在土地低效使用，镇区功能混乱的问题。拓展和优化土地利用空间，推动小城镇土地使用更加集约，是中东部小城镇需要共同努力的目标。

尊重当地村民的意愿，以征收、置换、自主改造等多种方式综合运营，让市民和村民参与到“三旧”改造过程之中，研究保障农民及其集体对土地的用益权。吸引社会资金参与，建立盘活存量建设用地的市场参与机制，通过土地用途的调整和市场价格的补偿，让一些位于城中心、低效使用的废弃厂房、村落、街区实现搬迁和改造，实现土地的高效和集约使用。

三、推动财税制度改革，增强小城镇公共服务能力

让小城镇发展成为功能相对完善，能够带动周边农村经济发展，让农民共享

---

〔1〕冯奎，郑明媚．都市圈与中小城市发展案例研究．北京：中国发展出版社，2013.

城市基础设施、城市优质公共服务的承载地，是中东部小城镇共同努力的目标。小城镇能够在教育、科技、医疗、文化和卫生等公共服务资源上，实现优化供给，还能实现城乡的流动，必须建立与公共服务供给水平相适应的财税体制。特别是对一些经济比较发达的小城镇，税收地方留成部分应鼓励全部返还到小城镇，用于小城镇建设和完善小城镇和农村的公共服务能力。通过公共服务的完善，带动周边区域农村人口向小城镇集聚，推动本地城镇化。通过小城镇功能的完善和公共服务的提升，带动农村经济的繁荣，农民生活水平的改善。

小城镇基本都没有独立的财权，税收大多上缴到上级政府，小城镇在本辖区基础设施建设、公共服务供给和农村设施的建设上，没有投入的实力。“大脚穿小鞋”“小马拉大车”被用来形容城镇发展与管理体制存在的矛盾。

建立与小城镇权责对应的财税体制。小城镇与所在城市的分税体制应与基本事权挂钩，中央政府要设立专项资金用于支持解决城镇化过程中外来人口的基本公共服务的问题。鼓励地级市、县（区）更多地向试点镇倾斜。同时加大税费支持力度，小城镇新办大型商贸企业房产税、城镇土地使用税、企业所得税地方分成部分应全额返补给小城镇，同时对金融保险业营业税三年内拨补 50%，土地出让金净收益市、县（区）留成部分、城镇基础设施配套费全额返还给小城镇用于建设。省级政府也应成立一笔专项资金，用于小城镇基础设施、社会事业、产业功能区、技术创新和人才集聚服务平台、公共服务平台、规划编制及体质创新等项目建设。

积极吸引市场力量参与小城镇公共服务体系的建设。对于教育、医疗、保障房等公共服务体系建设，应放宽相应的门槛，通过多种渠道筹资解决公共服务体系的资金问题，政府可探索相应的监督和管理机制，在可以放开的领域加大扶持力度，推进小城镇公共服务能力的完善。

四、建立文化传承机制，提升小城镇风貌品质和文化的吸引力

除了著名的古镇，中东部小城镇在前几十年的发展过程中，都忽视了地方文化的保护和传承。中国 2 万个小城镇，每个小城镇都集聚了地方建筑、民俗、自

然风光等各种文化和风格，不同地域的文化共同构成了中国文明，是中国影响世界的核心要素之一。也有人把地方的文化、自然风貌形象地比喻为每个地方的紫禁城，是每个地方吸引人的魅力所在。而在前几十年的发展过程中，许多小城镇片面追求经济利益，忽视了地方独有的文化的保护和传承，包括东部广东数百个经济发达的专业镇，也包括中部湖北许多欠发达的小城镇。

小城镇要重视文化促进发展的重要性。从城镇风貌、基础设施完善等方面，能够彰显出一个地方的特有文化，这种文化能让人们在感官上形成一种象征性符号，这种符号或印象成为代表一个城镇的灵魂和品质，她们是吸引投资和人口集聚的重要因素。一个富有时代特色的魅力城镇，能提升当地居民的归属感和自豪感，能提升当地居民对发展本地经济的自信心。一个城镇有了主题文化，就能够从杂乱无章的信息中彰显出一种品质。

通过行政力量和社会力量来推动当地小城镇的文化保护与传承工作。制定保护规划，促进小城镇在历史建筑、特色村落、街区的整体风貌的保护，依托各种博物馆、陈列馆，加强对本地居民在历史文化方面的宣传和教育，增强居民对本地各类文化的认知和保护意识。

五、小城镇应建立公众参与政府决策的机制

中国的五级行政管理体制要全面建立公众参与政府决策的机制还比较困难，但是对于小城镇来说，由于覆盖的居民相对较少，居民基本上以本地土生居民聚集为主，在推动公众参与政府决策方面具备条件。让城乡居民参与到小城镇的规划和建设中去，有利于推动小城镇更好地传承本地历史和文化，更好地规划和建设紧凑、便捷的城镇空间。

在小城镇规划编制过程中，动员本地居民参与规划方案的讨论和制定。在规划编制的调研、方案比选和论证等环节，确定城市发展目标和重点建设任务中全面了解公众对未来城市的期望。在规划编制过程对这些目标和任务分析和设计，并将规划结果和方案向公众公开，讲解规划理念和科学道理，听取公众反馈意见。

建立反馈渠道和处理机制，维护规划权威及公众利益。将城市规划制定权和

监督权从规划行政主管部门中分离出来，城市规划实施的监督权交给公众团体，加强规划实施和管理置于公众的监督之下。建立公众参与城镇发展和建设决策的程序和方法，形成一套行之有效、符合地方实际的参与方式，让公众的意见能够及时有效地得到回应，对一些关系公众切身利益的重大项目，引导公众遵循一定的秩序全程参与，通过公众参与的机制，让民众监督小城镇政府选择健康、可持续的发展轨道。

第八章

其他区域案例的启示

纵观世界上其他国家或地区小城镇的建设，尽管国情会有不同，文化传统、生活理念会有差异，但在经济全球化的世界趋势下，相互借鉴和学习，才是取得长足进步的奏效之法。因此，本章着重介绍了世界上在小城镇建设方面对我国能够有所启示的一些案例，比如大西洋东岸的德国、太平洋东岸的美国以及与我国一衣带水的韩国和日本。

第一节

德国小城镇建设

德国是世界上城镇化发展比较快、城镇化率比较高的国家之一，仅用了 60 年的时间就实现了城镇化，其在小城镇建设方面的理念与管理经验，对于推动我国小城镇建设有一定借鉴意义。

一、德国小城镇建设的经验

德国的小城镇主要是在原有小村镇的基础上，受市场经济调节而发展起来的。[1] 小城镇的功能主要是由当地社会经济的发展和环境优化决定。因此，小城镇政府一方面是进行自我管理，进行义务性和非义务性的服务，另一方面是承担国家委托的任务。与之相应，其工作人员包括职业工作人员和义务工作人员。正是在这样一种发展模式下，德国积累了在建设小城镇方面的如下经验。

其一，小城镇、大中城市和区域的协调均衡发展，是德国城镇建设的一个整体体现。这主要归结于德国城市的均衡发展观。在城乡建设和区域规划的政策上，德国基于两项最高宗旨：一是在全境内形成平等的生活环境，减小各地区的差异；二是追求可持续发展，使后代有生存和发展的机会。因此，德国始终注重大中城市和小城镇均衡发展，形成了一种城乡统筹、分布合理、均衡发展的独特模式。

在坚持区域协调发展的基础上，德国城市化建设遵循“小即是美”的原则，而不追求超大规模。因此，其产业政策的重点均以中小城市和小城镇为主，这些城镇数量多且分布均匀，虽然规模不大但基础设施完善，功能明确，经济发达。在德国，人口 100 万以上的大城市周围多为 10 万人以下的小城镇，明显反映出

〔1〕 郭新天．德国城市规划和小城镇建设的经验与启示．小城镇建设，2001（6）：72—74.

大城市的中心功能和周围小城镇的依附特点，如柏林、汉堡与慕尼黑周围的城镇空间布局。

其二，坚持规划先行。德国城镇化建设十分注重发挥土地利用规划和城镇规划的指导和协调作用，各级政府都设有专管规划的组织机构，且各级土地利用规划、城市发展规划和小区建设规划已形成一套完备的体系。[1] 其城镇规划不仅强调功能完整、布局合理，而且对于交通、通讯、排污等公共设施建设坚持长远性原则，避免重复建设，并留有充分的发展余地，对今后需要重建、扩建的项目也纳入规划的考虑之中。德国城市规划的另一个特点是，其制定过程注重引导市民参与，表现为“地方政府+专家+公众参与”的“三结合”。此外，在规划中还突出小城镇的特色。

其三，注重特色产业支撑。城市与城镇能否稳定持续发展，关键在于产业支撑。但产业不能凭空发展，而是遵照市场经济规律，在市场引导下逐步发展起来的。德国城市虽然规模大小不一，但各个城镇都有自己的特色、定位和侧重点，呈现出主导产业突出的鲜明特点。城市特色产业和文化可以增强居民的自豪感、凝聚力和城市环境的舒适度，有利于提升城市的形象，增强城市的竞争力。

其四，注重环境和文化遗产保护。德国国民对生态建设、环境保护的意识较强。近年来，德国政府每四年颁布一轮生态建设计划，实行指令性管制。在小城镇建设中将环境保护作为重要因素优先考虑，坚决杜绝以牺牲环境为代价来发展经济，在其建设法典中，环境保护制约着建设的全过程，而且政府规定任何建设项目都要保证绿地总量的平衡。因此，德国几乎所有小城镇的森林和花园总面积都占城镇的1/3以上。自20世纪70年代起，德国人开始把对历史文化和古老建筑的保护、修复作为重要内容，规定具有200年以上历史的建筑必须列入保护范围，并拨出专款用于维修和保护工作，使之成为城市独特个性的重要组成部分。因此，在德国，城市既是建筑艺术的天堂，也是社会历史的缩影。

其五，突出“以人为本”。德国在城镇化建设中注重保护人的基本权利，培育城市和谐稳定的内在动力。一方面，统一而健全的社会保障体系为城镇化降低了门槛，社会上没有明显的农工、城乡差别，可以说农民享有一切城市居民的权利，如选举、教育、就业、迁徙、社会保障等方面的平等权利。另一方面，积极

---

〔1〕李文．德国的小城镇建设．中国建设信息，1999（Z3）：59—61.

做好外来移民的社会融合工作。20 世纪 90 年代末以来，德国政府逐步完善了移民政策理念，颁布实施了一系列法律文件和融入促进措施，特别是在 2005 年生效的《移民法》中增加了移民参加融合课程的义务，并要求各级政府、宗教团体、社会团体广泛参与，为移民提供融合机会。这些政策措施促进了外来移民融入社区、融入城市、融入国家。

二、对我国小城镇建设的启示

一是坚持“以人为本”的发展理念。“以人为本”是科学发展观的核心，也是新型城镇化的实质。我国城乡分割的二元体制，严重阻碍了城镇化的进程，也不利于小城镇的健康发展。小城镇的建设必然伴随着人口的流动。外来人口已经成为我国小城镇建设不可或缺的一股力量。因此，在破除城乡二元体制的过程中，我们要加强对流动人口的服务管理，促进流动人口融入城镇，实现农民市民化，不断提升城镇居民生活质量，已经成为未来我国城镇化发展的重要任务。

二是科学制定城镇发展规划。当前，我国的城镇规划在科学化上还有所欠缺，特别是人口发展规划的基础性地位没有得到很好体现，基础设施和公共服务分布不均匀，人口膨胀、交通拥堵、环境恶化、住房紧张、就业困难等各种问题凸显。因此，我国城镇化建设还需要更加注重发挥城市规划的作用，合理确定人口规模与用地规模，促进城镇可持续发展。

三是坚持“依法治镇”，进一步扩大小城镇的自主权。法律规章是小城镇健康发展的重要保障。我们应该扭转我国小城镇政府行为主要靠“政策”和“指示”的局面，逐步走上通过“法治”来规范小城镇政府的任务、功能和管理权限的道路。另外，德国小城镇政府的高度自治管理也值得借鉴。从现实来看，没有足够的自主权，极大地限制了我国小城镇的发展。

四是优化城镇布局。东中西部区域发展不平衡、城乡发展不平衡、城市规模结构不合理、基本公共服务水平差距大，一直是我国存在的突出问题。发展大城市甚至特大城市一直是我国很多地方政府的首选目标，客观上造成我国城市群数量不足，中小城市潜力还没有得到充分发挥，小城镇数量多、规模偏小，集聚产业和人口能力有限。因此，我国城镇化建设还需要进一步在统筹区域发展、推进城乡共同繁荣上下功夫，需要按照国家主体功能区规划的统一部署，走出一条符合国情、大中小城市和小城镇均衡发展的城镇化道路。

五是提高小城镇综合承载能力。我国一些地方在小城镇建设中盲目贪大求全，支柱产业不突出，产业结构趋同，重复建设现象严重。由于缺乏产业支撑，个别“新城”甚至成为“空城”“鬼城”。因此，在推进小城镇建设时，要根据城市特点，立足比较优势，合理定位城镇功能，以市场为导向，以产业为依托，形成特色经济，培育支柱产业和主导产业，推进城市持久繁荣。

六是建设发达的交通网络。目前我国很多地方尤其是中西部地区的公路交通网络还不够完善，尤其是市域内高速公路尚未形成相互连通的网络，广大农村地区的交通还不算通畅，影响了小城镇的引力和辐射作用的发挥。因此，在小城镇建设和城市化进程中，必须优先考虑市域公路网的建设。与此同时，在建设时城镇居民点时应避免“马路城镇”，而是注重与公路尤其是高速公路、一二级公路保持一定的距离，对公路两侧的现状小城镇通过规划调整，逐步与公路形成一定的绿带隔离，从而减少相互的影响和干扰。

七是加强人文和生态环境保护。与德国注重历史文化遗产和生态环境相比，我国仅用 30 年就完成了西方发达国家用 200 年才完成的现代化进程，但大量的文化遗产在城镇化中快速消失，而且许多城市环境污染十分严重，绿化水平较低，生态环境压力越来越大。随着城镇化的推进和人民生活水平的提高，对城市环境和生态质量的要求也越来越高。因此，我国城镇化建设中还需要进一步加大对历史遗产和生态环境的保护力度，挖掘城市文化底蕴，改善人居环境，提升城市品位，建设美丽家园。

第二节

韩国小城镇建设

一、韩国小城镇建设的经验

曾经，过快、过密的城镇化也给韩国带来了与我国类似的社会、经济、环境等诸多问题。但在认识到问题的深刻影响后，韩国从 20 世纪 70 年代开始意识到发展小城镇的必要性，并开启了发展小城镇的一系列计划，包括“小城镇培育事业”“小城镇职能化事业”“小城镇开发事业”等等，这一系列规划，层层升级，不断吸取经验教训，最终走出了一条切实可行的道路。

（一）“小城镇培育事业”[1]

1972 年，韩国政府掀起了“国土培育”事业，包括“国道边培育”“城镇培育”“旅游景点培育”等内容。其中“城镇培育”项目在 1976 年独立发展成为“小城镇培育事业”，以期把小城镇培育成周边农渔村的中心据点，增加居民收入、提高福利，实现地域的均衡发展。该事业最初以改善基础环境为中心，集中治理道路、河川、不良建筑、广告牌、停车场、道边水沟、窄胡同、电网等。行政自治部选择主干道路沿线的小城市、镇和乡政府所在地作为整治对象，并给实施政策的小城镇一定财政支持。

（二）“小城镇职能化事业”

1978 年，韩国行政自治部以实施小城镇职能化事业的形式促进小城镇发展，以通过改善小城镇落后的生活环境，培育小城镇的自主生产能力，使其能够承担准城市的职能，从而为缩小城乡之间生活水平的差距做出贡献。该事业集中于街道、市场等基础环境的整治，所涉及的范围、规模也有所扩大。与此同时，实施

〔1〕 金钟范．韩国小城镇发展政策实践与启示．中国农村经济，2004（3）：74—79.

城乡一体化开发，促进城乡职能联系，建立高通达性的交通体系，强化中心地职能，追求区域多样性，最终以郡为单位确立地方定住生活圈。

（三）“小城镇开发事业”

为了使小城镇真正成为周边农渔村地区的经济、社会、文化、行政的中心，进入20世纪90年代韩国政府开始实施“小城镇开发事业”，通过振兴地区经济和建设地方定住生活基础，谋求福利的均衡，进而缓解城乡之间的开发差异。为此，所促进的具体事项有包括改善道路和下水道等内容的街道整治、包括改良住宅等内容的居住环境整治、包括整理中心商业街等内容的市场流通设施整治等。

（四）“小城镇综合培育”事业

在过去30年里，虽然韩国政府持续促进小城镇发展，但是，由于政策的综合性差，其结果是，尽管小城镇数量有了扩大，但其质量却提高得不多，尤其是整体功能水平不高。因此，小城镇也未能有效地成为联系城市和农村的结点。此外，在新产业体制下，企业具有向城市周围集聚的倾向，这使得小城镇可成为新产业体制下的生产据点。同时，随着农民对高档服务需求增加，扩大小城镇中心职能的必要性增大，因而小城镇有望成为农村地区复合型（包括流通、行政、社会、教育、文化、艺术等职能）的中心地。因此，综合培育小城镇可能是解决农村和落后地区问题的最有效的途径。

2001年，韩国颁布了《地方小城镇培育支援法》，使小城镇开发事业步入法律化、制度化的轨道，并正式成为政府综合规划的一项内容。颁布实施后的第二年，韩国政府制定了“小城镇培育十年促进计划”，主要包括建设地方特色化、发展地方旅游产业、流通手段的现代化、基础设施的建设等。截至2010年，194个地方小城镇中有100个小城镇已提交自己的培育方案，“小城镇培育十年促进计划”的实施使小城镇走向因地制宜的特色发展道路。

小城镇综合培育事业在吸取前面发展的经验教训的基础上，主要采取了以下措施。一是大大提高支援力度，并对参与培育事业的民营企业给予金融、税收等方面的优惠待遇；二是采取选择和集中式投资以实现集中开发；三是为了保障计划的有效实施，政府要求从综合培育计划的制定到实施要遵守法定程序，有关部门要承担相应的法定义务；四是注重挖掘区内潜力，提倡以主题式立项为原则制定规划，即居民、专家、地方政府共同探讨，选择能够挖掘地方潜力和可形成本地特点的主题，并围绕主题配置和布局所要促进的事业，以突出个性化、多样化；五是以法律形式明确规定综合培育计划一定要与依据其他法律的开发事业联系起来规划和实施；六是引进“政民共同促进机制”，允许符合一定条件的民间部门参与小城镇发展计划事业，即公共部门承担基础设施建设事业，为民间部门参与提供行政支援；居民团体参与居住环境整治事业、地区精神文明建设事业；民营部门承担本区特有产业、旅游设施、学校、医院等的投资建设。同时，政府对民间投资资本给予税收、融资、土地开发、利用国有土地等方面的优惠。

二、对我国小城镇建设的启示

相比于韩国，尽管我国的城镇化起步较晚，但现在来看，我国在城镇化进程中所遇到的问题与韩国早前所遇到的问题具有一定的共性。因此，韩国的经验与教训，对我国来说非常具有借鉴意义。

其一，立法是基础。健全的法律制度体系是小城镇健康发展的保障。从长远来看，要让小城镇能够健康发展，必须使其走上制度化轨道。如果没有法律制度的保障，小城镇发展的很多计划或许就会受阻。

其二，规划要先行，发展要综合。综合的可持续性规划是科学发展城镇化的前提。想要真正发挥小城镇的作用，就必须在当地居民、专家、地方政府共同参与的基础上，制定出基于小城镇现状的内容具体、可行性强的规划。

同时要注重综合发展。一方面，在促进小城镇发展过程中联系运用西部大开发政策、扶贫政策、支援乡镇企业政策等多种相关政策；另一方面，让小城镇提出适合自身的开发方向，即发展主题，以及为体现发展主题而选定的促进事业，从经济、基础设施、文化、环境等多方考虑，从而体现出小城镇的适应性和特色。

其三，充分发挥市场的作用。雄厚的资金和合理有效利用是建设小城镇的必要条件。但如何来实现？韩国的经验告诉我们：通过市场机制解决来解决资金问题，是一条可行路径。要发挥市场自我调节的作用，吸引民间资本，引进政、民共同促进机制。比如，由政府部门承担基础设施的建设，而民间力量则承担本区特色产业、旅游设施、学校、医院等的投资建设。

其四，中央财政支援。小城镇尤其是落后地区的小城镇，往往发展基础薄弱，在其发展初期阶段，必须得到相当规模的启动资金。另外，小城镇发展所需资金尽管可以通过市场机制筹措，但是，不能完全依靠市场。政府应拿出一定资金支援小城镇发展，其中，中央政府必须承担一定比重。中央政府给予资金支持，除了可直接推动小城镇发展以外，还可通过规定配套资金措施保障地方政府也承担支援资金的义务，同时还可大大提高地方政府对促进小城镇发展事业的重视。

第三节

美国小城镇建设

一、美国小城镇建设的经验

在美国城市化发展的历程中，小城镇始终扮演着重要角色，进入工业化后期以来，伴随着美国逆城市化、郊区城市化的过程，小城镇的地位比以往时代更加突出了。作为介于大中城市和乡村之间的一种具有城市基本功能特点的固定的行政社区单位而存在发展的小城镇，在已经实现了高度工业化、城市化和农业现代化的美国，不仅没有消亡反而得到了持续发展。[1] 总的来看，美国小城镇的建设与发展具有以下特点。

第一，美国小城镇建设主要依靠社会经济发展推动，也是在居民自主选择的基础上产生、发展的，政府没有强制性的行政干预。私人资本投资、人口聚居、交通建设是其产生和发展的三大核心力量。[2]

第二，小城镇主要分布在大中城市周围，并与其共同形成城市群，并对人口和产业的聚集呈现加速态势。[3] 因此，小城镇主要分为三种类型：一是都市边缘区小城镇，交通极度发达与大都市往来便利，以住宅建设和生活服务等第三产业为主，第二产业比较缺乏，且环境宜人、生活舒适；二是郊区小城镇，位于大都市和乡村地区的中间地带，大多是小区域的经济、文化中心，有独立的特色产业和支柱行业，交通较为发达，距附近大城市近，并受大都市的经济辐射且扮演着整个都市经济区的某一专业化分工的角色；三是农村腹地小城镇。距城市较远，通常是乡村地带的经济活动中心，其面积较大，自成工业体系，以农副产品加工、储运等于当地农业密切相关的产业为其特色和支柱产业。

---

〔1〕 刘光卫．当代美国小城镇特征及其对我国小城镇发展的启示．城市开发，1999（11）：31—34.

〔2〕 刘光卫．当代美国小城镇特征及其对我国小城镇发展的启示．城市开发，1999（11）：31—34.

〔3〕 杜培．典型国家小城镇建设对我国中部地区小城镇建设的启示．当代经理人，2006（21）：181—182.

前两种小城镇，其形成与美国20世纪40年代开始出现的大城市人口向郊区小城镇迁移的郊区化或逆城市化有着重要关系。也就是说，它们的兴起是伴随着人口和产业的聚集而发生的，并逐步日益繁荣。

第三，小城镇数量在国家城镇体系中占绝对优势。到2004年美国共有51个州，3043个县（郡），35153个市、镇。其中，几千人到3万人的小城镇达34000多个，大约占城市总数的96.7%，足见小城镇在美国城镇体系中的重要。

第四，小城镇规划备受重视，且具科学预见性和法制约束性。在美国小城镇建设中，规划备受重视。每个市镇都有自己的详细发展规划，主要包括土地开发和管理规划、市政建设规划、经济发展规划等三个方面。美国小城镇最突出的一项行政管理职能便是规划管理。制定规划要有专家指导咨询，听取居民意见，经议会和全体居民大会通过。

美国小城镇的城镇建设规划、管理非常重视科学预见性、整体协调性和法制约束性。小城镇规划有四项基本原则：一是首先尽可能满足生活需要；二是充分尊重和发扬当地的生活传统（习俗）；三是最大限度地绿化和美化环境；四是塑造城市不同的特点和培育有个性的城市。[1]

因此，小城镇建设总体规划一般是依据联邦和州的有关法律规定和本城镇的区位特点及产业特色制定的，并与州、县的地区性总体规划和交通规则相衔接，注重规划的综合性、长远性。住宅区、商业区、工业区都是分区分块规划建设的，并与交通规则结合，从而使市区的建设规划具有协调性和功能分区，也使得土地开发利用规划具有整体性、长远性、合理性。在小城镇的交通、通信、排污等公共设施建设上，政府坚持长远性原则，避免重复建设。规划一旦制定，任何公司、个人都必须服从，谁都无权随意更改规划或不遵守规划，否则要受法律制裁。如果变动，必须经市民重新审议通过。如果个人利益与规划有冲突，可以到法院打官司，由法院裁决。

第五，健全而独立的小城镇财政管理体制。美国小城镇具有独立的财政体系，财政收入主要用于公共服务领域。而市镇政府的财政收入主要靠税收。为了收支平衡，市镇政府非常重视财（税）源建设，其发展规划和项目很大程度上与此衔接，多是一些地方税收多的项目（如房地产开发、购物中心、汽车城、高

---

〔1〕徐宗威．美国小城镇规划建设管理颇有特点——建设部村镇建设司．中国行政管理，1998（1）：45—46.

尔夫球场、赌马场），以吸引工商企业来小城镇投资。虽然工商企业的营业税、销售税与小城镇的财政收入无关，但工商企业越多、规模越大、经营越好，必然带动房地产业发展和使小城镇繁荣，从而促进了财政收入增多，所以政府对社区内的投资环境、服务环境很重视。政府的财政收入主要用于维护和建造公共服务项目上，如警察、消防、环保、规划等领域。市镇政府的财政预算和收支状况，都要进行监督审查和审计，要向居民公布。市镇公务员的工资标准和实际支出，由主管部门报市长审定后，也须由议会批准。

第六，优惠的政策措施。美国的州和地方政府采取多种优惠政策，促进小城镇发展。主要有：一是税收优惠或减免政策。为在小城镇建立企业提供税收优惠或减免；二是技术和人才培训政策。地方政府帮助城镇分析信息、资源和技术，为企业发展培训人才；三是对中小企业提供金融支持，一旦出现风险，市政府与银行各承担50%；四是招商优惠政策，为促进小城镇发展，地方政府出台优惠政策，进行招商引资。

不难看出，美国小城镇之所以能够发展得好，民主而灵活的管理体制、稳定的法律和制度环境所发挥了重要作用，而这一切又都"以人为本"。一方面，美国作为主要由移民组成的国家，实行居民参与和地方自治的社会管理方式。美国市民管理城市的民主意识很强。民意对政府决策有相当大的影响力，重大事项没有民众的表态，无论是市镇经理，还是市长，都无权单独决定。另一方面，美国的法律、制度、规划长期稳定，不仅保证了经济发展，而且为城市建设带来了良好的制度和法律环境。如美国建立地方和国家的污染控制政策、标准，并在小城镇中强制执行，较好地控制了地方企业的污染行为，使小城镇建设普通重视生态保护和环境治理，有利于小城镇的可持续发展。

二、对我国小城镇建设的启示

总的来看，美国在建设小城镇方面给我国的启示可以从以下几方面来看：

其一，科学制定并严格执行小城镇规划。这是小城镇建设的前提和依据。制定规划时必须要有高起点、高标准，且着眼于长远。同时，要注重因地制宜，突出各地特色，培养并增强精品意识，精雕细琢小城镇建设中的每座建筑和设施，并做好维护工作，防止“千镇一面”。此外，还要特别注重的是，要严格执行规划，健全制度，严格执法和问责。

其二，科学合理地划分镇与县、市的事权，建立机构完善、职能健全的镇级财政。[1] 我国现行小城镇管理体制的突出问题，是镇级现有的经济、行政管理权限已不能满足经济容量不断扩展的要求。镇级政府的职能不健全，严重影响了小城镇功能的发挥。因此，应当县办县事，镇办镇事，把镇级政府应有的权力交还给乡镇。不但要赋予镇一级应有的人事自主权，还要扩大镇级政府的经济管理权，做到事权、财权相匹配。可以按照分税制改革和县镇政府事权划分的要求，建立完善镇一级财政管理体制和统一的预决算制度，设立镇级金库。县财政对镇财政要合理地规范县、镇的分配关系，以增强小城镇自我发展的能力。同时，要规范各种收费来源，由镇财政统管收支。试行“费改税”，从制度上约束乱摊派、乱收费行为。

其三，拓宽融资渠道，建立多元化的投资机制。按照“谁投资、谁受益”的原则，制定优惠政策吸引外来投资。同时，可从镇级财政支出中加大对小城镇公用建设事业投资比例，试点镇的土地使用权出让收入和市场管理费应全部用于小城镇建设，城镇维护建设税可以按县级比例征收，并保证返还小城镇用于基础设施建设。综合开发吸引的配套费和土地级差收入应主要用于小城镇建设。还可考虑建立小城镇建设发展基金。

其四，注重吸引公众参与。不论是在规划设计阶段，还是后期监管方面，都要吸引社会各界的公众参与，尽可能地吸收和听取他们对的意见。政府官员、设计人员和当地居民会经常坐在一起，共同讨论规划设计方案，反复征求各方面的意见。对于规划方案，可借助媒体公布于众，让公众知情、可言。最终形成一种自下而上和自上而下相结合的公众参与的方式。

其五，加强生态环境建设。这既是改善和提高人民生活的环境质量的需要，又是实现经济社会可持续发展的必然要求。美国小城镇的经验也向我们很好地展示了这一点。除了绿化建设，美国小城镇建设还非常注意垃圾和污水处理等环保项目建设。这些都是我们在小城镇建设中要不断加强的方面。

---

〔1〕杨大涛．美国小城镇的管理及对我们的启示．改革先声，1996（1）：25—27.

第四节

日本小城镇建设

一、日本小城镇建设的经验[1]

虽然日本国土面积狭小，人口众多，资源相对较为匮乏，但在其社会经济快速发展的带动下，城镇化发展较快，在小城镇建设方面也摸索出了一些切合实际并能发挥优势的经验和举措。

综观日本小城镇的发展历程，它经历了由慢到快的发展过程，实现了从数量扩张到以提高质量为中心的转变。之所以发展转快，这与日本政府的重视及随之采取的系列管理措施密不可分，也与日本 20 世纪 90 年代中期以来的经济结构调整和“地方时代”战略的实施密切相关。具体来看，主要包括以下五方面。

其一，制定多层次、多种类型的城市发展规划，实施将小城镇纳入大城市圈的整备计划，促进小城镇与中小城市的共同发展。有关国土开发和城市发展的计划，分为全国计划、大都市圈计划和地方城市开发促进计划三大类，下分 14 小类，共有 200 余项计划。如《全国综合开发计划》《国土利用计划》《大都市圈整备计划》以及《地方城镇开发建设计划》等等。这些计划很好地引导了地方发展。一是各地根据国家未来发展计划制定开发计划；二是各地根据计划确定的重点政策，主动调整市政建设的投资方向；三是计划提出了政府对国内外政治经济环境的分析，尤其是城市发展的形势分析，引导小城镇适应国际化环境，与国际经济接轨。其中，在全国综合开发计划中设定定住圈，以此振兴区域经济来带动小城镇的社会经济发展。

其二，颁布实施城市建设法规，促进小城镇依法稳步推进。日本政府制定并实施的有关国土开发与发展的法规，大致分为九大类，近 22 件。其中，直接推动城市发展的法规，就有近 40 件。这些立法既坚持政策的连续性，又坚持法律

〔1〕 杨书臣．日本小城镇的发展及政府的宏观调控．现代日本经济，2002（6）：20—23.

的阶段性，而且目标明确、措施具体。在实施时，采取促进城市开发的一贯政策，为保证城市发展的连续性，又以针对不同阶段的情况分别立法来加以保障。如日本政府为加快小城市的发展，在 1956 年颁布《新市镇村建设促进法》和 1962 年颁布《关于市合并特例的法律》基础上，1965 年又颁布了《关于市镇村合并特例的法律》，以后又在 1975、1989、1995 年先后三次进行修改。日本政府颁布实施的这些小城镇建设法规，为其小城镇的发展造就了完善的政策和法律环境。

其三，运用宏观经济政策，推动小城镇发展。一是日本政府每年都提供巨额财政投资贷款，通过住宅金融公库贷给城市基础整备公团等事业团体，从事住宅建设、住宅市政建设和市区的再开发等事业，对城市发展起了积极的作用；二是日本政府采取财政补贴等优惠措施，促进小城镇的开发。例如，日本政府允许某些地区发行地方债券，并由国家财政补贴其利息。三是设立专门的金融机构，对一些边远地区的城市发展提供贷款，以用于当地重要的建设事业；四是扩大政府公共投资，加强小城市公共服务设施和基础设施建设，以促进企业迁人、人口增加和商业繁荣和经济集聚，并大力增加教育投资，促进人才聚集和培养。总的来看，日本政府通过扩大公共投资，既为小城镇发展创造了有利的社会经济条件，也影响和调控了发展建设方向，为小城镇资本积累提供了重要来源。

其四，改革社会保障制度。这也是日本政府稳定城镇居民生活、推进城镇发展的重要对策。一方面，实施养老金制度改革。日本于 2000 年颁布了《厚生养老金保险法》《国民养老金法》等 7 部有关养老金制度改革的法案，一要增加财政对国民养老金的投入；二要控制养老金的支付额；三要开拓新的“自我负责”的积累方式，逐步将“后代人抚养前代人”的义务式，改为“自我负责”式。另一方面，引进护理保险制度。日本老龄化现象比较严重，既影响到养老保险基金的开支，也带来发病率升高和不能自理的老年人增加。为此，日本政府在 1997 年 12 月制定了《护理保险法》，决定建立护理保险制度，并于 2000 年 4 月开始实施。这一制度的实施，对解除高龄人口的后顾之忧、稳定农村中青年安心小城镇建设，起到了积极的促进作用。

其五，重视环保和创建特色城镇。20 世纪 80 年代初，日本曾掀起过“一村一品”运动，鼓励人们运用地方资源，生产“本地产品”，行销国内外。20 世纪 90 年代以来，日本小城镇一改以往资源分散、结构趋同等单一模式，正向地方化、田园化、花绿化、个性化的方向发展，既注重环保又追求特色。

二、对我国小城镇建设的启示[1]

首先，促使小城镇建设与社会经济发展协调发展。要遵循市场经济规律，挖掘、培育、运用本地优势，确立主导产业，围绕主导产业谋划小城镇发展，通过发展地方经济促进小城镇建设，以小城镇建设推动经济上档次，二者互相促进、良性循环。

其次，促进小城镇建设由数量增长向质量、数量的统一转变。在我国，大部分地方的小城镇经过多年发展，数量上有了明显增长，今后发展应从数量增长转向追求扩容，提升质量和规模。在吸纳人口、蓄积发展能量中增强社会经济实力。

最后，处理好政府与市场的关系，让政府和市场各司其职，促进小城镇建设。一方面，要转换政府职能，扩大小城镇的管理权限，调动了地方的积极性和创造性。另一方面，借鉴日本对建设投资实行多元化；对城镇土地和非公益性基础设施，实行市场化供给和有偿使用；对居民住房实行商品化等等经验，将城镇资源多方位推向市场。

此外，日本小城镇建设的经验同样告诉我们：加强生态环境建设和突出小城镇特色，这是一条促进小城镇健康发展的有效路径，值得我们借鉴。

通过这一章的案例介绍，我们可以发现，这些国家在小城镇建设方面的经验有着一定的共性，尤其是在法治、规划、环保等方面，有些经验可以说已经上升到规律层面，这种极具共性的经验，更加值得我们借鉴和学习。

---

〔1〕王乾，朱喜钢．日本城市化进程中的町村发展对浙江小城镇发展的启示．小城镇建设，2009（5）：89—93.

后　记

2016年最后一个工作日，我在从北京飞往哈尔滨的飞机上校对这即将出版的书稿，双手捧着这本我工作10年的思考记录，心里有一种非常欣慰的感觉。我从事的机构——国家发改委城市和小城镇改革发展中心是国家研究城镇化最权威的智库，在这10年的工作中，我能经常聆听单位内部、各个部委关于城镇化的探讨，也经常参与国际、国内最顶尖的机构、最权威的专家交流，耳濡目染，让我从城镇化的陌生人变为一个满腔热情参与推动中国城镇化的青年专家。因为工作的关系，我已去过中国上百个小城镇，东部的一些发达镇及中西部一些小城镇衰落之间形成了鲜明对比，分析它们发展的历程和落差的成因，找到一些缩小差距的路径成为我前两年的一个小小的愿望。

感谢车娜，我们很愉快地一拍即合，共同决定撰写这一本著作。现在我还记得一起为选题、提纲、内容结构和数据讨论的场景，也记得我们经常在下班以后、节假日期间在办公室里奋笔疾书的身影。我们一起有这样一段勤奋的研究和写作经历，回想起来，仍然心怀感恩。我们在人生最好的年华，用最大的热情做我们最热爱的工作，而这项工作具有神圣的意义，目前中国正处于城镇化快速发展阶段，我们有幸参与到这一场深刻的社会变革之中，能为推进实施国家新型城镇化这一国家战略奉献青春，我们深感荣幸。

在本书撰写过程之中，我们还得到湖北省大冶市保安镇、广东省惠州市园洲镇以及周边城镇政府的支持。感谢冯奎对本书框架结构和主要内容的修改建议。感谢梅正对本书进行的数据整理和校对。

特别感谢我的家人对我撰写本书占用家庭时间的体谅和包容。

最后感谢南方日报出版社周洪威社长、阮清钰编辑等工作人员付出的辛勤劳动。

由于时间有限，本书肯定还存在不足之处，敬请读者指正。

郑明媚

2016年12月30日于哈尔滨